AMÉRICO

A marca FSC é a garantia de que a madeira utilizada na fabricação do papel deste livro provém de florestas que foram gerenciadas de maneira ambientalmente correta, socialmente justa e economicamente viável, além de outras fontes de origem controlada.

FELIPE FERNÁNDEZ-ARMESTO

Américo
O homem que deu seu nome ao continente

Tradução
Luciano Vieira Machado

Copyright © 2007 by Felipe Fernández-Armesto

Grafia atualizada segundo o Acordo Ortográfico da Língua Portuguesa de 1990, que entrou em vigor no Brasil em 2009.

Título original
Amerigo: the man who gave his name to America

Capa
Mariana Newlands

Imagens de capa
Gravura de combate entre marinhos de Américo Vespúcio e nativos do continente americano. Gravura de Américo Vespúcio, navegador e explorador italiano.
© Bettmann/ Corbis (DC)/ LatinStock, s.d.

Preparação
Sérgio Marcondes

Revisão
Ana Maria Barbosa
Huendel Viana

Índice remissivo
Luciano Marchiori

Dados Internacionais de Catalogação na Publicação (CIP)
(Câmara Brasileira do Livro, SP, Brasil)

Fernández-Armesto, Felipe
    Américo : o homem que deu seu nome ao continente / Felipe Fernández-Armesto ; tradução Luciano Vieira Machado. — São Paulo : Companhia das Letras, 2011.

    Título original: Amerigo : the man who gave his name to America
    Bibliografia
    ISBN 978-85-359-1789-5

    1. América – Descobrimento e exploração – Espanha 2. América – Descobrimento e exploração – Itália 3. América – Descobrimento e exploração – Portugal 4. Exploradores – América – Biografia 5. Exploradores – Espanha – Biografia 6. Exploradores – Florence (Itália) – Biografia 7. Exploradores – Portugal – Biografia 8. Florença (Itália) – Biografia 9. Vespúcio, Américo, 1451-1512 I. Título.

10-13511   CDD-970.01

Índice para catálogo sistemático:
1. América : Descobrimento e exploração : História   970.01

[2011]
Todos os direitos desta edição reservados à
EDITORA SCHWARCZ LTDA.
Rua Bandeira Paulista, 702, cj. 32
04532-002 — São Paulo — SP
Telefone: (11) 3707-3500
Fax: (11) 3707-3501
www.companhiadasletras.com.br

Sumário

Prefácio, 9
Prólogo, 15
Mapa, 21

1. O aprendizado do mago
Florença, c. 1450-91 — Lançando-se na busca por "honra e fama", 23

2. A perspectiva do exílio
Sevilha, 1491-9 — Fazendo-se ao mar, 67

3. O observador de estrelas no mar
O Atlântico, 1499-1501 — A iniciação do explorador, 98

4. Os livros do encantador
Dentro da mente de Américo, 1500-4 — Peripécias literárias, 138

5. A prefiguração de Próspero
O Novo Mundo, 1499-1502 — Américo contempla a América, 194

6. A fase do mago
Sevilha e o mundo, 1502-2005 — Morte e fama, 236

Notas e referências, 283
Índice remissivo, 299

O louco, que de sabedoria e razão carece,
e também de juízo, labora em vão,
e nesta nau ajudará a içar a vela
que dia e noite lhe concentra a atenção
para, assim, em seu corpo levar o mundo inteiro,
medindo as costas de todo reino e terra,
e climas, com a bússola na mão.

Ele deseja saber, e encerrar em sua mente,
todas as regiões e lugares diversos
desconhecidos de toda a humanidade
e dos quais nada se saberá sem graça especial.
Mas esses loucos prazer e conforto encontram
em medir, do mundo, largura e comprimento,
e nessa vã tarefa se empenham e se concentram...

Porque, faz pouco, grandes terras e lugares
marinheiros e governantes astutos encontraram,
nunca dantes conhecidas ou vistas
antes de nosso tempo por nossos antepassados.
E quem sabe chegue o tempo em que outros lugares
por homens habitados nossos descendentes venham a achar,
dos quais nunca antes tenhamos ouvido falar.

Alexander Barclay, *A nau dos insensatos* (1509)

Prefácio

Américo Vespúcio, o homem que deu seu nome ao continente, foi um cafetão na juventude e um mago na maturidade. Essa espantosa transformação fez parte de uma contínua reinvenção de si mesmo, da qual resultou uma estonteante sucessão de mudanças de carreira e aquilo que a imprensa que se ocupa de celebridades hoje em dia chama de *makeover*. Quando se aproximava dos trinta anos, ele começou a mudar de identidade com uma regularidade que sugere insatisfação consigo mesmo e necessidade de fuga. Primeiro deixou de trabalhar para o homem forte de Florença, sua cidade natal, para servir a seu rival. Alguns anos depois, em 1491, trocou Florença por Sevilha, abandonou sua antiga atividade — de agente comercial que trabalhava principalmente com joias — e passou a organizar frotas de navios que deram suporte ao empreendimento de Colombo no Novo Mundo. Em 1499, com cerca de 45 anos, Vespúcio descobriu uma nova vocação, aventurando-se ele próprio no oceano; e, dentro de mais alguns anos, já tinha se redefinido como especialista em navegação e cosmografia. No curso desta última transformação, ele abandonou o serviço da Espanha em prol de Portugal, fazendo em seguida o caminho inverso. Não obstante sua falta de qualificação e de realizações, mostrou-se tão convincente nesse novo papel que se tornou uma espécie de cosmógrafo oficial, com o monopólio, concedido pela Coroa de Castela, do treinamento de pilotos e da feitura de mapas atlânticos. Alguns de seus colegas especialistas saudaram-no como o novo Ptolomeu — uma reencarnação do maior, ou pelo menos mais influente, geógrafo da Antiguidade. No mundo do Renascimento, não havia maior elogio do que ser aclamado como um par dos homens clássicos.

Mesmo sem o notável acidente, ou erro, que deu seu nome ao continente, Américo constitui um atraente tema de biografia devido à espantosa facilidade e competência com que operava essas transformações de si mesmo. Ele soube avançar pelas estreitas sendas da vida, conformando-se e reconformando-se às situações de maneira fluida, como se fosse feito de mercúrio. No entanto, nenhum erudito respeitável aventurou-se a escrever uma biografia sua nos tempos modernos. O que mais perto chegou disso foi Luciano Formisano, num cuidadoso e bem informado ensaio biográfico incluído numa compilação de estudos em 1991, na forma de um caro livro de mesa, pouco antes do aniversário de quinhentos anos da primeira travessia do Atlântico feita por Colombo.[1] As únicas tentativas de escrever uma biografia abrangente resultaram em panegíricos parciais, nos quais a erudição é desperdiçada, ou em vulgarizações sem quase nenhum valor, que se apoiam em concepções românticas, no culto ao herói e em especulações vazias para dar substância a suas demonstrações.[2] Trata-se de estratégias desnecessárias, já que os fatos sobre Vespúcio são tão espantosos em si mesmos que dispensam enfeites. No entanto, a pobreza de informações biográficas sobre ele fez com que a maioiria dos fatos, inclusive os de maior interesse e potencial de surpreender, permanecessem desconhecidos. Selecionei dois deles para a frase de abertura deste prefácio, não apenas porque eles são interessantes em si mesmos, mas também por não figurarem nas biografias existentes e serem pouco discutidos — pelo menos em trabalhos publicados — pelo punhado de especialistas que atualmente trabalha nesse campo.

As inibições dos especialistas são compreensíveis. Problemas peculiares e sérios tornam difícil lidar de maneira segura com as fontes sobre a vida de Vespúcio. Evidências existem em profusão. Na verdade, sabemos mais sobre Vespúcio que sobre qualquer outro explorador de sua época, à exceção de Colombo. Mas a comparação com Colombo é bastante reveladora. Colombo abria sua alma praticamente toda vez que punha a pena no papel. Vespúcio escreveu poucos textos que chegaram até nós, e embora a quase totalidade seja, em termos gerais, de cunho autobiográfico, ele nunca se entregou às efusões de tipo confidencial características dos escritos de Colombo. Além disso, os trabalhos acadêmicos tropeçaram na questão da autenticidade. Críticos contestaram ou endossaram todas as cartas atribuídas a Vespúcio ou publicadas sob seu nome em seu tempo de vida. O debate se prolonga sem que se chegue a uma conclusão. Pelo consenso geral, as cartas manuscritas são agora consideradas autênticas.[3] Um dos maiores estudiosos de Vespúcio, Alberto Magnaghi, demonstrou isso na década de 1920,[4] e trabalhos posteriores confirmaram suas conclusões no que se refere a esse ponto. Não obstante, a questão da inclusão no *corpus* documental de suas duas cartas publicadas ou de apenas uma delas continuou pendente. Alguns pesquisadores refutaram integralmente ambos os documentos,[5] corroborando a opinião do visconde de Santarém (de meados do século XIX) de que "as cartas apresentam todos os sinais" de falsificação.[6] Outros pesquisadores, de forma ainda mais irrefletida, aceitaram-nas sem levantar objeções.[7] Ainda outros — incluindo todos os mais destacados estudiosos que pesquisam o assunto hoje em dia — consideram os textos uma mescla de escritos autênticos e falsificações, mas discordam quanto à avaliação do que é autêntico e do que não é. As dúvidas têm um efeito paralisante, pois conclusões cruciais dependem das cartas em questão: se Vespúcio dizia a verdade — ou, supondo que ele tenha sido um mentiroso inveterado, qual foi a extensão de suas invenções; se suas afirmações sobre descobertas importantes são válidas; se ele "merece" ter um continente batizado com seu nome.

Acredito que agora podemos deixar de lado as hesitações. Os documentos sobre cuja autenticidade não pairam dúvidas nos dão uma série de "impressões digitais" do Vespúcio escritor: suas imagens e temas favoritos, seus hábitos de pensamento, seus tiques mentais. No que tange aos materiais sob suspeita, podemos fazer um cotejo confiável para verificar quanto se deve à pena de Vespúcio e quanto aos editores responsáveis pelas publicações sob seu nome. Com a ajuda de outras fontes — em especial cartas para Vespúcio que chegaram até nós, e que revelam o mundo no qual ele se movimentava e os valores que o moviam —, é possível reconstituir as fases de sua vida com razoável segurança e até mesmo penetrar em sua mente: ver o mundo como ele via, deduzir suas motivações e ambições, e expor as razões, ou pelo menos algumas delas, para suas metamorfoses periódicas. Sua vida pode ser mapeada com a mesma nebulosa irregularidade, vagueza e distorções de escala de um típico mapa da época. Existem lacunas de enlouquecer. Procurei não fazer como alguns cartógrafos medievais, que completavam os espaços em branco com hipogrifos, e portanto não preencher as lacunas com especulações.

Embora eu pretenda que este livro seja a história de uma vida e a exploração de uma mente, há que considerar que Vespúcio estava inserido em grandes marcos históricos. Procuro traçar-lhes um esboço em segundo plano, pois nada do que ele fez tem sentido completo a não ser em seu contexto. Assim, o livro o acompanha através dos vários ambientes aos quais pertenceu ou se adaptou: a Florença de Lourenço de Medici; a Sevilha de Fernando e Isabel; o oceano de Colombo; o novo continente saqueado pelos que foram na esteira de Colombo; o globo no qual a fama de Vespúcio ecoou, cresceu e decaiu. Alguns leitores podem achar isso aborrecido e ansiar pelas intimidades da biografia convencional de uma personalidade mais claramente visível quando focada de mais perto. Mas a apresentação do segundo plano é necessária e, me parece, reveladora. Pois, embora Vespúcio não tenha contribuído de maneira significativa para nenhuma arte ou ciência — como veremos, sua cosmografia era amadorística, seus feitos de navegante, superestimados, sua escrita, medíocre —, ele foi uma figura importante na história do mundo exatamente por ser um dos últimos de uma série de aventureiros mediterrâneos que contribuíram para a conquista do Atlântico, estendendo através do oceano as fronteiras daquilo que hoje chamamos de civilização ocidental.

Tenho uma dívida de gratidão para com estudiosos que me precederam e fizeram os estudos pioneiros em que este livro se baseia, principalmente para com Iliana Luzzana Caraci,[8] Luisa D'Arienzo,[9] Luciano Formisano,[10] Marco Pozzi[11] e Consuelo Varela.[12] Eles examinaram tão minuciosamente os arquivos relevantes que podemos ficar razoavelmente seguros de que nenhuma grande nova revelação irá emergir dessas fontes. Nem todos os problemas das fontes existentes foram resolvidos, mas eles as desemaranharam o bastante para que possamos seguir muitos dos fios até bem próximo de suas origens. Graças a esses mesmos estudiosos, quase todos os documentos relacionados diretamente à vida de Vespúcio foram publicados em boas edições. As únicas exceções são os arquivos da embaixada do tio de Américo em Paris, de que participou o jovem Vespúcio, e o caderno escolar que se encontra na Biblioteca Riccardiana.[13] No que se refere aos arquivos da embaixada, que se revelaram lamentavelmente desprovidos de informações inéditas sobre nosso herói, recorri às cópias em microfilme da Coleção Ilardi da Biblioteca da Universidade Yale; quanto ao caderno escolar, tive a oportunidade de examiná-lo, graças ao gentil convite que recebi do professor Anthony Molho para dar uma palestra no European University Institute. Os brilhantes e afáveis participantes do seminário promovido por Molho me brindaram com inúmeras sugestões e questões úteis, além de material para reflexão. Sou grato, ainda, pela impecável ajuda que recebi da equipe da Biblioteca Riccardiana. Por fim, não posso deixar de expressar meus profundos agradecimentos aos meus colegas de Queen Mary, Universidade de Londres, onde comecei este livro, e à Universidade Tufts, onde o concluí. Ambas as instituições me propiciaram as melhores companhias, os alunos mais atentos, a mais generosa ajuda e o mais estimulante dos ambientes. Uma vez que escrevi partes do livro em Londres, Boston, Florença e Madri, tive de me valer dos exemplares que estivessem à mão, e por isso as notas às vezes incluem referências a mais de uma edição de determinado texto; não me dei ao trabalho de padronizar essas referências, exceto quando se tratava de uma edição particularmente confiável. Nos casos em que dispunha de traduções confiáveis para o inglês, não hesitei em mencioná-las e (por vezes com correções) transcrevê-las. Onde essas traduções não existem, eu mesmo me encarreguei de fazê-las.

Prólogo

A América recebeu seu nome em 25 de abril de 1507. Pelo menos foi nessa data que os tipógrafos concluíram a composição do primeiro livro a sugerir que o continente deveria receber o nome do explorador florentino Américo Vespúcio. Mas os autores já previam problemas. "Não torçam o nariz ao ler isto, ao modo do focinho de um rinoceronte", recomendou um deles em adendo ao relato sobre as viagens de Vespúcio. "Procurem evitar os preconceitos."[1] É verdade que alguns leitores se curvaram reverentemente ante o nome de Américo. Mas outros críticos ficaram de nariz empinado, desdenhosamente. Muitos — provavelmente a maioria — ainda se mantêm assim.

A oficina impressora que publicou o livro em questão era relativamente nova, estabelecida em meados da década de 1490, num lugar que muitos contemporâneos consideravam um cenário improvável para estudos eruditos. Saint Dié era uma cidadezinha de tecelões de linho, serradores e oleiros, aninhada numa dobra arborizada dos Vosges — montanhas baixas, atarracadas e de cumes azuis que se erguem na borda ocidental do vale do Reno, na região conhecida como Lorena. Ela era então um ducado independente, uma província fronteiriça, disputada por Alemanha e França. À época, os Vosges tinham fama de ser uma região repleta de pinhais eriçados, pouco civilizada e habitada por camponeses rudes e atrasados. Em Florença, onde Vespúcio viveu no auge do movimento intelectual e artístico que chamamos de Renascimento, um famoso acadêmico expressou sua descrença de que uma região tão remota e campestre pudesse ser um centro de cultura e saber.[2] Não obstante, o jovem governante da região, Renato II, duque da Lorena, havia se estabelecido em Saint Dié e atraído alguns homens ambiciosos e eruditos para sua corte.

Uma antiga edição de um grande poema no estilo virgiliano sobre ele, o *Nanceid* — título que homenageia a vitória em Nancy, que devolveu ao jovem Renato o governo da Lorena —, descreve sua entrada triunfal na cidade, em 1477. Numa das xilogravuras que adornam o texto, uma cruz da Lorena brilha no peito de Renato, outra no flanco de seu cavalo, pesadamente encouraçado, que ele monta com orgulho, empunhando o cetro e rodeado pelos mercenários suíços que compunham seu Exército. Tanto o jovem duque quanto seu cavalo traziam em suas frontes gloriosos feixes de plumas. Renato dirige-se, de sua cela, a seus seguidores, desprezando o nobre local que se ajoelha humildemente a seus pés. Essa mostra da hostilidade existente entre o governante e a cidade desmentia a legenda: "a entrada sagrada, dada por Deus, para grande júbilo dos cidadãos". O jogo de palavras do escritor era perdoável. "Dié" é uma corruptela do nome do santo padroeiro do lugar, São Deodato, que significa "dado por Deus".

Renato governava um reino pobre e pequeno, mas tinha ambições. Herdara títulos grandiosos — rei da Sicília, rei de Jerusalém — de ancestrais expulsos de suas possessões italianas por invasores espanhóis. Ele via a si mesmo, de forma por demais otimista, como rival de um dos mais poderosos monarcas da cristandade: Fernando, rei de Aragão e soberano da Espanha, que controlava a Sicília e também reclamava para si o trono de Jerusalém, perdido havia muito tempo pelos cruzados. A cidade sagrada continuava sendo o grande foco de interesse para os viajantes ocidentais: era o destino final a que Colombo, declaradamente, se propunha. Profetas anunciaram que quem a conquistasse haveria de governar o mundo e inaugurar uma nova era que culminaria com a segunda vinda de Cristo. Fernando de Aragão, que se imaginava nesse papel, era o patrão de Colombo e fora um dos patrocinadores de Vespúcio. Tão logo uma cópia de um relato das explorações de Vespúcio chegou a Saint Dié, despertou vivo interesse — talvez, no caso de Renato, tanto político quanto geográfico.

Os eruditos de Saint Dié devotavam-se a Renato e lhe dedicavam a maioria de seus trabalhos. Quando ele morreu, em 1508, o círculo — ou o que restava dele, pois muitos já o haviam abandonado antes devido à falta de verbas — se desfez. Muitos estudiosos foram seguir carreira em outros lugares, e a cidade que eles tinham glorificado por breve tempo retomou seu ar sonolento, modesto e provinciano. Mas nos tempos áureos, na época em que a notícia das viagens de Vespúcio chegou ao lugar, havia grande número de escritores respeitáveis, comentadores, editores e bibliófilos em Saint Dié, graças ao patrocínio do duque. Lá estava Pierre de Blarru, que morreu em 1505 e que escreveu aqueles versos em estilo épico em louvor a Renato. Lá estavam os secretários do governante, Simonin de Châtenois e Jean Lud, que, em parceria, produziram uma crônica histórica. Lá estavam os irmãos de Jean, Nicolas e Gauthier, que investiram na imprensa e patrocinaram obras eruditas demais para render dinheiro, inclusive, segundo o relato do próprio Gauthier, o texto sobre as viagens de Vespúcio. Os projetos por eles patrocinados mostravam que seus interesses eram típicos dos estudiosos chamados de "humanistas" — devotados aos estudos humanos, aos clássicos da Grécia e de Roma.

A maioria de suas publicações abordava dois dos tópicos característicos do currículo humanista: gramática latina e erudição geográfica da Grécia e de Roma antigas.

O colega de Gauthier no capítulo da catedral, Jean Basin de Sandaucourt, era um poeta e gramático que traduziu o texto de Vespúcio. Entre os membros do círculo havia ainda dois eruditos pobres, de origens obscuras, mas de futuro promissor: Martin Waldseemüller e Matthias Ringmann. Eles tinham estudado juntos e obtido uma formação humanista. O primeiro era um emigrante suíço, gravurista e tipógrafo de formação, com grande talento para elaboração de mapas. Matthias era um jovem bem-sucedido da própria cidade: um estudante de gramática que, por ser um excelente revisor de provas de textos clássicos gregos, constituiu uma bem-vinda aquisição para o círculo de Gauthier. Na verdade, era Gauthier quem liderava as atividades literárias e eruditas de Saint Dié, orgulhoso dos sábios que, a pedido do duque, ajudara a reunir na cidade. Em 1507, quando Ringmann publicou a *Grammatica Figurata*, na qual procurou ilustrar com imagens todos os princípios da gramática latina, tal como um clássico dr. Seuss,* Gauthier não resistiu a acrescentar-lhe um elogio exagerado: "Há em Vosges um lugar conhecido em todo o mundo, que é chamado por vosso nome, ó Saint Dié".[3] Sua cidade ainda não era assim tão famosa, mas a associação com o nome da América terminaria por fazer que fosse. Atualmente, em homenagem ao trabalho de Waldseemüller e Ringmann, realiza-se todos os anos um congresso geográfico internacional em Saint Dié.

Waldseemüller e Ringmann foram alvo de algumas observações esnobes da parte de Gauthier, que parece tê-los considerado antes artesãos ou artífices que sábios cavaleiros de sua própria

---

* Dr. Seuss (1904-91) foi um humorista, ilustrador e escritor americano de livros infantis. (N. T.)

envergadura. Mas eles eram os principais colaboradores num projeto que se tornou o principal foco de pesquisa erudita em princípios do século XVI em Saint Dié: a produção de uma edição atualizada e ilustrada com mapas do trabalho do mais renomado geógrafo da Grécia e Roma antigas, Cláudio Ptolomeu, o sábio alexandrino do segundo século. Enquanto trabalhavam em sua edição, eles receberam um trabalho, pretensamente de Vespúcio, traduzido do italiano para o francês, com o relato de suas aventuras. Ringmann, como veremos, já conhecia um pouco dos pensamentos e feitos de Vespúcio, e os admirava. Ele e seus colegas acharam o texto recém-chegado admirável. Como mais tarde escreveu Ringmann a um estudioso, o qual chamava de amigo do peito, as viagens de Vespúcio, com suas histórias de canibais nus "situados quase no polo antártico", fazem a descida de Eneias ao inferno parecer uma coisa banal.[4] O tom sensacionalista da narrativa deve ter inspirado ceticismo: Ringmann parece ter percebido que Vespúcio iria suscitar incredulidade, como bem sugere sua apreensão quanto ao torcer de focinhos de rinocerontes. Mas os pretensos feitos de Vespúcio maravilharam Waldseemüller, Ringmann e os membros de seu círculo.

Jean Basin, que traduziu para o latim o texto que chegou até eles, também comparou as viagens de Vespúcio às de Eneias e desejou para si a eloquência de Virgílio para narrá-las. (Vespúcio, como veremos, preferia comparar-se a Ulisses.) Se Américo era, aos olhos de seus admiradores, um viajante comparável aos antigos, ele também teria, acreditavam, o mesmo conhecimento geográfico destes. Waldseemüller colocou o retrato de Vespúcio num lugar equivalente, em honra, ao de Ptolomeu. Para além da África, anunciou Ringmann, "encontra-se uma terra, ó Ptolomeu, que teus mapas ignoram" — uma terra sob o trópico de Capricórnio, unida por um imenso oceano e habitada por gente nua. Havia sido preciso um Vespúcio para descobri-la.[5] Os sábios de Saint

Dié viram em Vespúcio um Ptolomeu moderno — o homem que aperfeiçoou os conhecimentos de geografia ao revelar a existência de um "novo mundo" no oeste. Chamar esse novo mundo de América, em homenagem a ele, foi uma ideia deles.

Em alguns aspectos, pode-se entender tal reação. Um texto que à primeira vista parecia impressionante os seduziu. Ele lhes dava uma oportunidade de fazer sua revolucionária edição de Ptolomeu, acrescentando um novo mundo ao que era conhecido na Antiguidade. Ele incitava os apetites de erudição de outros membros do círculo e tinha implicações políticas para o duque Renato. Mas numa era de explorações, quando no Ocidente repercutia a fama de Colombo, e no momento em que outros aventureiros de mérito evidente haviam contribuído com feitos quase tão assombrosos quanto o deste — inclusive a transnavegação do Atlântico Sul e a entrada no oceano Índico — por que Vespúcio, em particular, os teria fascinado? O que tornou críveis suas pretensas aventuras? O que tornou suas reivindicações a um reconhecimento especial tão plausíveis a ponto de eclipsar as credenciais de exploradores rivais? Acima de tudo, quem foi aquele mago da palavra que imprimiu a marca de seu nome em um continente? De onde ele era? Aonde — e quão longe — ele de fato foi?

1. O aprendizado do mago
Florença *c.* 1450-91
Lançando-se na busca por "honra e fama"

Heroísmo e vilania confundem-se um com o outro. Da mesma forma, o ofício de mercador e a feitiçaria. Américo Vespúcio foi ao mesmo tempo herói e vilão — mas suponho que os leitores deste livro já saibam disso. Meu objetivo é mostrar que ele foi também ao mesmo tempo comerciante e mago. Ou melhor, foi um comerciante que se tornou mago.

Este livro conta a história dessa estranha metamorfose e procura ajudar os leitores a compreenderem o que a causou. O batismo da América foi um subproduto da história: uma medida do sucesso com que Américo vendeu a própria imagem e uma consequência do caráter fascinante de sua magia. O ofício de comerciante e o de mago requerem algumas qualidades comuns: muita lábia, dedos leves como plumas, autoconfiança contagiante. Vespúcio começou a adquirir essas qualidades na cidade em que nasceu e onde estudou. Na Florença do Renascimento, onde a vida se caracterizava por seu ritmo rápido, por seu brilho, competitividade, consumismo e violência, os talentos de prestidigitação afloravam com facilidade. E com toda razão, porque eram necessários para a sobrevivência.

A CIDADE MÁGICA

Nessa cidade de 40 mil habitantes, concentrava-se uma riqueza que rivalizava com qualquer outro local da Europa. A prosperidade florentina constituía um triunfo contra todas as probabilidades, uma resposta exemplar a um ambiente desafiador. A cidade se tornou um grande centro ribeirinho de manufaturas de lã e seda de alta qualidade, não obstante dispusesse de um rio pouco confiável, que normalmente secava no verão. Florença tornou-se um grande Estado mercantil internacional, dispondo de frotas próprias, apesar de estar localizada a oitenta quilômetros do mar, onde os inimigos tinham condições de controlar facilmente as rotas de entrada e de saída. Os florentinos do século xv orgulhavam-se de sua condição peculiar: eles tinham uma constituição republicana numa época de monarquias beligerantes. A elite compunha-se de oligarcas que não tinham vergonha de celebrar antes a nobreza da prosperidade que a do nascimento. Em Florença, um príncipe poderia ser um comerciante sem desdouro algum.

Numa época que venerava a Antiguidade, Florença não tinha nenhuma credencial histórica, mas a maioria dos florentinos alimentava sua identidade com mitos: sua cidade era irmã de Roma, fundada pelos troianos. Mais próxima da verdade era a narrativa de origem dos historiadores locais, segundo os quais Florença era uma "filha" de Roma, fundada por romanos, "feita da mesma matéria", só que mais fiel às tradições republicanas.[1] Os florentinos afirmavam sua superioridade sobre vizinhos mais antigos, que se proclamavam mais nobres, investindo no orgulho cívico: um domo mais amplo que o de quaisquer outras catedrais das rivais, mais estatuária pública, torres mais altas, pinturas mais caras, obras de caridade mais generosas, igrejas maiores, palácios mais suntuosos, poetas mais eloquentes. Eles consideravam Petrarca um dos seus, por ser filho de florentinos, ainda que ele mal tivesse visitado a cidade.

Portanto, Florença valorizava o gênio e dispunha-se a pagar por ele. Como a Atenas clássica, a Viena *fin de siècle*, a Edimburgo do Iluminismo ou a Paris dos *philosophes*, a cidade parecia produzir e alimentar gênios talentosos, e ser recompensada com a merecida fama. Em meados do século xv, à época do nascimento de Américo Vespúcio, sua fase mais brilhante já tinha passado. A geração de Brunelleschi (morto em 1446), Ghiberti (morto em 1455), Fra Angelico (morto em 1455), Donatello (morto em 1466), Alberti (morto em 1472) e Michelozzo (morto em 1472) estava envelhecendo, morta ou prestes a morrer. As instituições da república tinham caído sob o controle de uma única dinastia, a dos Medici. Mas a tradição de excelência nas artes e no conhecimento continuava. O escultor Andrea del Verrocchio foi inquilino de um dos primos de Américo. Sandro Botticelli morava na casa vizinha àquela em que o navegador nasceu. Na igreja paroquial da família de Américo, Botticelli e Ghirlandaio realizavam obras. À época, Maquiavel era um desconhecido de vinte e poucos anos. Seu rival como historiador e diplomata, Francesco Guicciardini, ainda era menino. A fertilidade de Florença para gênios parecia inexaurível. À época em que Américo deixou a cidade, em 1491, Leonardo da Vinci já tinha partido para Milão, e a revolução que acabou por derrubar os Medici em 1494 ocasionou uma perda temporária de oportunidades de patrocínio. Mas as carreiras da geração seguinte — inclusive a de Michelangelo, que foi discípulo de Ghirlandaio — já haviam se iniciado.

Será que algo da grandeza que o rodeava contagiou o jovem Américo? A oportunidade com certeza estava lá. Seu tutor foi seu tio Giorgio Antonio Vespúcio, um dos sábios mais bem relacionados da cidade.[2] Desde pelo menos meados da década de 1470, Giorgio Antonio pertencia a um grupo de estudantes e patronos que chamavam a si mesmos a "família de Platão". Eles mantinham uma espécie de culto à memória do filósofo, reeditando seus simpósios e mantendo uma chama sempre acesa diante de seu busto. Também participava do grupo o governante efetivo de Florença, o próprio Lourenço o Magnífico. Seu grande líder — o "pai" da "família" — era Marsilio Ficino, também sacerdote e médico dos Medici. Ele chamava Giorgio Antonio "o mais querido dos amigos" e, nas cartas que lhe dirigia, usava a linguagem do "amor divino", que era de uso particular dos membros do círculo.[3] Outros membros incluíam Luigi Pulci, à época o mais famoso poeta de Florença; Agnolo Poliziano, estudioso de destaque e versificador de mérito; Pico della Mirandola, especialista em esoterismo e até em ocultismo; e Paolo dal Pozzo Toscanelli, o geógrafo que inspirou Colombo.

Evidentemente, essa atmosfera teve alguma influência — embora leve — sobre Américo. Em seu caderno de escola, encontra-se o rascunho de uma carta contando que o estudante comprara um texto de Platão por dez florins, para dar de presente ao seu tutor; ele pede desculpas pela despesa, pois o livro valia apenas três florins.[4] Dificilmente se pode dizer que Platão arrebatou o jovem Américo, que não tinha especial propensão ao trabalho acadêmico. E a alusão que figura no caderno pode ser um exercício de escrita mais que uma referência a um fato realmente acontecido. Seria precipitado concluir que Vespúcio alguma vez leu uma linha de Platão, mas a alusão coloca sua educação no contexto dos interesses intelectuais comuns no círculo de seu tio.

Dada a extraordinária plêiade de talentos que havia na cidade, que tanto contribuiu para a forma como posteriormente se viria a olhar e pensar o mundo, a Florença do Renascimento inspira simpatia e, além disso, uma série de ideias errôneas a quem, nos dias de hoje, a evoca. A imagem popular de Florença é a de um lugar ilustrado em que se reviveu a Antiguidade e se antecipou a modernidade, de gostos clássicos, prioridades laicas, hábitos intelectuais humanistas e uma posição elevada para a ciência e a razão no sistema de valores. Mas toda geração se compraz em destacar sua própria modernidade contra o fundo sombrio do passado. Nós vasculhamos o passado buscando sinais de um despertar da Europa para o progresso, a prosperidade e valores que possamos reconhecer como nossos. Assim, fazemos eco ao alvoroço com que os escritores ocidentais por volta de 1500 anteciparam a aurora de uma nova idade de ouro. Em consequência disso, se você é produto da educação predominante no Ocidente, quase tudo o que algum dia pensou sobre o Renascimento é provavelmente falso.

"Ele inaugurou os tempos modernos." *Não*: toda geração tem sua própria modernidade, que deriva de todo o passado. "Foi revolucionário." *Não*: os estudos especializados descobriram meia dúzia de renascimentos anteriores. "Era secular" ou "era pagão." *Não inteiramente*: a Igreja continuou sendo a patrona da maioria das artes e do conhecimento. "Era a arte pela arte." *Não*: a arte foi manipulada por plutocratas e políticos. "Sua arte era de um realismo sem precedentes." *Não inteiramente*: a perspectiva era uma técnica nova, mas pode-se encontrar realismo emocional e anatômico em muito da arte anterior ao Renascimento. "O Renascimento elevou o artista." *Não*: os artistas da Idade Média podiam alcançar a santidade; em comparação, riquezas e títulos pouco valeriam. "O Renascimento destronou a escolástica e inaugurou o humanismo." *Não*: ele surgiu a partir do "humanismo escolástico" medieval. "Ele era platonista e helenófilo." *Não*: havia apenas fragmentos de platonismo, como houvera antes, e eram raros os estudiosos que tinham pouco mais do que meras noções de grego. "Ele redescobriu a antiguidade perdida." *Na verdade, não*: a antiguidade nunca foi perdida, e a inspiração clássica nunca se apagou totalmente (embora tenha havido uma retomada de interesse por esse campo no século xv). "O Renascimento descobriu a natureza." *Pouco provável*: não havia pintura de paisagens puras na Europa até então, mas a natureza tornou-se objeto de culto no século xiii, quando são Francisco de Assis descobriu Deus ao ar livre. "Era científico." *Não*: para cada cientista havia um feiticeiro.

Mesmo em Florença o Renascimento constituía o gosto de uma minoria. O desenho de Brunelleschi para as portas do Batistério — projeto que se afirma ter inaugurado o Renascimento em 1400 — foi rejeitado por ser avançado demais. Masaccio, o pintor revolucionário que introduziu a perspectiva e o realismo escultural em seu trabalho para uma capela na igreja de Santa Maria del Carmine, na década de 1430, nunca passou de mero assistente no projeto, sob a supervisão de um mestre reacionário. Os mais populares pintores italianos da época eram também os mais conservadores: Pinturicchio, Baldovinetti e Gozzoli, cujo trabalho assemelha-se às glórias dos miniaturistas medievais — brilhantes com suas lâminas de ouro e seus pigmentos cintilantes e caros. O projeto de Michelangelo para a principal praça da cidade — que envolveria o espaço com uma colunata clássica — nunca foi implementado. Muito da pretensa arte clássica que inspirou os florentinos do século xv era mera imitação: o Batistério era uma construção do século vi ou vii. A igreja de San Miniato, que os conhecedores de arte confundiram com um templo romano, remonta no máximo ao século xi.

Portanto, Florença na verdade não era clássica. Alguns leitores podem pensar que isso é muito fácil de dizer. Afinal de contas, usando-se uma lógica semelhante poder-se-ia alegar que a Atenas clássica não era realmente clássica, porque a maioria das pessoas tinha outros valores. Elas adoravam os mistérios órficos, apegavam-se a mitos irracionais, condenaram ou enviaram ao ostracismo alguns de seus pensadores e escritores mais progressistas, e apoiavam instituições sociais e posições políticas semelhantes àquelas que atualmente têm o apoio da maioria silenciosa: valores familiares austeros e rígidos. As peças de Aristófanes, com suas sátiras dos hábitos aristocráticos imorais, constituem um guia mais confiável da moralidade grega que a *Ética* de Aristóteles.[5] Florença também tinha sua maioria silenciosa, cuja voz era ouvida, à época em que Vespúcio deixou a cidade, nos sermões tonitruantes do frade reformista Girolamo Savonarola e nos gritos horripilantes dos revolucionários de rua que suas palavras ajudaram a incitar alguns anos depois. Eles fizeram uma "fogueira de vaidades" com objetos dos Medici e baniram a sensualidade pagã do gosto clássico. Depois da revolução, mesmo Botticelli abandonou as encomendas de obras eróticas e voltou à piedade no estilo antigo.

A Florença de Savonarola não era clássica, mas medieval. A cidade de Américo não era clássica, mas mágica. Uso essa palavra de forma deliberada, para indicar um lugar onde a magia era largamente praticada. Havia dois tipos de magia. Tanto quanto sabemos, Florença, como todos os outros lugares do mundo àquela época, estava repleta de fórmulas encantatórias e superstições. Três noites antes da morte de Lourenço, o Magnífico, um raio atingiu a catedral, fazendo com que pedras do famoso domo fossem se espatifar na rua. As pessoas diziam que Lourenço tinha um demônio preso em seu anel e o soltara quando sentiu-se na iminência da morte. Em 1478, quando Jacopo de Pazzi foi enforcado por ter participado de uma conspiração contra o domínio dos Medici, chuvas torrenciais ameaçaram arruinar a colheita de cereais. A sabedoria popular atribuiu a culpa a Jacopo: seu enterro em terra consagrada ofendera a Deus e perturbara a ordem natural das coisas. Ele foi desenterrado e arrastado pelas ruas, exalando um odor fétido, enquanto desordeiros atacavam seus restos, antes de os jogarem no Arno.[6]

A superstição não era apenas um erro vulgar. Havia também uma mágica instruída. A ideia de que a natureza podia ser controlada pela ação humana era perfeitamente racional. Abordagens promissoras compreendiam técnicas que hoje classificamos como científicas, tais como observação, experimentação e o exercício da razão. Ainda não se comprovara que a astrologia, a alquimia, a conjuração e a feitiçaria constituíam caminhos falsos. Na lógica dos ocultistas da Florença renascentista, a diferença entre magia e ciência era bem menor do que a maioria das pessoas reconhece atualmente. Ambas são tentativas de explicar a natureza e, portanto, controlá-la. A ciência ocidental dos séculos XVI e XVII se desenvolveu, em grande medida, a partir da magia. As vocações dos cientistas sobrepunham-se às dos mágicos — manipuladores de técnicas mágicas para dominar a natureza. Nos círculos frequentados pelo jovem Américo, a magia era uma paixão comum.

Uma das ideias havia muito abandonadas ou em estado de hibernação que o Renascimento recuperou foi a de que os povos antigos possuíam fórmulas mágicas que funcionavam. No Egito dos faraós, sacerdotes, supostamente, teriam dado vida a estátuas valendo-se de talismãs arcanos. Na aurora da Grécia, Orfeu tinha escrito encantamentos capazes de curar os doentes. Os antigos judeus tinham um método de manipulação de sinais — a cabala — para invocar poderes normalmente reservados a Deus. A pesquisa renascentista favoreceu essas práticas ao redescobrir supostos textos mágicos da Antiguidade, condenados como absurdos ou demoníacos pelo espírito devoto da Idade Média. Marsilio Ficino argumentou que a mágica era boa quando usada para curar ou para adquirir conhecimento da natureza. Alguns textos mágicos antigos, sustentou ele, eram leitura legítima para cristãos.

O texto mais influente de todos foi o trabalho supostamente escrito por um egípcio antigo conhecido como Hermes Trismegisto, embora na verdade tenha sido escrito por um falsário bizantino não identificado. O texto chegou a Florença por volta de 1460, num lote de livros comprados na Macedônia para a biblioteca dos Medici, e causou grande sensação; o tradutor, que era um devoto de Platão, deu-lhe prioridade em relação ao trabalho de tradução das obras do filósofo.[7] Os magos do Renascimento sentiram-se motivados a ir em busca da "sabedoria" egípcia, como alternativa ao racionalismo austero do conhecimento clássico — uma fonte de conhecimento mais antiga e mais pura do que a grega ou a romana. A distinção entre magia e ciência, entendidas como meios de controlar a natureza, praticamente se apagou sob a influência de Hermes.

Além da astrologia (ou em substituição a ela) os magos florentinos acreditavam e praticavam mágica astral, uma tentativa de controlar as estrelas e portanto manipular as influências astrológicas. Eles também passaram a praticar a alquimia e a magia com números. Pico della Mirandola acrescentou técnicas baseadas na cabala, invocando o poder divino por meio de encantamentos numéricos. Astrologia e astronomia eram disciplinas inseparáveis, normalmente confundidas. Quando Pico voltou-se contra a astrologia em 1495, teve de começar por apontar as diferenças entre "a interpretação dos acontecimentos futuros a partir das estrelas" e a "medição matemática dos tamanhos e movimentos das estrelas".[8] As cartas a Lorenzo di Pierfrancesco de Medici, colega de escola de Américo e seu futuro mecenas, estão cheias de imagens estelares. Ficino lhe escrevia cartas com declarações de amor repassadas de um sentimentalismo característico e ligeiramente homoerótico, cheias de alusões ao horóscopo do jovem. "Para quem quer que contemple o céu, nada em que fixe o olhar lhe parece desmesurado, exceto o próprio céu."[9]

Em seguida Ficino escreveu uma carta sobre o mesmo assunto a Giorgio Antonio Vespucci, instando-o a explicar que a influência das estrelas ocorre ao mesmo tempo que o livre-arbítrio — "as estrelas dentro de nós".[10] Um astrolábio, instrumento que Américo mais tarde viria a usar, ou pelo menos empunhar, na qualidade de navegador, figura em segundo plano numa pintura de Santo Agostinho encomendada a Botticelli por Giorgio Antonio.[11] Paolo dal Pozzo Toscanelli, que teve influência sobre as concepções geográficas de Vespúcio, acreditava em astrologia.[12] O estudo dos segredos do mundo, da ordem matemática do universo, da relação entre a Terra e as estrelas: essa era a base comum da cosmografia e da magia. O jovem Américo Vespúcio estava rodeado de pensamentos e da prática mágicos. A educação de Américo correspondeu, em certo sentido, à formação de um mago.

O próprio Lourenço, o Magnífico — o governante *de facto* de Florença entre 1469 e 1492, ano de sua morte — era um dos seguidores de Hermes Trismegisto. Lourenço traduziu para o italiano dois hinos panteísticos de Hermes.[13] Os Medici eram particularmente sensíveis às pretensões esotéricas dos sábios por eles patrocinados, pois a família se identificava com os magos dos Evangelhos. Eles pertenciam à irmandade de Florença que se dedicava ao culto dos reis astrólogos que seguiram a estrela de Cristo até Belém. Benozzo Gozzoli e Fra Angelico pintaram membros destacados da família encarnando os reis magos. A primeira dessas pinturas cobria as paredes da pequena capela privada do palácio dos Medici; a segunda ficava no quarto de Lourenço. Quando ele morreu, a Confraria dos Magos encarregou-se da organização de suas pompas fúnebres.

A FAMÍLIA PEGAJOSA

A família de Vespúcio pertenceu, durante todo o período da infância e adolescência do futuro navegador, à clientela de Lourenço, o Magnífico. A relação com os Medici era crucial, porque embora Florença seja um labirinto de ruas aparentemente bem unidas, no século xv a topografia confusa encerrava bairros rivais com famílias que competiam entre si pelo poder no âmbito da república. Quando andamos pela cidade atualmente, ainda podemos ver os símbolos de lealdade inscritos nas esquinas das ruas e nas fachadas dos *palazzi*.

O clã dos Vespúcio era uma típica família italiana estendida, composta de grupos de primos, tios e filhos mais jovens que se juntavam à multidão de dependentes ou tentavam a sorte no mundo. A parte da família estabelecida em Florença residia em Santa Maria Novella — bairro outrora dominado e embelezado pela dinastia Rucellai, embora sua influência já tivesse declinado à época de Américo. As residências dos Vespúcio situavam-se num trecho de rua na paróquia de Ognissanti. Era uma região modesta de Florença, na periferia da área central, outrora reduto de tecelões. Não havia nada de vergonhoso nessa origem, uma vez que a indústria de lã constituíra um dos fundamentos da grandeza da cidade. Os Vespúcio provavelmente iniciaram-se nesse comércio logo que se mudaram para Florença no século XIII, procedentes da aldeia de Peretola, situada a pouco mais de seis quilômetros de distância. Eles ainda tinham algum interesse na fabricação de tecidos, ou pelo menos davam essa impressão, mas seu principal ramo de negócios era a seda.

Embora alguns ramos do clã fossem prósperos, os membros da família de Américo eram os famosos "primos pobres", que dependiam dos parentes mais abastados para ajuda e empréstimos. A declaração de rendas de 1451 do avô homônimo de Américo mostra uma casa em processo de decadência ou, na melhor das hipóteses, às voltas com problemas financeiros. Eles tinham vendido propriedades ou as tinham cedido em forma de dotes desde o último levantamento do patrimônio da família. O documento arrola uma residência em Ognissanti e uma casinha na aldeia de Peretola, de onde provinha a família, habitada por Giovanni, irmão mais velho e pobre de Américo, e sua família, "que viviam no campo devido a sua pobreza". A casa fazia parte do dote da esposa de Giovanni, por isso deve ter se tornado propriedade de Américo, devido ao endividamento de Giovanni. Outro irmão, Niccolo, morava na mesma aldeia. Além disso, o velho Américo comprara um vinhedo de um monastério da mesma aldeia, que produzia dez barris de vinho por ano.[14]

O ano da declaração de rendimentos foi importante na história do clã, pois foi nele que — provavelmente devido ao apoio de Lourenço — os membros da família Vespúcio passaram a ser elegíveis para o cargo de magistrado municipal, conhecido como *gonfaloniere* ou alferes. Os Medici controlavam a junta que elegia as famílias que deveriam compor esse grupo. Não se tratava de um caminho para o poder, pois não conferia nenhuma segurança própria aos cargos públicos; de todo modo, o papel correspondente a essa honraria era meramente nominal. Mas tratava-se de uma distinção pública que conferia prestígio e impressionava os vizinhos.[15] Tinha o seu valor. Dois membros do clã dos Vespúcio exerceram o cargo de *gonfaloniere*. Outro escreveu candidamente a Lourenço, o Magnífico, confessando ansiar pelo cargo. "O senhor sabe que desejo ser *gonfaloniere* [...]. Todos os eleitores lhe são devotados e, dada a sua reputação na cidade, ninguém haverá de se contrapor a sua vontade."[16]

O clã dos Vespúcio tinha conexões vitais com a corte. Simonetta Vespúcio, a beldade da época, era objeto da admiração ostensiva — talvez fingida — de Giuliano de Medici, o irmão querido de Lourenço. Conhecer *la bella Simonetta* era amá-la, e Florença, em uníssono, louvava os seus méritos. Ela foi objeto de um retrato famoso, infelizmente de autoria desconhecida, que constitui a mais fascinante imagem erótica do Renascimento florentino que chegou até nós. É representada em perfil perfeito, com os seios nus e uma serpente enroscada no pescoço mordendo a própria cauda. A combinação de sensualidade e mistério é irresistível.

O que a pintura pretende sugerir? A fragilidade da beleza? A imortalidade do amor? Ela provoca mais do que mera excitação; suscita questões sobre o significado de seu simbolismo. Além de provocar a excitação sexual, é intrigante do ponto de vista intelectual. Quem poderia querer mais de uma mulher?

Não é de surpreender, pois, que a história de Simonetta tenha inspirado infindáveis absurdos românticos. Ela tem algo que esbugalha os olhos dos historiadores e adocica seus textos. A suposição comum, por exemplo, de que ela serviu de modelo para as mais famosas beldades de Botticelli parece baseada na mera suposição de que a mulher mais bela da época devia servir de modelo para seu pintor mais sensível. Giuliano de Medici usava prendas suas quando lutava na liça, e Agnolo Poliziano — um dos poetas favoritos do ramo mais poderoso dos Medici — exprimiu seus sentimentos timidamente em versos escritos para celebrar um torneio. Embora não esteja comprovado, há grande probabilidade de Simonetta ter sido amante de Giuliano. Quando Simonetta morreu, ainda muito jovem, ele teria ficado inconsolável. O marido de Simonetta e seu sogro deram a Giuliano "todas as suas roupas e seu retrato".[17] Isso revela mais do que mera cortesia. Mas esse fato ajuda a explicar a trajetória de vida de Américo? Será melhor entender a relação entre Simonetta e Giuliano como mais um indício da forma como o destino dos Vespúcio e o dos Medici se entrelaçavam. Sem sombra de dúvida, a erudição de Giorgio Antonio foi mais importante para o progresso do ramo da família Vespúcio a que Américo pertencia do que a beleza de Simonetta. Graças a ele, a família gozou de acesso privilegiado ao Magnífico e pôde refugiar-se em sua *villa* em Mugello durante a epidemia de peste.

Quando o velho Américo morreu em 1468, legou à igreja paroquial de Ognissanti uma renda anual de doze denários em benefício de sua alma e da alma de sua esposa.[18] Ali, em princípios da década de 1470, os Vespúcio financiaram a construção de uma capela e a decoraram com uma pintura de Domenico Ghirlandaio, antes que este ficasse famoso. O dinheiro proveio de membros mais prósperos do clã, mais distantes do ramo a que pertencia Américo. A crença de que Ghirlandaio retratou Américo entre os membros da família representados sob o manto da Madona baseia-se numa afirmação de Giorgio Vasari, o cronista dos artistas florentinos, feita três quartos de séculos depois. Àquela altura a fama de Américo era grande o bastante para facilitar a aceitação da ideia. Mas não há motivos para acreditar nisso: infelizmente, não temos nenhum retrato autêntico de Vespúcio e nenhuma descrição de sua aparência física.

Os pais de Américo ainda moravam em casa de seu avô quando ele nasceu. Mas quando exatamente isso se deu? "Américo Vespúcio nasceu em..." Por mera convenção, os biógrafos terminam essa frase com uma data e um lugar. No caso de Américo, embora não haja dúvida de que nasceu em Florença, não há tanta certeza quanto à data. Com dois anos de diferença, mais ou menos na época adequada, registrou-se o nascimento de dois bebês de mesmo nome, filhos dos mesmos pais. Supõe-se que o primeiro fora vítima da mortalidade infantil — um dos inúmeros anjinhos cuja morte não era pranteada, evidentemente porque suas almas eram inocentes (e as manifestações de luto eram uma penitência para apressar a chegada das almas ao céu). A psicologia apresenta uma explicação diferente ou alternativa: a morte de crianças era tão frequente que a melhor estratégia dos pais para enganar a dor era esquecê-las da forma mais completa e mais rápida possível. O nome de Américo tinha de ser perpetuado na família, pois era o nome do patriarca da casa. Assim, o filho seguinte teria de herdá-lo. Sua certidão de batismo traz uma data de meados de março de 1453, mas àquela época os documentos oficiais de Florença e de muitas outras partes da Europa seguiam um calendário que se iniciava com a festa da Anunciação, em 25 de março. Isso fazia sentido, porque era a data da concepção de Cristo, e a prática de adotar uma data pagã — 1º de janeiro —, tal como se fazia na antiga Roma, ainda não se estabelecera. Assim sendo, pela contagem atual, aquele Américo nasceu em 1454.

Mas seria ele o nosso Américo? A probabilidade leva a essa conclusão, porque num documento de quatro anos depois seu pai lhe atribui a idade de quatro anos. Os pais daquela época eram notoriamente displicentes em relação a datas de nascimento, mas é pouco provável que tenham perdido a conta dos anos do filho ainda em tão tenra idade. Américo, como todo mundo à sua época, era indiferente à data de seu nascimento, e documentos posteriores lhe atribuem idades discordantes. Não é impossível não ter sido ele o menino que nasceu em 1454, mas um terceiro Américo, do qual não se tem registro, nascido do mesmo casal. Desconsiderando a falta de provas diretas, eu deveria adotar tal conclusão, pois Américo parece jovem demais para a sua idade nas etapas subsequentes de sua vida. Sua educação formal, se ele de fato nasceu em 1454, continuou até depois dos vinte anos: de fato, parece que essa foi sua etapa mais intensa e que não superou o nível de escolar bem preparado. Ele pode ter começado seus estudos tarde, ou se desenvolvido tardiamente; pode ser também que fosse o que agora chamam de eterno estudante, mas este é um dos temas mais intrincados na cronologia da vida de Américo.

De todo modo, nosso Américo nasceu em meio a sinais que evocavam a finitude da vida humana. O Américo anterior da família já tinha morrido. E é provável que a criança nascida em 1454 tivesse um gêmeo. A certidão de batismo refere-se a Américo e Matteo. A menos que se entenda que se atribuíram os dois nomes à mesma criança, Matteo Vespúcio teria sido outro filho que não passou da infância. Uma irmã, Agnoletta, de um ano de idade, figura na declaração de rendimentos da casa como uma das "bocas", como assim denominava o espírito prático da burocracia florentina. Depois desapareceu dos documentos.

Entre os filhos que sobreviveram, Américo tinha dois irmãos mais velhos: Antonio, destinado à carreira jurídica; e Girolamo que, depois de alguma hesitação na juventude, terminou seguindo a carreira religiosa. A julgar por alguns comentários bastante amargos atribuídos por Girolamo a Américo numa carta que chegou até os nossos dias, Antonio era o favorito e monopolizava a afeição de Lisa, sua mãe. "Você me diz", resume Girolamo, "que Mona Lisa está bem e devotou-se inteiramente a mestre Antonio e mostra pouco interesse por nós."[19] Não vem ao caso, porém, nenhuma incursão na psicobiografia. Se Américo tinha algum ressentimento desse tipo, nunca o mencionou em nenhum outro documento remanescente. No contexto de sua carta ao irmão (e por este citada) vê-se claramente tratar-se de um artifício para justificar por que Girolamo não devia esperar obter o que ele, de modo claro e repetidas vezes, pedia a Américo: dinheiro e ajuda em sua carreira eclesiástica. Era normal dispensar maiores cuidados ao filho mais velho, porque ele estava sendo preparado para a maior das responsabilidades; e embora os freudianos possam discordar, acho que uma infância normal em seu próprio ambiente cultural dificilmente tende a ter um efeito negativo. Não obstante, as perspectivas dos filhos mais novos eram fatalmente limitadas pelas escolhas feitas pelos mais velhos. Visto que Antonio abraçara a carreira jurídica e Girolamo a Igreja, sobraram poucas opções para Américo e para Bernardo, seu irmão mais novo. O serviço no Estado ou numa casa abastada eram possibilidades; a guerra oferecia chances de progresso. A melhor perspectiva era emigrar para o estrangeiro, provavelmente na qualidade de comerciante. Como veremos, os dois filhos mais novos optaram por essa via em diferentes fases de suas vidas.

Há outra pista intrigante para o que agora seria visto como uma forma comum de trauma psicológico. Num caderno escolar, Américo teve de descrever a si mesmo. "Eu me chamo Antonio", escreveu ele, "e me dão o epíteto de 'o Grande', nada menos que isso. Mas me acho pequeno e não me considero bom nem instruído."[20] Provavelmente Américo não foi o autor dessas linhas, apenas as traduziu, talvez de um original composto pelo irmão mais velho. Mas, com a mesma caligrafia, veem-se rabiscos de assinaturas de "Antonio" e "Antonius" na guarda do livro. Seria isso uma prova de rivalidade entre irmãos, ou mesmo de um ódio potencial? Na Viena *fin de siècle*, a conclusão haveria de ser inescapável, mas não necessariamente na Florença do século xv.

A EDUCAÇÃO DE UM MAGO

Américo teve uma educação barata. A casa de seu pai era próspera e bem relacionada, mas não abastada. Nastagio só investiu pesadamente na educação do filho mais velho, que haveria de seguir-lhe a profissão de notário. Fazia sentido educar para a prosperidade o futuro chefe do clã, dado que seu futuro era de grande responsabilidade, encarregado que seria de prestar apoio aos parentes mais desfavorecidos. A família teve a sorte de contar com um tutor tão qualificado como o era Giorgio Antonio, pois o irmão de Nastagio era um dos mais respeitados intelectuais da cidade. Ele herdara o vinhedo em Peretola, mas o vendera ao irmão em 1464. Essa relação propiciou ao jovem Américo acesso a uma companhia brilhante e a conhecimento atualizado, não apenas no campo da poesia, da retórica e da filosofia professada pelos humanistas, mas também no campo da cosmografia, astronomia e astrologia, especialmente valorizadas no mundo de Giorgio Antonio.

A relação entre Américo e seu tutor parece ter sido bastante estreita. Eis algumas expressões de devotamento e de gratidão, ao que parece dirigidas a Giorgio Antonio: "Por você fui orientado e instruído, como por um bom e sábio preceptor, e portanto haverei sempre de obedecer-lhe e honrá-lo e tê-lo em mais alta estima que a qualquer outro mestre".[21] Américo sempre manteve as boas relações com Giorgio Antonio — pelo menos toda a Florença assim pensava, e muitos correspondentes encerravam cartas a Américo mandando lembranças ao sábio. Quando Giorgio Antonio ficou doente em decorrência de um acidente grave, estando Américo fora da cidade, os amigos apressaram-se em dar-lhe a notícia. Mas nós professores fazemos amizade com nossos alunos por todos os tipos de razão e desrazão, nem todas relacionadas ao bom desempenho na sala de aula. Quão bom aluno teria sido Américo?

Ele mesmo confessa ter sido negligente em relação aos ensinamentos do tio, mas isso pode ser o tipo de pio arrependimento que as pessoas expressam convencionalmente quando consideram o próprio passado e as oportunidades que perderam na vida. Sua única tentativa — que chegou até nós — de escrever uma prosa não pautada por Cícero é hesitante e deselegante, embora não imprecisa. "Eu mal ouso escrever em latim", escreveu ele — mas "fazê-lo no vernáculo me faria corar um pouco."[22] Grandes eruditos mostram-se chocados com o fato de que Américo, escrevendo para um protetor, certa vez atribuíra a Plínio uma observação autodepreciativa feita por Catulo ("Você costumava pensar bem de minhas ninharias"); eles expressam também incredulidade ante sua tendência a confundir estoicismo com epicurismo. Esses não me parecem erros imperdoáveis, de gente ignorante; na verdade, revelam um excesso de confiança, da parte do escritor, em sua familiaridade com alusões clássicas. A julgar pelo que sabemos dos talentos que demonstrou posteriormente, ele era melhor em matemática que em letras.

Embora Américo tenha sido um latinista modesto, seu relacionamento com Giorgio Antonio deu-lhe acesso a alguns dos grandes mecenas e praticantes da literatura vernácula. Quando Piero Vespúcio estava em Pisa, pediu a Américo que lhe conseguisse um Lívio traduzido e uma obra de Dante, e solicitou-lhe um empréstimo de livros de poemas de Pulci e Del Franco. Américo tinha veleidades poéticas e escreveu versos — que não chegaram até nós — a possíveis protetores. Como todos os florentinos, ele era bastante versado na literatura vernácula de sua cidade natal. Como veremos, trechos memorizados de obras de Petrarca e Dante vêm-lhe facilmente à mente numa etapa mais avançada de sua vida, mesmo no meio do oceano.

Com a certeza que se pode esperar de uma dedução, podemos dizer que o programa informal de estudos que seguiu com seu tio incluiu um pouco de cosmografia. Segundo uma recordação posterior de Vespúcio, Lorenzo di Pierfrancesco de Medici, que teve o mesmo tutor que ele, entendia "um pouco de cosmografia".[23] Era um assunto em moda em Florença pelo menos desde 1397, quando Manuel Chrysoloras, tendo vindo ensinar grego na cidade, trouxe consigo a *Geografia* de Ptolomeu.[24] Completada a tradução para o latim, todas as pessoas que eram alguém em Florença parecem tê-la estudado. Giorgio Antonio Vespúcio tinha sua cópia, provavelmente feita de próprio punho.[25] Os escritos de Américo trazem pelo menos uma dúzia de alusões ao texto.[26] Ptolomeu incutiu na mente de Américo algumas das ideias cruciais que mais tarde haveriam de guiá-lo na compreensão do mundo que ele explorou: sua suposta esfericidade perfeita; seu tamanho — 24 mil milhas em volta do equador;[27] a possibilidade de ser dividido em linhas de longitude e latitude.

O estudo da geografia fazia parte do currículo humanista. A redescoberta de textos antigos reavivou-o. De especial importância em Florença foi a *Geografia* de Estrabão, um texto do final do século I a.C. que simulava um debate sobre o tamanho do mundo e a existência de continentes até então desconhecidos. As ideias de Estrabão circulavam amplamente desde a época da assembleia eclesiástica que teve lugar em Florença em 1439, quando eruditos reuniram-se para trocar novas informações cosmográficas e opiniões eclesiológicas. Uma tradução completa da *Geografia* para o latim estava disponível a partir de 1458 e foi impressa em 1469. Giorgio Antonio tinha uma cópia dessa obra.[28] "É possível", especulava Estrabão, "que na própria zona temperada existam dois mundos habitados ou até mais, principalmente no paralelo de Atenas, que cruza o oceano Atlântico, ou em seu entorno." No contexto do pensamento de Estrabão, tomado em seu conjunto, essa observação parece irônica, mas a ironia é notoriamente difícil de identificar, e muitos leitores do século xv entenderam a passagem literalmente. Ela fazia que o Atlântico merecesse ser explorado em busca de novos mundos e continentes desconhecidos. A geografia clássica também levantou a hipótese bastante provável de que, se navegantes conseguissem cruzar a imensidão do Atlântico, "poderíamos navegar da Península Ibérica até a Índia ao longo do mesmo paralelo". Paolo dal Pozzo Toscanelli, o "irmão" de Giorgio Antonio na "família de Platão" em Florença, foi um grande defensor, talvez mesmo o criador, da teoria de que se poderia chegar à Ásia viajando para o oeste. A ideia que inspirou Colombo a atravessar o Atlântico era debatida em círculos que Américo frequentou em sua juventude. A relação com Toscanelli foi a primeira que Américo partilhou com Colombo; esses laços haveriam de se multiplicar ao longo de toda a vida dos dois exploradores, unindo-lhes inseparavelmente a reputação depois que morreram.

Da educação moral de Américo restaram alguns traços numa biblioteca florentina — não tanto traços de sua conduta, que podia ser vil ou abjeta, dependendo de suas necessidades, mas anotações de um caderno escolar, muito provavelmente feitas, em sua maior parte, por ele.[29] Há motivos para duvidar da autoria, embora se leia no final do caderno, com a mesma caligrafia da maior parte do manuscrito: "Américo filho de Ser Nastagio Vespúcio escreve este livrinho". Quando jovem, Américo certamente escreveu um livro de preceitos morais, apotegmas e conselhos: um "livro de sentenças", para dar ao gênero o nome que tinha à época. A única carta da juventude de Américo, dirigida a seu pai, que chegou até os nossos dias, refere-se ao livro qualificando-o como uma compilação dos ditos do progenitor: "estou ocupado", diz ele, "em escrever regras de conduta [*regula*] — em latim, se é que posso chamar assim", acrescenta ele modestamente entre parênteses, "para que ao voltar eu possa vos mostrar um livrinho no qual estarão coligidas essas vossas máximas [*ex vestra sententia*]".[30]

Não parece tratar-se do manuscrito remanescente, escrito quase totalmente em toscano, com apenas umas poucas traduções latinas de exercícios. Além disso, os trechos em latim, que sempre figuram ao lado da tradução em toscano, estão escritos numa caligrafia mais madura, mais livre e mais harmoniosa. Assim, tem-se a impressão de que o tutor escreveu as frases latinas para o jovem Vespúcio traduzir para o vernáculo. Embora a composição em latim constituísse a maior parte de qualquer currículo de estudos da época, era comum prescrever exercícios desse tipo.

Alguns biógrafos o classificam como caderno escolar e o associam à educação formal que Américo recebeu de Giorgio Antonio. Mas é provável que tenha sido usado por um longo período de tempo. Ele não traz datas, mas a letra da pessoa que mais escreveu, responsável por quase todas as páginas, vai ficando mais desenvolta, mais fluente e mais madura à medida que o trabalho avança. Todos os documentos contidos no livro são rascunhos de cartas que, escritas em termos genéricos, podiam servir para uma ampla gama de assuntos e circunstâncias familiares. Algumas trazem detalhes reveladores da natureza da educação recebida por Vespúcio, outras chegaram a ter uma clara influência em sua vida pessoal.

Os exercícios revelam os valores incutidos no jovem Vespúcio. "Meu pai tem o forte desejo", escreve ele, "de que eu estude e procure compreender tudo aquilo com que possa conquistar fama e fortuna."[31] Isso seria a coisa mais próxima de um objetivo coerente, na longa série de mudanças subsequentes na carreira de Vespúcio. De um modo ou de outro, muitos exercícios constituem censuras contra a preguiça, a falta de atenção e a ingratidão. Naturalmente, a acreditar nos professores, esses são vícios comuns em estudantes e, naquela época, eram tema comum das mensagens dos mestres aos seus pupilos. O caderno de Vespúcio, porém, é excepcionalmente rico em preceitos dessa natureza. Repetidas vezes ele decide passar a levantar mais cedo, dormir menos, chegar pontualmente às aulas e evitar a negligência e o pecado, seguindo de boa vontade os preceitos de seu mestre.[32] Recebia conselhos constantes para seguir o exemplo de seu pai. "Quem viveu direito, como seu pai o fez, com certeza terá uma boa morte."[33] A retórica apaixonada das obrigações familiares perpassa as páginas: "Nunca um irmão foi tão amado por mim como você o é".[34]

Os exercícios que chegaram até nós também constituem chaves para o tipo de religião na qual o jovem Vespúcio foi educado. Algumas das composições são sobre os estados de espírito adequados às estações do ano cristão: as penitências da Quaresma, a alegria do Natal. Ele assimilou a piedade dos frades característica de muitas comunidades do fim da Idade Média, com sua ênfase na salvação pela fé — doutrina sobre a qual ainda não pesava a suspeita de heresia. O próprio Savonarola teria aprovado as palavras iniciais de uma das composições do caderno: "Eu acredito não tanto em meus próprios méritos, mas antes na graça de

Deus". Mas ele continua de forma leviana e irônica, traçando uma analogia quase blasfematória entre a graça divina e a benevolência de um tutor: "Sinto-me como alguém eleito e honrado com a sua companhia [...] que devo não tanto aos meus méritos, mas à sua generosidade".[35] Talvez a religião nunca tenha alcançado uma posição muito elevada na escala de valores na qual Vespúcio foi educado. Na infância ele pouco aprendeu sobre o Deus que mais tarde haveria de esquecer quase totalmente. Na verdade, a prova de seu afastamento da religião é bastante clara em seu caderno. Em uma das mais extraordinárias composições nele contidas, ele confessa que "no final, tenho as coisas do céu em baixa estima e quase cheguei a negá-las". Quanto aos seus companheiros humanos, eles lhe pareciam "mais semelhantes a uma besta grosseira que a uma divindade onipotente".[36] Ele haveria de se referir aos habitantes do Novo Mundo de uma forma semelhante a essa. Na vida adulta, raramente aludia a Deus, exceto, em geral, em termos convencionais. Em contrapartida, Colombo dificilmente dizia alguma coisa sem invocar o Todo-Poderoso, insistindo sempre e de forma fervorosa em sua relação pessoal com Ele.

INTERLÚDIO EM PARIS

Ao término de sua juventude, Américo estava bem instruído, mas suas perspectivas eram incertas. Em fins da década de 1460, quando já era quase adulto, as mortes do velho Américo e de seu irmão Giovanni deixaram em grande pobreza os filhos deste, que ainda moravam na modesta casa de Peretola. Em comparação, a casa de Nastagio foi ficando cada vez mais próspera, mas nunca o bastante para permitir independência à nova geração. Nastagio era um notário especializado em câmbio de moedas, e a profissão lhe dava meios para viver com conforto. Um exercício que se encontra no caderno de Américo reconstitui ou imagina lautas refeições à mesa de Nastagio: "Nós almoçamos e jantamos ontem em casa de nosso pai, onde se prepararam muitos pombos, pequenos pássaros canoros, capões e outras aves, que nossos estômagos foram digerindo com facilidade [...]. É impossível dizer tudo o que nos foi servido e quantos doces comemos".[37]

Quando da declaração de rendimentos seguinte, de 1470, nada tinha mudado muito. A família ainda morava na casa de Ognissanti. Giovanni, ainda "muito pobre", continuava a residir na propriedade de Peretola, onde, queixava-se o irmão, ele "nada faz" exceto "prejudicar a si mesmo e a nós". A capacidade de produção do vinhedo da família, porém, passara para catorze barris por ano. E havia um novo vinhedo na aldeia vizinha de Santo Martino a Brocci. Em 1470 a família adquiriu uma fazenda chamada Campo Gretti, na aldeia de San Felice a Ema, com uma residência para o proprietário e uma casa de fazenda para um locatário ou empregado. Em 1474 a família acrescentou ao seu patrimônio uma propriedade próxima, alugando-a por uma renda considerável, que coincidia exatamente com o valor que tinham de pagar pela casa que alugaram em Florença para um objetivo não especificado.[38] Em 1477 eles compraram algumas lavouras de trigo e uma pequena vinha em San Moro. Nesse meio-tempo, venderam a vinha de Peretola. Mas a essa altura Antonio graduara-se como notário e trabalhava no edifício sede do governo da cidade. Ele já podia dar-se ao luxo de casar-se, e assim o fez. Para Américo, convinha um emprego em uma das grandes casas comerciais ou na corte do governante.

Sua primeira oportunidade — ou pelo menos a primeira de que temos notícia — aconteceu em 1478, quando seu tio (ou, como deveríamos dizer, primo de uma geração mais velha) foi indicado para ocupar um cargo vago a serviço da república, devido à morte daquele que estava destinado a exercer o cargo de embaixador de Florença na França. Guido Antonio Vespúcio, indicado para assumir o cargo, convidou Américo para acompanhá-lo em sua missão. Esse talvez seja o melhor sinal do crédito de Vespúcio, ou pelo menos de sua competência de erudito. Não existe, porém, nenhum indício de por que ele escolheu seu jovem sobrinho. Embora os biógrafos de Vespúcio tendam a falar de Américo como secretário do tio, não há nenhum registro da condição em que Américo viajou para a França nem do que fez ao chegar lá. Somos tentados a imaginar que dificilmente teria a chance de fazer essa viagem, caso o seu tutor estivesse insatisfeito com ele. Era uma grande oportunidade. Sem ela, Américo teria de ter partilhado a ociosidade forçada de seus irmãos mais novos. Na declaração de rendimentos seguinte, de 1480, afirma-se que Girolamo e Bernardo estavam no comércio de lã, mas no momento sem trabalho, ao passo que Américo encontrava-se "na França com messer Guidantonio Vespúcio, o embaixador".[39]

Américo pouco ou nada aproveitou de sua oportunidade. Dois fatos sobressaem: primeiro, a embaixada foi um fracasso; segundo, Américo nunca mais ocupou cargos oficiais. A fama que Guido Antonio alcançou posteriormente obscureceu o fracasso da embaixada de Paris. Sua missão seguinte, em Roma, mereceu muitos elogios. Maquiavel, cuja história da cidade teve excelente repercussão entre os historiadores que se lhe seguiram, louvou sua habilidade.[40] Mas a missão de que Américo participou foi muito decepcionante. Seu objetivo era garantir a intervenção da França em favor de Florença, em sua guerra contra Nápoles. Não se tratava de negociar uma nova aliança com a França, mas apenas fazer Luís XI respeitar as garantias que ele já dera. O rei, porém, estava preocupado com objetivos que lhe eram mais próximos: tratava de incorporar os vastos domínios do duque da Borgonha, que ele acabara de derrotar e matar, cuidando de colocá-los sob sua coroa.

Luís tomou muitas iniciativas baratas e amistosas. Proibiu a entrada dos inimigos de Lourenço em seu reino, estimulou o governante de Milão a entrar em ação, o que implicava pouco risco para a França, uma vez que Milão já estava profundamente envolvida na guerra, do lado de Florença. Luís usou o pretexto de apoiar Florença para cortar a renda do papa provinda da França e diminuir a autoridade deste no país. Ele ameaçou invadir a Itália, e talvez até sonhasse com isso. "Se você se recusar a fazer a paz", escreveu ele a Ferrante, "vamos recorrer a nossas forças de homens em armas [...] e agiremos de modo a que da guerra possa resultar a paz."[41] Os florentinos autorizaram Guido Antonio a dar as mais extravagantes garantias para obrigar o rei a agir. "A nação florentina está em suas mãos", disseram-lhe eles, "e assim continuará enquanto nossas muralhas se mantiverem de pé."[42] Mas o monarca nada fez. Lourenço logo desistiu de receber qualquer ajuda efetiva dele.[43] Além disso, a embaixada fracassou em dois objetivos secundários: conseguir uma compensação para os mercadores florentinos vítimas de pilhagem por parte de piratas franceses e tentar manter Veneza fora da Santa Aliança, a piedosa aliança do pós-guerra em que França, Florença, Nápoles, Milão e a Santa Sé se uniram com o objetivo explícito, mas levado pouco a sério, de promover uma nova cruzada. Quando Guido Antonio foi chamado de volta a Florença no verão de 1480, não conseguira nenhum progresso significativo em nenhuma de suas missões na corte francesa.

Américo nunca mais participou da vida diplomática e nunca voltou a exercer nenhum cargo remunerado no Estado. Embora tenha exercido a função de secretário de embaixada, não era talhado para o cargo. Em seus escritos subsequentes, ele nunca evocou Paris. Os biógrafos costumam perder tempo especulando sobre quais teriam sido os seus contatos na capital francesa: Bartolomeo, o irmão de Colombo, é a hipótese mais fantasiosa, embora seja quase certo que ele não se encontrava em Paris àquela época. Américo não conheceu ninguém que tivesse importância para ele posteriormente. Fica a impressão de que ele teve uma chance, mas não soube aproveitá-la.

Nos anos que se seguiram, ele pelo menos contava com um meio de vida. Em 1482, pouco antes de sua morte, Nastagio escolheu Américo para conduzir seus negócios. Quando Nastagio morreu, Américo estava em situação relativamente boa no que se refere aos negócios da família, e gozando também dos favores do clã que dominava a cidade. Em fevereiro do ano seguinte, Américo recebeu uma carta de um dos mais proeminentes membros do clã, Simone Vespúcio. Ela lhe falava com intimidade; Simone encarregou Américo de comprar e vender joias em seu nome, principalmente uma safira, que afinal se revelou não ser bem o que se desejava. Simone mandou lembranças a Giorgio Antonio e — o que é mais curioso — ao "Magnífico Lourenço".[44] Aqui há um risco de confusão, visto que o primo de Lourenço, Lourenço di Pierfrancesco, também recebia o epíteto de "magnífico", que os florentinos distribuíam a três por dois. Mas no contexto, e considerando-se o fato de que Guido Antonio levara Américo à órbita do potentado, é do próprio Lourenço, o Magnífico, que se trata. Se a interpretação for correta, essa carta é o primeiro indício da proximidade pessoal de Américo com o maior potentado de Florença. E também o último. Como teria Américo se aproximado de Lourenço? Por que essas relações não duraram? Para entender o que aconteceu, é necessário fazer uma incursão na política florentina e, especialmente, no mundo extraordinário de Lourenço.

A SOMBRA DA MAGNIFICÊNCIA

"Não sou o senhor de Florença", escreveu Lourenço em 1481, "apenas um cidadão com algum poder."[45] Era a pura verdade. Ser um senhor não era uma aspiração razoável onde a virtude republicana estava enraizada. Outras comunas florentinas tinham se submetido a senhores no fim da Idade Média, mas não Florença — ou assim se enganavam os florentinos. Leonardo Bruni, o grande ideólogo da cidade em princípios do século xv, orgulhava-se de que, enquanto os tiranos triunfavam em outros lugares, sua terra natal permanecera fiel a sua herança, que se inspirava — tal era o mito — nos republicanos da antiga Roma. Os florentinos que tramaram a morte de Lourenço em 1478 viam a si mesmos como novos Brutos, que sacrificavam César para preservar a pureza da república. "*Popolo e libertà!*" eram as palavras de ordem recorrentes dos rebeldes — que não deviam ser entendidas muito literalmente, visto que a maioria das rebeliões não passava de lutas de famílias excluídas contra aquelas que contavam com os favores dos Medici, e poucos conspiradores estavam propensos a sacrificar as benesses da oligarquia; eles queriam apenas a liberdade de explorá-las em seu próprio benefício. Alamanno Rinuccini, um dos mais reflexivos partidários da família e da facção dos Pazzi, denunciou secretamente Lourenço num Diálogo sobre a Liberdade, não publicado, mas seu principal alvo eram os *parvenus* que os Medici haviam tornado elegíveis a cargos públicos.[46]

Mas o "algum poder", reconhecido por Lourenço, elevava-o acima de seus concidadãos. Ele nunca chegou a ocupar um cargo público. Nunca foi membro do conselho executivo de Florença, muito menos chefe de Estado, mas isso não fazia diferença. A constituição florentina era fortemente embasada em princípios republicanos, com salvaguardas contra a tirania. Assim sendo, os ocupantes nominais dos cargos públicos nunca podiam apossar-se do poder. Substituídos a cada dois meses, eram selecionados num misto de eleição indireta e sorteio de listas aleatórias de famílias ricas ou aristocráticas. A chave do poder permanente residia não em ocupar o cargo público pessoalmente, mas em manipular o sistema. Lourenço governava na surdina.

O primeiro elemento de seu sistema de gerenciamento era a habilidosa manipulação das instituições e das cadeias de relações. Ele se integrava a tudo e cultivava a amizade de todo mundo. Ao contrário dos potentados de sua família que o antecederam, ele batia papo com seus concidadãos na catedral e na *piazza*. Pertencia a muito mais confrarias, guildas e comitês do que qualquer um teria condições de frequentar regularmente, mas essas instituições ampliavam sua rede de clientes e o mantinham informado do que acontecia na cidade. Naturalmente, todos os negócios formais de todas as organizações lhe eram comunicados. E, mais importante, talvez: tudo o que se discutia nas reuniões era transmitido ao seu sistema. Exercer o controle sobre uma república era uma questão de cibernética. Os códigos de acesso eram sussurrados, senhas trocadas na linguagem particular das famílias ou no jargão da elite. O poder e o domínio residiam em manipular o sistema de eleição indireta e seleção por sorteio, que levavam à participação no conselho gestor e em outras comissões influentes. Rinaldo Albizzi, por exemplo, que por um breve período conseguiu tirar o pai de Lourenço do poder, forçando-o ao exílio, descuidou das eleições, o que resultou no alijamento de seus partidários e na volta de seu inimigo. A única maneira de ter segurança era pela fraude. Lourenço valia-se de suborno e de intimidação para fixar as regras de elegibilidade, promover suas próprias criaturas e cupinchas e garantir que o sorteio final para os cargos públicos fosse sempre fraudado.

Em decorrência disso, embora não tivesse direito formal de jurisdição — o que, naquela época, era considerado o principal atributo do poder supremo —, ele administrava a justiça, *de facto*, a seu bel-prazer. Em 1489, numa ocasião memorável, ordenou uma execução pública sumária e o açoitamento dos circunstantes que ousaram opor-se a ela. A única atenuante, no caso, é o fato de que sua gota — que sempre o atormentava — estava especialmente dolorosa naquele dia.[47] Na verdade, os Medici eram monarcas. Lourenço era o quarto, em sua linha de sucessão, a governar a cidade. Quando ele morreu, os cidadãos que constituíam a liderança de Florença se uniram para pedir ao filho que assumisse o lugar do pai.

Em segundo lugar, Lourenço contava com a riqueza. Sua liberalidade o fazia magnífico. A multidão que se uniu em apoio a Lourenço, quando ele sobreviveu à tentativa de assassinato em 1478, saudou-o como "Lourenço, que nos dá o pão". Ele explorava o Estado (a prova disso, embora não conclusiva, é forte demais para ser desconsiderada) e apropriou-se do dinheiro de seus primos. Gastava sua riqueza em corrupção ativa para conquistar e manter poder. Ele nunca resolveu o problema de equilibrar receita e despesas. Como comentou Lourenço, num dito famoso: "Em Florença, não existe segurança sem poder". Mas poder custa dinheiro, e Lourenço, como seus predecessores, tendia a gastar demais para comprá-lo. Segundo seus próprios cálculos, ele herdou uma fortuna de mais de 230 mil florins. Era a maior fortuna de Florença, embora tivesse sido dilapidada desde sua fase áurea, à época de seu avô. A fraude a minara. Um novo empreendimento — a exportação de alume — quase se revelou desastroso. As extravagâncias pessoais de Lourenço tornaram as coisas ainda piores.[48]

Em terceiro lugar, Lourenço, embora um mero cidadão que não descendia da nobreza, assumia uma atitude ritual quase como se fosse um rei. Seus poemas de amor gozam de justa fama. Sua poesia religiosa era mais importante do ponto de vista político, o que não quer dizer que não fosse sincera; para se tornar um grande santo, não é má ideia começar por ser um grande pecador. Na verdade, há algo convincente nos versos de Lourenço, com seu desejo ardente por "repouso" no seio de Deus e "alívio" para a "mente exaurida": o compreensível anelo de um coração ferido pelos negócios e de uma consciência agitada pelas responsabilidades do poder. As confrarias às quais pertencia salmodiavam seus apelos ao arrependimento ou os cantavam — como muitas vezes se cantavam palavras sagradas — em melodias profanas.[49] Ele investia pesadamente em adornar fundações religiosas mantidas por sua família e em divulgar o seu prestígio. Em especial, mantinha a casa dominicana de São Marcos de Florença: um viveiro de grandeza onde Fra Angelico pintou e Girolamo Savonarola — vociferante reformista que influenciou Lutero e contribuiu para reformar o Estado florentino depois da morte de Lourenço — ergueu sua voz tonitruante. Mas São Marcos lutava para sobreviver financeiramente e recrutar postulantes até Lourenço vir em seu socorro. Seus motivos não eram meramente piedosos. Ele via São Marcos como uma fonte de partidários — a casa ficava no coração do bairro que tinha as ligações mais antigas com a família Medici. Lourenço tentou fazer dela a casa mais importante dos dominicanos da Toscana e um centro de mais ampla influência sobre os negócios da Igreja. Tentou também, embora sem sucesso, promover a canonização de Antonino, arcebispo de Florença e eclesiástico favorito da casa dos Medici à época de seu pai.[50] Quando Lourenço morreu, seus partidários retrataram-no como um santo.

Finalmente mais um dado, e este dificilmente compatível com aspirações de santidade: ele fez da intimidação uma verdadeira arte. A riqueza compra o poder em sua forma mais crua: brutamontes e capangas para maltratar concidadãos no âmbito da cidade; mercenários e aliados estrangeiros para intimidar Florença de fora. Lourenço cultivava aliados — às vezes papas, às vezes os reis de Nápoles, e sempre os duques de Milão. Parte do acordo era o compromisso de mandar tropas em sua ajuda, no caso de tentativa de golpe ou de revolução na cidade. Não se tratava apenas do fato de que todos sabiam ser ele capaz de esmagar qualquer oposição com mercenários ou tropas estrangeiras, caso o desejasse. Ele praticava a política do terror para subjugar a oposição. A cidade da ilustração florentina era um lugar cruel, selvagem e sanguinário, onde os corpos esquartejados de criminosos executados jaziam pelas ruas, e os vingadores simulavam um canibalismo ritual para dar um toque final às vendetas. Lourenço intimidava os inimigos com horríveis espetáculos de terror e implacáveis campanhas de vingança. Aqueles que participaram da conspiração dos Pazzi sofreram a mais perversa — mas não excepcional — das violências perpetradas por Lourenço. Normalmente, criminosos morriam enforcados fora dos muros da cidade, para que não a poluíssem, mas Lourenço fez que os conspiradores fossem atirados, aos gritos, das janelas do palácio da Câmara municipal. A multidão reunida na praça principal os via cair aos gritos, corpos bamboleando, contorcendo-se, convulsionados pelas dores da morte, antes de saciar sua sede de vingança despedaçando seus corpos quando eles se arrebentavam no chão. Lourenço fez da vingança uma política, levando os sobreviventes das vítimas ao estado de mendicância. Por algum tempo, o governo de Florença chegou a considerar uma forma de ofensa o casamento com uma das mulheres órfãs ou despossuídas da família dos Pazzi, o que equivalia a condená-las a morrer de fome.

Lourenço era magnífico, naturalmente, tanto na arte quanto no exercício do poder. Como mecenas das artes, o ramo dominante dos Medici nunca se destacou pelo bom gosto. Para eles, arte era sinônimo de poder e de riqueza. Lourenço não era, porém, o sujeito rústico que os estudiosos modernos dizem ter sido. Ele era um esteta genuíno e apaixonado. Sua poesia, por si só, constitui uma grande prova de sensibilidade e de um ouvido muito afinado. Talvez o seu olhar não tivesse a mesma perfeição. Seu objetivo era colecionar objetos de efeitos visuais singulares e estonteantes. O átrio do palácio dos Medici era cheio de inscrições antigas — uma exibição não tanto de conhecimento e gosto por antiguidades, mas antes de modismo e riqueza. De longe, o maior gasto era com trabalhos de ourivesaria, joias e objetos antigos pequenos e raros; sua riqueza podia ser manipulada para mera satisfação tátil e transportada rapidamente, em caso de mudança dos ventos políticos: ela podia servir de consolo no exílio, tal como aconteceu ao pai e ao filho de Lourenço.

Embora não construísse no mesmo ritmo e com a mesma prodigalidade de seus predecessores — talvez a política o contivesse —, ele continuou com um interesse ativo em todos os projetos públicos de construção e, sem fazer alarde, embelezava muitos dos grandes edifícios e fundações religiosas que sua família tradicionalmente patrocinava.[51] Mas havia um toque de vulgaridade e ostentação mesmo na arquitetura com a qual colaborava. Ele era membro de uma comissão que encimou o domo da catedral com uma bola de ouro, o símbolo proeminente do brasão de armas dos Medici. As pinturas que ele comprava (traço aparentemente hereditário no ramo mais influente da família Medici) eram muito antiquadas pelos padrões do Renascimento: as cores duras e brilhantes dos trabalhos de Gozzoli e Uccello, os vivos pigmentos — dourados, lápis-lazúli e carmim — que brilhavam como a fabulosa coleção de joias que Lourenço reuniu. O gosto por cenas de batalhas era parte de seu culto à cavalaria. Os torneios estavam entre seus espetáculos favoritos, e ele reuniu deslumbrantes armaduras cerimoniais com as quais se exibia nas liças.[52]

Tem-se a impressão de que, na juventude, Américo teve a chance de emprego, se não em cargos públicos, pelo menos na casa do governante não oficial. A partir de fevereiro de 1483, desaparecem os indícios da proximidade de Américo com Lourenço. Gozar dos favores de um príncipe sempre foi uma commodity precária. O tema de um rascunho no caderno de Américo era o de um homem "a serviço e sob o comando de um certo príncipe" que "sempre lhe fazia todo o mal que podia e conhecia".[53] Foi assim que Américo terminou por se sentir em relação a Lourenço. Para entender melhor o que aconteceu, temos de mergulhar mais fundo no mundo dos Medici.

O FÍGARO DE FLORENÇA

A pobreza e a luta pela ascensão unem as famílias. Riqueza e sucesso tendem a dividi-las. Os dois ramos da família partilharam a mesma casa até 1459; seus interesses comerciais permaneceram inextricavelmente unidos até muito depois disso, mas já se acumulavam os motivos para ressentimento. Cosimo, o primo mais velho e verdadeiro governante da cidade, abusou de sua posição como chefe da família durante a minoridade de Pierfrancesco, usando toda a riqueza da família em benefício próprio. Em 1451, quando Cosimo se aposentou e Pierfrancesco atingiu a maioridade, uma determinação legal dividiu a riqueza da casa em partes iguais entre os dois ramos. Lorenzo queixou-se de que seu tio ficara "com metade de nossas posses, o que lhe deu grande vantagem sobre nós e todos os melhores bens [...] ao mesmo tempo que levou consigo um terço das quotas enquanto sócio de todas as nossas companhias, nas quais ele ganhava mais do que nós pelo fato de ter menos despesas".[54] Aquela fora uma divisão de responsabilidades e também de espólios. Lourenço, magro e de aparência famélica, arcou com o peso e os custos de manter Florença sob o jugo da família, enquanto Pierfrancesco, com sua fama de ocioso e obeso, folgava em suas vilas campestres, caçando, cavalgando e vendo o dinheiro entrar.

Eles mantiveram uma fachada pública de união até 1466, quando Piero de Medici estava no poder e seu primo Pierfrancesco assinou uma petição oposicionista exaltando — em óbvia discordância em relação aos métodos do governante — "um governo justo e popular, pelos meios tradicionais". Uma das técnicas dos Medici para consolidar sua posição era expurgar as famílias antigas e politicamente pouco confiáveis das listas dos elegíveis para os altos cargos públicos; o que a petição de 1466 reivindicava era a reintegração dos excluídos. Foi uma crise séria que levou Florença à beira de uma guerra civil e condenou outros peticionários, inclusive o outrora partidário dos Medici, Niccolò Soderini, ao exílio e à pobreza. Pierfrancesco recuperou as boas graças de seu primo emprestando-lhe 10 mil florins, mas nunca mais exerceu nenhum cargo público antes da morte de Piero. Quando este morreu, Pierfrancesco recusou-se a colaborar com a família, apoiando candidatos de quem Lourenço — sucessor de Piero — não gostava. Ele procurou manter seu filho Lorenzo di Pierfrancesco livre da influência de Lourenço, proibindo-o de fazer uma viagem de recreio em companhia deste.[55]

Em 1477 Lourenço apresentou propostas de conciliação a seus primos. Ele contratou o casamento de uma filha recém-nascida — uma das muitas que não sobreviveram à infância — com Giovanni di Pierfrancesco. É possível que a *Primavera* de Botticelli tenha sido encomendada para a ocasião.[56] No ano seguinte, a conspiração dos Pazzi criou uma dispendiosa situação de emergência que levou Lourenço a alguns expedientes moralmente discutíveis, inclusive — assim diziam seus contemporâneos — saquear o tesouro do Estado para conseguir manter seu poder. Ele também lançou mão do dinheiro de seus primos. Entre maio e setembro, transferiu para si próprio 53 643 ducados pertencentes aos filhos de Pierfrancesco.[57] O ramo mais jovem da família reclamou que tinha sido "obrigado" a fazer o empréstimo;[58] quando Lourenço de Pierfrancesco e seu irmão atingiram a maioridade, exigiram a devolução da quantia, com juros: um total de 105 880 florins. Lourenço só devolveu pouco mais de 60 mil. A inimizade entre os dois ramos da família podia ser medida em termos monetários.

Ela terminou se transformando em ódio, que se destila em trechos do punhado de cartas particulares em que membros dos dois ramos se referem uns aos outros. Em 1489, Lourenço rejeitou pública e desdenhosamente os pedidos de clemência, feitos pelos primos, para um criminoso condenado. A aversão mútua crescia cada vez mais e chegou ao clímax em 1494, quando o ramo mais jovem abjurou o nome de Medici e adotou o de Popolani, fazendo eco aos gritos dos rebeldes.

Nesse meio-tempo os Vespúcio — ou pelo menos o ramo a que pertencia Américo — deixaram de servir a Lourenço e passaram para o campo de Pierfrancesco. Os acontecimentos que levaram a essa mudança tiveram lugar provavelmente já em 1478, com um dos mais traumáticos acontecimentos da vida de Lourenço. Assassinos atacaram-no na catedral durante a celebração de uma missa, ou logo que ela terminou. Seu irmão Giuliano foi morto a estocadas furiosas; seu corpo ficou com mais de uma dúzia de ferimentos. Lourenço fugiu. O ato fazia parte de uma ampla conspiração para arrancar o governo de Florença das mãos dos Medici. Os líderes da conspiração pertenciam à família dos Pazzi — guardiães das velhas tradições, representantes de uma oligarquia que por muito tempo tivera posição de destaque, séculos antes de alguém ter sequer ouvido falar dos Medici. Outros descontentes, pertencentes à elite, também participaram da conspiração. O arcebispo de Pisa era dos mais envolvidos. Esperando afastar Florença do alinhamento com Milão, potências estrangeiras fomentaram a agitação. Ao mesmo tempo que recomendava um golpe incruento, o papa estimulava os conspiradores, prometendo enviar-lhes tropas. O rei de Nápoles fez o mesmo. Mas os conspiradores falharam: não conseguiram matar Lourenço nem assumir o controle da sede do governo. E quando o patriarca da família dos Pazzi, o velho Jacopo, levou seus partidários às ruas com o grito de "*Popolo e libertà!*", o povo afastou-se deles e pegou em armas em defesa do *status quo*.

Os Vespúcio nada tinham a ganhar com a conspiração, mas tinham tudo a perder. Eles deviam sua recente ascensão aos favores dos Medici. Porém os valores republicanos estavam tão profundamente arraigados na mente dos florentinos instruídos que uma conspiração contra um quase monarca exercia uma atração praticamente automática. Entre os exercícios escolares feitos pelo jovem Américo, havia uma composição em louvor ao principal conspirador no assassinato de Júlio César, que fora morto sob o mesmo pretexto que motivou o atentado contra Lourenço. Mas embora a ambição deste de exercer um domínio soberano subvertesse a pureza da república, a maioria dos Vespúcio era prudente demais para imitar Bruto. Um membro da família, porém, passou para o outro lado. Piero Vespúcio, tio de Américo, era o que mais se aproximava de um belo ideal de cavalaria. Ele se destacava nos torneios, um talento que o fazia caro a Lourenço, que adorava os badulaques da cavalaria. Piero sempre negou ser um conspirador e insistiu ter agido por caridade. Não obstante, facilitou a fuga de um dos conspiradores, Napoleone Franzesi, um velho amigo, quem Piero afirmou ter ajudado sem nada saber da conspiração. Mas todos em Florença parecem ter dado como certa a culpa de Piero. Ele confessou sentir "uma fúria capaz de fazer um homem explodir" ante a sovinice do patrocínio de Lourenço.[59] Franzesi alimentava rancor contra Lourenço por se sentir pouco recompensado por seus serviços à casa que detinha o controle da cidade. Eram serviços perigosos e sujos, que incluíam missões de espionagem contra Nápoles e Milão. O Giuliano que foi assassinado teria corneado o filho de Piero.

Piero foi torturado durante vinte dias. A família o renegou. Sua filha implorou por sua vida, lembrando a Lourenço "a generosidade que tinha por mim à época em que me chamava de irmã".[60] Lourenço terminou por libertá-lo, colocando-o sob a custódia e a serviço do duque de Milão. Em 1490 Piero foi assassinado em Alessandria, executando uma missão para seu novo senhor. Seus assassinos atiraram-no da sacada do edifício sede do governo — o mesmo método empregado para eliminar os conspiradores da família dos Pazzi — e terminaram de liquidá-lo com cutiladas quando ele caiu na rua.[61]

É improvável que as atitudes temerárias de Piero possam ter comprometido a família Vespúcio como um todo aos olhos de Lourenço. Piero sempre fora um dissidente em sua família, constantemente às turras com os primos. Tentara criar uma cisão entre os Medici e Guido Antonio, que ele tinha acusado — provavelmente de forma infundada — de ter participado de uma conspiração anterior.[62] De todo modo, o guardião do brasão familiar havia conspurcado a reputação de sua linhagem. Nesse meio-tempo, estando Giuliano morto, o charme de Simonetta Vespúcio já nada significava em termos políticos, se é que realmente um dia significou.

A princípio, as novas circunstâncias não afetaram as perspectivas de Américo. Ao contrário, a guerra deflagrada pela conspiração dos Pazzi constituiu uma oportunidade para ele. Ela estimulou a atividade diplomática florentina, propiciando importantes cargos para Guido Antonio, e criou a oportunidade que levou Américo a Paris. O resultado da missão — que consideramos fracassada — dificilmente pode ter favorecido a posição de Américo. À época em que Simonetta lhe pediu que transmitisse aquelas saudações lisonjeiras, Américo já devia estar longe da fase áurea de sua influência na casa.

Entrementes, as oportunidades de receber proteção do Magnífico estavam em declínio. Lourenço estava se afastando do comércio. Seguindo um padrão cada vez mais comum entre os nobres florentinos, ele lançou o olhar para fora da cidade e, em 1485, escolheu, como observou Poliziano, uma elegante vila campestre "para alívio de seus deveres cívicos".[63] Procurou aumentar a rentabilidade de suas fazendas para fazer frente ao caráter instável de suas atividades de banqueiro. Essas circunstâncias em nada favoreciam o Américo visceralmente urbano e voltado para as atividades comerciais.

Não se sabe ao certo o que perturbou as relações entre Américo e o Magnífico. Mas alguma coisa houve, e teve como consequência a retirada do apoio a toda a família Vespúcio. Segundo Lorenzo di Pierfrancesco, Lourenço abandonou Américo de forma deliberada, deixando Giorgio Antonio exasperado. Uma carta de data incerta nos dá o esqueleto descarnado do ocorrido. Américo visitou-o, relata Lorenzo di Pierfrancesco, para discutir os negócios de família. "Acho que as coisas estão piorando", escreveu Lorenzo di Pierfrancesco, "porque me parece que Lourenço não se dispõe a ajudar." Depois de pedir-lhe que animasse Giorgio Antonio, Lorenzo di Pierfrancesco ordenou a um capanga: "descubra o que ele quer e ofereça-lhe, de nossa parte, tudo, seja o que for, e diga-lhe que, enquanto possuirmos alguma coisa, ele não vai passar nenhuma necessidade. Diga-lhe também que, pela graça de Deus, dispomos de tanto que ele sempre haverá de gozar de boas condições, sem embargo de quem deseja o contrário".[64] A pessoa que lhe desejava mal era, evidentemente, Lourenço, o Magnífico. Em parte por causa do primo, ao que parece, em parte para honrar Giorgio Antonio, Lorenzo di Pierfrancesco empenhou-se em apoiar os Vespúcio. Quando Américo precisou de um trabalho remunerado, encontrou-o no ramo mais jovem da família Medici. O que ele não encontrou foi a segurança de emprego, e certamente tampouco a "fama" e a "honra" que seu pai o instara a buscar.

É difícil resistir à tentação de perguntar sobre o grau de confiabilidade de Vespúcio nos negócios. Desde a época em que deixou o círculo de Lourenço, o Magnífico, ele revelou, como haveremos de ver, um lado meio suspeito, picaresco: ele buscava ganhos escusos em lugares de má fama e em negócios duvidosos com gente desclassificada. A mendacidade — habitual em Vespúcio — por vezes se faz acompanhar de outras formas de desonestidade. Um dos rascunhos das cartas do caderno de Américo antecipa uma disputa com um empregador por causa de desacerto numa prestação de contas: "Nunca haverei de comprar nem vender nada em seu nome", afirma o autor do texto, "a não ser em estrita atenção a suas instruções e expectativas".[65] Tratava-se de mero exercício, ou a simulação antecipada de um embate potencialmente embaraçoso do tipo que todos ensaiamos em nossas cabeças? É pelo menos um indício de que acusações de peculato eram rotineiras no mundo de trabalho de Vespúcio. Mas não há nenhuma prova de que Lourenço o tenha dispensado por algum delito. O rompimento do Magnífico com Vespúcio parece ser um episódio numa história de afastamento progressivo.

Os biógrafos de Vespúcio tenderam a projetar em sua juventude sua grandeza posterior, classificando com termos extravagantes a importância que teve quando a serviço de Lorenzo di Pierfrancesco. Mas ele não foi gerente geral ou supervisor dos negócios do magnata, e não dirigiu o banco dos Medici. Tampouco era um executivo precoce e excepcionalmente dotado de grande corporação. De todo modo, se é verdade que nasceu na década de 1450, dificilmente poderia ser considerado um caso de precocidade excepcional. Para começar, a julgar pelas modestas mercadorias mencionadas em suas cartas, ele era antes um funcionário responsável por manter a casa de seu empregador abastecida do essencial.[66] Esse é o tipo de trabalho até recentemente classificado como de mordomo, e agora — pelo menos por gente escrupulosa e politicamente correta — de gerente de residência. Mas ele deve ter desempenhado suas funções de forma satisfatória, visto que suas responsabilidades foram aumentando gradualmente. Em 1488, quando Lorenzo di Pierfrancesco já tinha idade e experiência suficientes para gerir os próprios negócios, usou Américo para realizar transações de toda sorte. Em setembro daquele ano, Lorenzo di Pierfrancesco, chamando-o de "caríssimo Américo", encarregou-o de uma venda de vinho e da cobrança de dívidas.

Aos poucos Américo foi formando um grande círculo de clientes próprios, sem deixar de cuidar de negócios para membros das famílias Vespúcio e Medici, transferindo seu compromisso para o ramo mais jovem da casa governante. Ele passou a funcionar como um agente que intermediava as relações de Lorenzo di Pierfrancesco com seus sócios mais rebeldes. Comprava bibelôs para a esposa de Lourenço e indicava-lhe sócios convenientes. Servia de fiador de dívidas e cobrava-as em nome dos credores. Do fundo de suas celas fétidas, gente presa por dívida pedia-lhe ajuda. Ele estabeleceu uma relação muito suspeita com um dos carcereiros, que lhe pediu um par de sapatos femininos "porque estamos preparando uma mascarada [...]. Perdoe-me se me mostro muito presunçoso".[67] Esse é o tipo de linguagem usada pelos chantagistas de meia-tigela. Américo verificava as contas dos agentes da família Medici. Algumas referências obscuras em suas cartas dirigidas a mulheres não identificadas ou identificadas de forma ambígua nos levam a crer que ele fazia um trabalho paralelo de cafetão — para lembrar uma palavra usada na primeira linha deste livro. "Alcoviteiro" seria um termo mais generoso. Ele com certeza agia como mensageiro para um colega, que lhe pediu para entregar um anel a uma "senhora",[68] e para seu primo, que pediu sua intercessão junto a certa Mona B.[69] O mesmo cliente lhe solicitou que conseguisse alguns livros.

Todos confiavam nele, principalmente cortesãs, mas a honra de que gozava era uma honra entre ladrões — não do tipo que o pai almejava para ele. Américo tinha uma qualidade que, na opinião de Arthur Miller, é indispensável a um vendedor: as pessoas gostavam dele. Ele se mostrava absolutamente amável e encantador, um talento para fazer amigos em tempos de vacas gordas; inspirava confiança e era capaz de convencer os outros da boa-fé dos serviços que lhes prestava — bem no espírito do comediante americano que disse: "Meu filho, seja sempre sincero, mesmo que esteja falando sério". Peticionários buscavam seu apoio, e empregadores valorizavam sua opinião. Ele estava virando o "pau para toda obra" de Florença, um *factotum della città*, ao estilo de Fígaro. Negociava com vinho, talvez, e pedras preciosas e joias por conta própria: essas mercadorias muitas vezes são mencionadas em cartas que seus sócios ou clientes lhe mandam. Seu principal trabalho era como intermediário, comprando e vendendo pedras preciosas para clientes. Américo acumulou certo capital nesse negócio, mas provavelmente não muito. A única prova disso é o fato de que, quando partiu de Florença, deixou um rubi e uma pérola sob a guarda de Bernardo. Lembrou-se deles vinte anos depois, já no leito de morte, e pediu a Bernardo que os vendesse, se ainda estivessem com ele, e gastasse a soma obtida para o bem de sua alma.[70]

Em suma, a inclinação mais forte de Américo não era para a erudição nem para assuntos de Estado, mas para os negócios. O mesmo talento para calcular lucros e perdas, fazer negociatas e trapacear lhe foi muito útil quando, numa etapa posterior de sua carreira, uma mudança de vocação transformou-o em piloto de navio, navegador, explorador e cosmógrafo. A mudança em seu modo de vida — a transformação de homem de negócios em aventureiro sonhador, de olhos nas estrelas — sempre intrigou estudantes e eruditos, mas houve constantes que o acompanharam nas duas fases de sua vida: a mesma habilidade, a mesma mentalidade, os mesmos hábitos mentais. Um homem com cabeça para fazer contas deve ter cabeça também para lucubrações astronômicas.

Ele arrumou uma amante e uma filha. Esse era um desvio normal para um filho mais novo que não podia se dar ao luxo de casar-se à própria custa nem conseguia conquistar uma mulher rica. O caderno escolar do jovem Américo mostra que seu pai o advertiu contra isso, instando-o a imaginar-se unido legitimamente a "uma senhora educada e ajuizada [*una donna costumata e savia*] como foi o meu caso".[71] Só sabemos que Américo desobedeceu-o quanto a isso por causa de uma referência em uma carta de data incerta que ele recebeu de um sócio espanhol. Este mandou lembranças a sua filha e fez alusão ao que parece ter sido um caso infeliz em que ele próprio estivera envolvido: "Diga-me se Lessandra está bem — não que eu lhe deseje o bem, apenas quero saber se está viva ou se já morreu".[72] Quem era Lessandra? Mais uma daquelas mulheres que eram objeto dos "negócios" de Américo?

E quem seria a igualmente misteriosa Francesca, a que se referem nominalmente dois correspondentes de Américo? Ela não era a mãe da filha de Vespúcio, uma vez que o mesmo correspondente que lhe perguntou pela filha pediu-lhe separadamente que o recomendasse a "uma mulher chamada Francesca", ao que parece com alguma intenção amorosa. Por outro lado, a única referência que temos dela, além desta, nos leva a supor existir uma relação íntima, provavelmente libertina, com nosso herói. As circunstâncias eram sórdidas. Uma carta de um colega de Américo, datada de fevereiro de 1491, acrescenta detalhes intrigantes. O tom da carta é vulgar, a linguagem é jocosa e de baixa extração. A pessoa que escreveu falhou numa missão que lhe fora dada pelos Medici, seus patrões, e se apressou em fugir da cidade, com a desculpa de que estava sem um tostão e endividado. A carta é cheia de ambiguidades e obscuridades. A interessante passagem que transcrevo a seguir refere-se à tentativa frustrada do autor da carta de despedir-se de Américo e de outro amigo antes de sua partida precipitada. "E não tive sorte", explica ele, e se não fosse pelo afeto que tenho por ele e pela gratidão a que me obriga a amizade que você me dedica, mais o fato de ela ser tão bonita, eu amaldiçoaria Francesca e quem quer que more naquela rua, principalmente pelo fato de ser tão escura que os homens que por lá andam terminam por se perder, e acho que ela podia ser uma fonte de grande prazer para você *etcetera*.

O tom patusco e zombeteiro é sustentado até o "*etcetera*" final. Quão séria devemos considerar essa repreensão juvenil? Parece que quando quis encontrar-se com Américo a toda pressa, um de seus amigos mais íntimos foi procurá-lo numa casa de má fama numa rua escura. Américo parece não ter mostrado nenhuma lealdade nem estabelecido nenhum laço duradouro com os amigos que deixou para trás quando se afastou daquelas ruas suspeitas. Ele nunca fez referência a sua família informal e nunca, pelo que se sabe, se preocupou com sua manutenção nem se lembrou dela depois que deixou Florença para sempre.

2. A perspectiva do exílio
Sevilha, 1491-9
Fazendo-se ao mar

Girolamo e Bernardo continuaram sendo um empecilho para a prosperidade da família. Como tanta gente pertencente ao submundo e à elite de Florença, eles procuravam Américo para que os ajudasse em seus negócios, lhes conseguisse favores e pusesse alguma ordem em suas vidas. Girolamo deixou a casa paterna por volta de 1480, tornou-se sacerdote numa data incerta, não muito depois de setembro de 1488, e se integrou a uma comunidade em Rodes, o que foi uma espécie de fuga. Ele não dispunha de meios para conseguir uma posição respeitável em Florença. Longe de casa, passava a maior parte do tempo importunando a família pedindo que lhe enviasse dinheiro ou lhe concedesse uma renda. Com Américo, trocava queixas de que os parentes não respondiam a suas cartas. De sua parte, Bernardo procurou emprego na Hungria, onde numerosos florentinos se juntaram, procurando tirar proveito do gosto do governante pelas artes e conhecimentos renascentistas.

Matias Corvinus, rei da Hungria, via a si mesmo como um Hércules. Ele começou a construir seu palácio em Visegrád no estilo gótico, foi tomando gosto pelo estilo da Antiguidade, depois pelo estilo italiano. Em 1476 casou-se com uma princesa italiana. A Hungria se tornou a terra das oportunidades para italianos com poucas chances de conseguir emprego em sua terra natal, mas especialmente para artistas e engenheiros capazes de proporcionar ao rei um ambiente de aspecto e espírito renascentistas. O humanista da corte Antonio Bonfini descreveu o palácio — ou quem sabe seu trabalho tivesse mais de invenção literária que de descrição, tal era a perfeição com que ela se adequava ao ideal clássico de uma portentosa residência campestre. Ele conduzia os leitores através de galerias, espaços encimados por amplas abóbadas e um banheiro equipado com um hipocausto. Em "quartos dourados", com camas e cadeiras de prata, ao abrigo do barulho dos criados, do mar, das tormentas e do clarão dos relâmpagos, os interiores eram tão bem protegidos contra o tempo que as pessoas entregues ao sono só podiam "ver o sol através de janelas com venezianas abertas". Efeitos *trompe l'oeil* aumentavam ainda mais a sensação de artificialidade cuidadosamente planejada. Na biblioteca "podia-se ver o céu pintado no teto". Os livros, porém, eram autênticos: Matias Corvinus dispunha de mais de 2500 volumes, uma biblioteca principesca

Ele perseguia uma fama tão duradoura quanto a dos romanos. "Ao ler que os romanos criaram obras gigantescas que provavam sua magnificência, não permitais, ó príncipe invencível, que os edifícios deles superem os vossos em magnificência, mas revivei, mais uma vez, a arquitetura dos antigos." Matias Corvinus lançou mão de todos os recursos do Renascimento para projetar e perpetuar sua própria imagem. "Suas vitórias sobre o inimigo", declarava Bonfini, "não haverão de perecer, graças ao seu valor, ao bronze, ao mármore e ao registro escrito."[1]

Matias percebeu que Florença destacava-se nas artes e nos gostos pelos quais ele ansiava. Ficino escreveu-lhe prometendo visitar pessoalmente a Hungria, mas nunca chegou a fazê-lo. Francesco Bandini, que acompanhou a esposa de Matias desde a Itália, era florentino, colega de Ficino. Bernardo Vespúcio, porém, não se adaptou à Hungria, não gozou das benesses reais nem, ao que parece, da proteção de algum outro mecenas. O casamento do rei com uma filha do duque de Milão despertou por breve tempo as esperanças de Bernardo, mas suas queixas a Américo revelam que se encontrava "em má situação [...] tendo muitas vezes de dormir no meio do mato ou em carroças de feno". Apesar de tomar banho duas vezes por semana, estava cheio de piolhos. Ele ganhou algum dinheiro para sua subsistência trabalhando como guarda-livros para um mercador italiano, com um contrato de um ano, ao final do qual ele resolveu: "Vou tentar voltar para a Itália". Suas queixas eram muitas, e de uma exaltação que as desqualificava. Os alemães, afirmava ele, dominavam a corte. Os florentinos eram excluídos do apoio do mecenato (mas, o que era incongruente, incomodava o fato de que tinham "mais poder do que o próprio rei"). Todos os italianos da corte temiam por suas vidas. A concepção de justiça do rei levava a que se concluísse ser ele um tirano que executava os criminosos por meio do garrote vil, da fogueira, da forca, do afogamento, ou desmembrando-os na roda. O texto está cheio de desculpas que procuravam explicar o seu fracasso.[2] Como Girolamo, Bernardo parece ter sido um caso perdido, incapaz de manter-se pelo próprio esforço. Na geração de Américo, os Vespúcio constituíam, em seu conjunto, uma prole decepcionante, despreparada para alcançar a fama e a honra que o pai lhe recomendara.

Não há indícios de que Américo tenha se empenhado para ajudar os irmãos. Seu empenho se mostrava de forma mais evidente quando se tratava de seus próprios interesses. Apesar das promessas do irmão, Girolamo continuava desempregado, e Bernardo, sem uma ocupação. Para com Antonio, o filho mais velho relativamente rico e bem-sucedido, Américo era — como veremos — atencioso e solícito. O hábito de calcular os favores que dispensava permaneceu com ele pelo resto da vida. E a busca da fortuna que levara Bernardo ao leste conduziu Américo para o oeste.

O ÍMÃ NO OCIDENTE

"Jovem, vá para o oeste", era um bom conselho na Itália do século xv. Os florescentes mercados ibéricos constituíam escalas no caminho do Atlântico e do norte da Europa, ao mesmo tempo em que, por si mesmos, ofereciam oportunidades comerciais tentadoras. Para os florentinos, a lã espanhola era uma importante matéria-prima de sua indústria têxtil, uma atividade na qual a família Vespúcio tinha seus próprios interesses. Na década de 1420, a família dos Pazzi — os maiores inimigos dos Medici na política florentina — abriu em Barcelona uma filial que ajudou a recuperar sua fortuna, depois de uma crise que por pouco não os excluiu do rol das dinastias florentinas. Daquela década em diante, os Medici sempre mantiveram agentes na Espanha e empregaram espanhóis em seu *entourage* em Florença — inclusive frei Francisco de Aragón, conselheiro de etiqueta política de Lourenço de Medici.[3] Por seu lado, a Espanha fornecia aos florentinos alguns de seus belos cavalos e cães.[4]

O destino de Vespúcio era Sevilha, um dos melhores lugares da Espanha para um estrangeiro fazer negócios em fins da Idade Média. Havia muito a cidade constituía um centro de atração para imigrantes procedentes da Itália. Os genoveses estavam entre os primeiros, tendo chegado logo depois que o rei Fernando III de Castela incorporou Sevilha e sua região ao seu reino em 1248, tomando-as das mãos dos mouros. À época de Vespúcio, os genoveses ainda eram predominantes na comunidade de estrangeiros de Sevilha e constituíam o maior grupo de estrangeiros residentes na Espanha. Duas das famílias mais ricas e nobres da cidade, os Estúñiga e os Boccanegra, tinham chegado de Gênova algumas gerações antes. Entre os numerosos recém-chegados na segunda metade do século xv, havia muitos com um capital excedente, à procura de oportunidades promissoras de investi-lo. Segundo uma estimativa de 1474, havia mais de uma centena de mercadores genoveses em Sevilha.[5] A soma dos impostos que pagavam constituía metade da receita da cidade. Mais de trinta deles tinham direitos de cidadania, divididos entre onze casas comerciais.

Assim como os genoveses, os demais membros da comunidade estrangeira estavam começando a diversificar-se e a crescer. Havia pelo menos 21 italianos de outras origens, metade deles procedente de Veneza. Os gostos borgonhês e francês predominavam nas artes, e a maioria dos artistas imigrantes procedia do norte da Europa: na década de 1470, Lorenzo Mercadante chegou da Bretanha; da Alemanha veio Enrique Alemán, homem de surpreendentes talentos múltiplos. Em 1478, Enrique instalou novos vitrais e altares nas capelas da catedral. Àquela altura a fama que gozava a Itália de ser um viveiro de artes chegara aos mecenas sevilhanos, e os artistas italianos eram cada vez mais bem-vindos. A atividade editorial, florescente em Sevilha, atraía profissionais florentinos. As oportunidades no comércio eram ainda maiores do que nas artes. Em 1469, cinco florentinos estavam entre os mercadores que exportavam cereais para cobrir a escassez que Sevilha sofrera naquele ano.[6] Mas os negociantes florentinos não estavam se estabelecendo em Sevilha, tal como o faziam os genoveses. Temos notícias de apenas quatro comerciantes florentinos com direito de cidadania à época da chegada de Vespúcio. O número de estrangeiros lá estabelecidos aumentou vertiginosamente quando se iniciou o comércio do Novo Mundo, mas Vespúcio já tinha se mudado para a cidade pouco antes desse novo fenômeno. Sua presença não pode ser explicada meramente como migração de larga escala. Faz-se necessário tentar identificar, ou pelo menos imaginar, seus motivos pessoais.

Sevilha tinha atrações inegáveis. É uma cidade inexplicável: um daqueles lugares que, como Florença, parecendo ter sido construída no lugar menos indicado para a grandeza, tornaram-se grandes centros comerciais, apesar de sua situação geográfica. Sevilha fica às margens do Guadalquivir, a noventa quilômetros de sua foz. Uma barreira de areia lhe dificulta o acesso. Assim sendo, Sevilha foi, na maior parte de sua história, mais uma fortaleza ou mercado regional que um empório oceânico. Ainda se pode ver a silhueta da cidade como Vespúcio a viu — ou pelo menos tal como seus cidadãos desejavam que fosse vista — observando a maquete do altar-mor da catedral, feita mais ou menos à mesma época. Vê-se uma grande profusão de telhados dourados. A catedral domina a paisagem, com o minarete almôade da antiga mesquita atualmente servindo de campanário; a seus pés, uma ondulante sucessão de palácios com colunatas estende-se até uma dupla fileira de muros com ameias e portões que perlongam a margem do rio. Outro remanescente da época mourisca, a Torre del Oro, salientando-se no primeiro plano da maquete, é reconhecida por qualquer turista que a compare com a que ainda hoje se vê. Pouco depois da chegada de Vespúcio, o cosmógrafo de Nuremberg Hieronymus Münzer observou a cidade da torre da catedral, notou as férteis cercanias, as grandes dimensões (o dobro das de sua cidade natal), o abundante suprimento de água e as numerosas casas ricas da região.[7] Sevilha era apenas mais uma de um punhado de cidades espanholas que Francesco Guicciardini, patrício florentino de Vespúcio, escolheu para louvar quando viajou pelo país alguns anos depois.

As cidades castelhanas eram parte de um reino. Nenhuma tinha antecedentes republicanos nem tradição de independência. Muitas eram governadas por aristocracias com interesses predominantemente rurais; outras, por burocratas nomeados pelo monarca. Era muito rara a predominância de interesses mercantis. Para seus cidadãos, era impossível ter o tipo de orgulho que os florentinos tinham de Florença. Mas Sevilha inspirava em seus cidadãos um afeto muito profundo. Era uma cidade antiga, de genuína origem romana. Durante muito tempo fora residência de reis — primeiro à época dos visigodos, e sob uma dinastia mourisca própria, antes de se tornar o centro eventual da corte castelhana. Seus aristocratas não desdenhavam o comércio. Seu clero era bastante generoso no mecenato das artes. As oportunidades artísticas aumentavam com a prosperidade geral. As autoridades municipais assumiam a responsabilidade de pavimentar as ruas. Aristocratas entusiastas e comunidades religiosas compravam imóveis simplesmente para deitá-los abaixo e criar praças públicas.[8] Ainda havia insuficiência de espaço para as necessidades da cidade. Em 1490, as justas para celebrar o casamento de uma princesa tiveram de se realizar fora dos muros da cidade.[9]

À época em que Américo se mudou para lá, Sevilha era a maior cidade da monarquia espanhola, mais ou menos do mesmo tamanho de Florença. A população praticamente dobrara durante o século xv, mas nas pequenas cidades e aldeias da zona rural de seu entorno o crescimento era ainda mais rápido; ali, a população mais do que triplicou. Próximo dos portões, os montes de lixo se avolumavam na mesma medida do aumento da população e da produtividade; seus cumes constituíam um ótimo refúgio em épocas de inundações.[10] Mas Sevilha era essencialmente um centro regional, dependente de um próspero entorno agrícola. Nenhuma área de tamanho comparável era mais rica que o reino de Sevilha, que contribuía com quinze a vinte por cento dos impostos recolhidos em Castela no século xv.[11]

O azeite de oliva, os produtos têxteis e a lã bruta da Alta Andaluzia desciam o Guadalquivir em direção ao mar. O azeite de oliva era o produto que mais atraía os agentes do comércio internacional, mas a região também se dedicava à produção de vinho, cereais e gado. Peles de gatos selvagens e de coelhos eram grande objeto de cobiça. Porcos e produtos de origem suína, provindos dos bosques do entorno, tinham sua fama. A cidade sediava um importante mercado de peixes. O comércio de longa distância, porém, ainda se fazia em escala modesta. Na década de 1480, apenas 26 cidadãos eram classificados como comerciantes.

A indústria expandia-se. Em 1489, cerca de 42 por cento da população ativa dedicava-se a trabalhos artesanais ou ao comércio varejista.[12] As indústrias locais não iam além do nível de oficinas — havia a indústria metalúrgica real, grandes fábricas de sabão, um estaleiro. Olarias fabricavam jarras para armazenar azeite de oliva. O sabão sevilhano, muito procurado, era exportado até para países distantes como a Alemanha e a Inglaterra. Pensava-se que o grande número de mercadores ingleses que vinham a Sevilha buscavam principalmente o vinho e o açúcar produzido nas Canárias. Agora se sabe que o sabão era tão procurado quanto as outras mercadorias.[13] A casa da moeda de Sevilha era, de longe, a maior da Espanha. A cidade já estava acostumada a manipular grandes quantidades de ouro e prata antes do descobrimento da América.

Sevilha tinha o controle dos portos das proximidades da foz do Guadalquivir e do Guadiana, de Huelva a Cádiz. Bonanza e Sanlúcar de Barrameda, Moguer, Palos, Lepe, Puerto de Santa María e Portal de Jeréz, Gibraleón, Cartaya e Ayamonte — todos esses dependiam de instituições financeiras de Sevilha: os bancos, as seguradoras, os mercados. A indústria pesqueira era a força motriz do crescente envolvimento da cidade no Atlântico. A necessidade de viagens cada vez mais longas, em busca de locais de pesca, dotou os marinheiros de experiência em navegação de longo curso. A demanda por frete e a guerra estimularam a indústria naval. Expandiu-se o comércio de todos os produtos tradicionalmente negociados por Sevilha: ouro e escravos do mundo transaariano, couro do Magrebe e açúcar de Susa, tâmaras, anil e âmbar.

Apesar da longa história de sucesso de Sevilha, as circunstâncias concretas à época da chegada de Vespúcio eram um tanto incertas. A década de 1480 e o início da de 1490 foi um período muito difícil. As epidemias e a fome grassavam. Em 1484-5, os monarcas proibiram os sevilhanos de alistar-se para lutar contra Granada, temendo que contagiassem as tropas.[14] Pela mesma razão higiênica, em 1494 o conselho municipal realizou suas reuniões de verão extramuros. Metade dos cidadãos era pobre demais para pagar os impostos.[15] Isso era rotina nas cidades no final da Idade Média. Os problemas específicos de Sevilha — a intolerância religiosa, os conflitos sociais e a guerra — eram obra do homem e, em parte, deviam-se à dinâmica da própria cidade.

Não obstante, é de espantar que, em alguns aspectos, as consequências de todos esses desastres tenham sido benéficas para aqueles que sobreviveram. Tomemos a Inquisição, por exemplo. Ela teve um efeito inibidor sobre todas as economias que sofreram seu impacto. A Inquisição moderna nunca foi tão ativa como em seus primeiros tempos. Os cronistas deixaram estimativas conflitantes no que diz respeito ao número de vítimas na arquidiocese de Sevilha: entre 3 mil e 5 mil cidadãos investigados, muitos apressaram-se em abandonar a cidade, e entre trezentos e setecentos foram "relaxados", isto é, entregues às autoridades seculares para serem castigados. Nem todos, porém — talvez nem a maioria deles —, foram de fato executados. Muitas vezes a seleção das vítimas derivava da corrupção. Em 1487, por exemplo, indiciaram um judeu convertido que tinha uma enorme dívida para com o capítulo da catedral e também um grupo de cristãos-novos muito ligados a uma das figuras mais polêmicas da cidade, o duque de Medina Sidonia: em Sevilha, as políticas de facção eram sempre perigosas. Entre 1495 e 1497, 2 mil famílias da cidade que abandonaram o judaísmo compraram imunidade contra perseguições posteriores.[16] Assim, os benefícios econômicos da presença de ricas e empreendedoras comunidades de *conversos* talvez não tenham se perdido totalmente. Muitos se refugiaram em terras de aristocratas das cercanias, que ficaram bastante satisfeitos por poderem explorar seus locatários. Em suma, a Inquisição reciclava ovos de ouro, sem no entanto matar as galinhas que os punham.

Ameaçados de morte, os judeus remanescentes foram expulsos da cidade e das dioceses vizinhas em 1483 — quase uma década antes que a mesma política se estendesse a toda a Espanha. O texto do decreto não chegou até nós. Não existe registro dos argumentos apresentados em favor da medida, mas o reino acabara de desencadear uma guerra contra os mouros de Granada, e o medo do que atualmente chamaríamos de uma quinta coluna teve com certeza alguma influência no processo. Além disso, a Inquisição confirmou a existência de uma fonte de ansiedade amplamente generalizada: a presença de judeus punha em perigo as almas dos já convertidos, seduzindo-os para a apostasia ou mantendo-os imersos na cultura de sua fé abjurada.

À época da expulsão, havia menos de sessenta lares judeus em Sevilha. Expulsar judeus raras vezes traz benefícios econômicos: perde-se uma minoria economicamente produtiva, passível de exploração pelo fisco. No caso de Sevilha, a medida aumentou a oportunidade para recém-chegados e tornou os bens imobiliários relativamente baratos. Mesmo antes da expulsão, especuladores imobiliários havia muito estavam de olho nas propriedades dos judeus, como se depreende do decreto de 1478, que procurava evitar que os judeus fossem molestados em função disso. As consequências da expulsão foram imediatas. As obras numa das mais famosas casas aristocráticas sevilhanas, a Casa de Pilatos, pertencente à família de Enríquez de Ribera (que tinha remotos ancestrais judeus), começaram em 1483, em um solar que ficara vago devido à expulsão de um judeu. O êxodo dos judeus foi uma das razões do influxo de imigrantes, entre os quais se encontrava Vespúcio.

Por décadas antes da chegada de Vespúcio, Sevilha foi uma cidade em guerra: primeiro, uma guerra civil na década de 1460, que arruinou o comércio e obliterou ou reduziu o crescimento do total de impostos arrecadados; depois, na década seguinte, a guerra contra Portugal, cujas consequências foram um tanto ambíguas. Muitos armadores da região aproveitaram a oportunidade para fazer fortuna e adquirir experiência, desfechando ataques contra o comércio português com a África. O florentino Francesco Bonaguisi foi um dos que navegaram rumo à Guiné numa incursão contra as fontes portuguesas de ouro na África Ocidental.[17] Os portugueses recuperaram todo o ouro numa contraofensiva, mas a expedição serviu para demonstrar as oportunidades disponíveis. Em 1478 — em parte como subproduto da guerra contra Portugal — o esforço para conquistar as ilhas Canárias recrudesceu, depois de um longo período, sob a direção da Coroa. Sevilha foi o centro das operações de recrutamento, construção de navios e financiamento da campanha. Finalmente, na década de 1480, eclodiu a guerra contra o reino de Granada, aumentando a chance de contratos lucrativos para o fornecimento de suprimentos de guerra, em proveito dos comerciantes que dispunham de capitais suficientes. Em 1487, a conquista de Málaga, principal porto de Granada, desviou grande volume de negócios para Sevilha. Os contratos para transporte de cereais, que antes tinham sua base em Málaga, agora enriqueciam os sevilhanos.

Bem feitas as contas, pode-se dizer que Vespúcio chegou a Sevilha num momento propício. Por quase uma centena de anos, especuladores e aventureiros investiram pesadamente na exploração do Atlântico a partir do lado mais ocidental da península Ibérica; na maioria das vezes, os resultados foram, na melhor das hipóteses, modestos. As mercadorias mais lucrativas eram os escravos africanos, que se tornavam objeto de comércio ou de sequestro. Os arquipélagos da Madeira e dos Açores tinham uma produção razoável: na verdade, depois de um rápido florescimento da indústria do açúcar na Madeira, na década de 1450, a ilha se tornou a sede de uma espécie de *Wirtschaftswunder* [milagre econômico] de tipo medieval. Mas o Atlântico continuou a ser malvisto pelos investidores. A conquista das Canárias representou uma grande perda de sangue e de fortunas para todos os que nela se envolveram.

De repente, na década de 1480, a economia se recuperou. Os portugueses abriram um entreposto comercial em São Jorge da Mina, na parte inferior do dilatado bojo da África Ocidental, próximo às embocaduras dos rios Pra e Benya. Na realidade, era um lugar humilde: o chefe local demonstrou sua decepção ante a pobreza dos portugueses residentes. Mas logo ele conquistou grande fama na Europa, onde cartógrafos o descreveram como uma cidade cheia de torreões, uma espécie de Camelot habitada por negros. A fama de São Jorge devia-se ao seu ouro barato. Não ficava muito perto de nenhum grande centro de produção de ouro, mas os comerciantes nativos do interior traziam aquilo que, pelos padrões portugueses, parecia um volume considerável do metal precioso, com o qual podiam adquirir dos lusos objetos de latão e tecidos de lã. Isso constituiu um grande salto para os negócios europeus no Atlântico africano, onde de há muito o ouro era o principal alvo dos esforços dos exploradores. Logo depois, as ilhas Canárias finalmente se tornaram um negócio rentável, com a abertura de uma usina de açúcar em Gaete, na Gran Canária, em 1484. Além disso, a chegada de Vespúcio a Sevilha coincidiu mais ou menos com a missão confiada pelos monarcas católicos a Colombo. Se os prognósticos de Colombo se confirmassem e ele achasse um atalho para as riquezas da Ásia, os investidores fariam grandes fortunas. Na atmosfera criada pelos acontecimentos da década de 1480 e pela maior rentabilidade dos negócios atlânticos, a chance de conseguir ganhos fáceis participando dos planos de Colombo entusiasmou vários banqueiros italianos que atuavam em Sevilha.

VESPÚCIO VAI PARA O OESTE

Esse contexto explica por que os mercadores italianos, e principalmente florentinos, foram atraídos a Sevilha. Não explica, porém, por que Vespúcio teria de estar entre os florentinos que tomaram essa decisão. A trajetória de Vespúcio assemelhava-se à de Colombo. Este chegou à península Ibérica a serviço dos Centurione, uma família de comerciantes de Gênova, com a tarefa de comprar e vender mercadorias, principalmente açúcar; Vespúcio, da mesma forma, conheceu a Espanha quando a serviço dos Medici. Pelo que sabemos, o primeiro cheirinho do Ocidente chegou às narinas de Vespúcio em fins de 1488, quando ele realizou algumas negociações insatisfatórias — os detalhes continuam obscuros — com Tomasso Capponi, o representante de Lorenzo di Pierfrancesco em Sevilha.[18] Poucos meses depois, Lorenzo di Pierfrancesco perdeu a paciência com Tomasso. Segundo Lorenzo, ele era um agente pouco confiável, que escrevia absurdos e não sabia conduzir os negócios. Era evasivo, talvez mentiroso. Era preciso substituí-lo: teria Américo condições de indicar um candidato idôneo?[19]

O nome proposto foi o de Gianotto Berardi, cuja principal área de atuação tinha sido Sevilha, pelo menos desde 1485. Na época, ele negociava principalmente com escravos, não apenas comprando-os e vendendo-os, mas também financiando ataques de surpresa ou atos de pirataria no mar, por meio dos quais castelhanos apropriavam-se de carregamentos de escravos dos portugueses. Esse homem de negócios florentino deixou poucos traços nos documentos da época e nenhum escrito de próprio punho, exceto sua assinatura em contratos banais. Não obstante, ele merece um lugar de destaque em qualquer relato da história do mundo. Aliado a um grupo de banqueiros genoveses da mesma cidade, mais alguns aristocratas, cortesãos e cosmógrafos, ele foi uma figura de grande importância no *lobby* que promoveu a expansão atlântica como uma política objetiva hispânica e alçou Colombo a uma posição de destaque na corte dos monarcas de Castela.

Não sabemos se Américo recomendou aos Medici potenciais agentes de negócios em Sevilha. Não sabemos se ele coletou informações a respeito, mas é provável que tenha conversado sobre o assunto com o informante de Lorenzo di Pierfrancesco e com o próprio Tomasso Capponi, os quais voltaram de Sevilha para Florença mais ou menos na mesma época.[20] É evidente também que Américo deu boas referências sobre o potencial de Berardi, pois logo em seguida este assumiu a direção dos negócios dos Medici na cidade espanhola. Não existe justificativa para a suposição amplamente difundida — na verdade, tradicional — de que Vespúcio foi pessoalmente à Espanha para se informar sobre a conveniência de contratar Berardi. Não há dúvida, porém, de que os dois florentinos se aproximaram a ponto de terem ficado com uma boa impressão um do outro. Vespúcio não apenas recomendou Berardi a Lorenzo di Pierfrancesco, mas também abandonou este último e passou a trabalhar para Berardi. Porém, ele ainda se considerava servidor de Lorenzo di Pierfrancesco e mantinha contato com ele. Além disso, a firma de Berardi prestou alguns serviços para a grande casa florentina, pelo menos por algum tempo.

Em alguns aspectos — considerando-se as circunstâncias de Sevilha na época que estamos estudando — essa decisão não é de surpreender. A Espanha era um ímã para os homens de negócios florentinos. Sevilha já era uma cidade que experimentava certo florescimento. Os negócios dos Medici permitiram que Américo fizesse alguns contatos na Espanha, em especial com Berardi. Por outro lado, há algo de intrigante quanto ao verdadeiro ponto de inflexão na vida de Vespúcio, que o leva a um novo ciclo e a uma nova carreira. Tradicionalmente, os biógrafos consideram que ele passou a gozar de grande confiança e a auferir ganhos consideráveis na casa de Pierfrancesco de Medici. Segundo todos os testemunhos disponíveis, embora não fosse o braço direito do chefe da firma, era um confidente de grande influência e experiência. Seu lugar na sociedade florentina, embora não muito honroso, era pretensamente respeitável e lucrativo. Se assim era, por que deveria Lorenzo transferi-lo para um lugar que, apesar de todas as suas potenciais oportunidades, era um remoto posto avançado dos negócios dos Medici? Não temos notícias de nenhuma quebra de confiança, mas era como mandar alguém governar Nova Gales do Sul — o tipo de destino reservado a quem fracassa ou cai em desgraça. Longe de Florença, Américo nunca parou de procurar um novo empregador, mas isso pode ter sido mais uma medida de prudência que resultado de insatisfação com Lorenzo, ou vice-versa. E por que haveria Américo de trocar uma boa posição em Florença por uma aventura numa fronteira remota? Seu lugar na firma de Berardi era importante, mas não se tratava de função de comando: Berardi referia-se a ele como "meu agente".

Se, por outro lado, como procuramos demonstrar, Américo foi um mero elemento marginal no mundo de Lorenzo di Pierfrancesco, ganhando a vida principalmente como comissionista *freelance*, não existia nenhum motivo especial para mantê-lo em Florença e nenhum motivo especial para ele abrir mão da chance de uma nova vida em Sevilha.

Talvez agora caiba arriscar uma especulação: a iniciativa que o levou a Sevilha pode ter partido do próprio Américo — um primeiro sinal de inquietação, de ânsia de viajar, que a princípio o conduziu à margem do oceano, depois a terras de ultramar. Não seria de surpreender se ele tivesse ficado insatisfeito, sentindo-se refém de suas relações em sua terra, com seu lar clandestino, seus companheiros suspeitos, seus clientes exigentes, sua família importuna. Mudar-se para Sevilha era um lance de dados e uma consequência da frustração. Em Florença, Américo não logrou conquistar a fama e a honra que seu pai lhe pedira, e tampouco a fortuna que buscara por iniciativa própria. A oportunidade de trabalhar com Berardi foi um risco que, a longo prazo, terminaria por se revelar desastroso. Mas era uma fuga de um mundo de oportunidades restritas para um mundo onde os sonhos podiam se tornar realidade.

Mais ou menos à época em que Vespúcio chegou, outro aventureiro italiano, Cristóvão Colombo, teve seus sonhos realizados. Berardi teve uma importância crucial na famosa empreitada de Colombo. O novo sócio de Américo tinha profundas ligações com um grupo de cortesãos, burocratas, cosmógrafos, pretensos missionários e financistas que tinha se formado nos doze anos anteriores, no intuito de financiar a conquista das ilhas Canárias.[21] Berardi também exerce um papel de liderança no comércio de urzela — corante exclusivo dessas ilhas que constituía uma grande atração para os conquistadores. Seus sócios eram Francesco da Rivarolo, banqueiro genovês residente em Sevilha e principal apoiador de Colombo, e o comerciante inglês John Day, que também atuava como espião e pertencia ao círculo do almirante.[22] Colombo tinha outro tipo de ligação com outro banqueiro de Florença residente em Sevilha, Francesco de Bardi, que se casou com sua cunhada (de Colombo) e de há muito mantinha constantes relações comerciais com Berardi.[23] De um modo ou de outro, os caminhos de Colombo e de Berardi se cruzaram e convergiram.

O mesmo grupo de empreendedores reuniu-se em torno de Colombo. Berardi estava em Santa Fe, o acampamento real situado extramuros em Granada, juntamente com os outros financistas, em março e abril de 1492, quando se planejou a primeira expedição transatlântica. No círculo de Colombo, não havia ninguém que lhe fosse mais próximo do que Berardi. O que levava Berardi à aventura? Outros membros do grupo apoiavam Colombo porque, como ele, eram genoveses; outros eram franciscanos aos quais Colombo estava ligado por laços de piedade pessoal; outros, sem nunca chegarem a uma relação de intimidade com Colombo, apoiavam-no porque viam a expansão da exploração atlântica como uma extensão natural do projeto que incorporara as ilhas Canárias aos domínios da Espanha — empreendimento que até já começava a se tornar rentável. O apoio de Berardi a Colombo e aos seus projetos foi singular, pelo fato de anteriormente ele não ter demonstrado nenhum interesse pela aventura nem predisposição para nela se lançar. E seu apoio, persistente e tenaz, nunca vacilou quando as coisas se complicaram. Quando as esperanças de Colombo de um caminho mais curto para a Índia se provaram enganosas, Berardi continuou investindo, na esperança de pelo menos obter algum ganho com a captura de escravos. Quando os monarcas proibiram a escravidão, ele seguiu em frente, esperando ganhar dinheiro com contratos de transporte para as frotas destinadas às terras descobertas por Colombo — e talvez para os espanhóis que nelas haveriam de se estabelecer. É impossível entender em que se baseava o vínculo entre Berardi e Colombo, mas, uma vez estabelecido, Berardi abraçou-o de todo o coração. Ele se ligou ao explorador de forma irrevogável e, como depois ficou claro, fatal.

A última carta que nos restou de Américo foi escrita em Florença em 10 de novembro de 1491. Em fins de 1491 ou princípios de 1492, ele se encontrou com Berardi em Sevilha. A essa época, o destino de Berardi se entrelaçava cada vez mais com o de Colombo. Vespúcio havia se comprometido a trabalhar num negócio em pleno processo de mudança. Quando conheceu Berardi, provavelmente a empresa deste tinha flexibilidade bastante para fazer frente a uma mudança nos ventos da sorte. No entanto, à época em que Américo entrou na firma, ela estava se tornando inteiramente dependente do destino de um único cliente. Em 10 de março de 1492, ele assinou o próprio nome como "Américo Vespúcio de Sevilha" como testemunha de um contrato com outros comerciantes florentinos em nome da firma de Lorenzo di Pierfrancesco. Outros empregados e sócios da firma também assinaram, inclusive Gianotto Berardi.[24] Era o começo de um relacionamento que haveria de mudar a vida de Américo.

Logo depois de Américo chegar a Sevilha, Lourenço o Magnífico morreu. As relações entre o herdeiro de Lourenço, Piero e o ramo da família de Lorenzo di Pierfrancesco se romperam completamente, e este deixou a cidade, passando a exercer uma oposição ativa e agressiva. Ainda que Américo desejasse voltar para Florença, sua rota de retirada encontrava-se bloqueada. Mas ele não tinha nenhum bom motivo para considerar a possibilidade de abandonar a terra que adotara. Vespúcio criara raízes em Sevilha. Lá podia casar-se, livre das restrições que o impediam de conseguir uma noiva em Florença.

Sua esposa, María Cerezo, é uma figura de uma obscuridade desnorteante. De acordo com o testamento de Américo, ela era filha de Gonzalo Fernández de Córdoba. O único sevilhano com esse nome que figura em outros documentos da época era uma das grandes personalidades de seu tempo: o "Grande Capitão", como os espanhóis o chamavam, que, contra todas as expectativas, expulsou os franceses do sul da Itália e conquistou-o para a Espanha. Caso fosse sua filha, era ilegítima. O fato de se mostrar tão esquiva nos arquivos faz supor esse status: costumava-se omitir filhos ilegítimos em documentos. Vespúcio, que deixara — e pode-se dizer com justiça que abandonou — pelo menos uma ligação de caráter sexual em Florença, podia contrair outra em Sevilha, caso o desejasse. Assim sendo, ele deve ter tido alguma vantagem em casar-se com María. Somos tentados a imaginar uma ligação sentimental de certa intensidade, mas como já se veem fantasias demais nos livros sobre Vespúcio, seria ocioso aumentar-lhes o número. Para uma pessoa do status de Vespúcio, a ligação com uma família distinta, embora pela linha feminina, podia constituir uma atração suficiente; e María era uma sócia muito útil: ela assumia a função de procuradora quando Américo se ausentava[25] e trouxe para o casamento uma série de contatos de grande valia. Entre os homens que ela contratou para conduzir os negócios em seu nome e no do marido, um parente seu, Fernando, muitas vezes serviu de procurador de Américo. Depois da morte de Américo, ela demonstrou certa habilidade — ou escolheu quem fizesse por ela — ao conseguir receber o que deviam ao marido e obter uma pensão da parte da Coroa. E demonstrou a mesma qualidade alguns anos depois, quando um escravo de sua casa, ainda criança, foi morto num acidente de trânsito: ela processou os responsáveis e terminou por conseguir um acordo extrajudicial.[26] O fato de sua assinatura não constar em nenhum documento levantou a suspeita de ser ela analfabeta, talvez mais uma das relações de Américo com gente humilde.[27] Mas essa especulação carece de outros dados que a confirmem.

Berardi parece ter investido todo o capital da empresa em apoio a Colombo. Pouco sobrou para os negócios de Lorenzo di Pierfrancesco de Medici. Não se sabe ao certo quanto desse negócio era gerido pela firma de Berardi e Vespúcio. Comerciantes italianos que atuavam na Espanha enviavam relatórios aos seus chefes. O fragmento de uma carta escrita por Vespúcio e outro empregado de Medici em janeiro de 1493, provavelmente para Lorenzo di Pierfrancesco, dá a notícia de um atentado contra a vida do rei da Espanha no mês anterior. Embora nada tenha de notável por si mesma, a carta é interessante por lançar luz sobre a persistente relação que levava Vespúcio a continuar reportando-se a Lorenzo ao longo dos anos, muito depois de ter deixado de trabalhar para ele. Era um hábito que não podia abandonar: uma forma de manter o caminho aberto para um eventual retorno ao serviço do ex-empregador, em caso de necessidade. Ele também continuava a tratar de negócios para os Medici: em janeiro de 1493, quando se encontrava em Barcelona, onde teve a notícia de que o rei se salvara, estava a serviço dos Medici, embarcando um carregamento de sal para Florença.

Por mais que continuasse a se sentir ligado a Lorenzo di Pierfrancesco por obrigações passadas e esperanças futuras, Vespúcio trabalhava cada vez mais próximo de Berardi, em negócios que iam muito além dos interesses dos Medici. O elemento de maior risco do negócio era o investimento que Berardi fazia nos projetos de Colombo. E quando a fortuna deste declinou, declinou também a daquele que o apoiava. A princípio, o descobridor deve ter parecido uma oportunidade de ouro aos olhos de um especulador interessado nas benesses de um ganho fácil e rápido. Em 1493, Colombo voltou de sua primeira viagem com provas espantosas de que desembarcara em algum lugar exótico e passível de ser explorado: papagaios, "índios", minúsculas mas promissoras pepitas de ouro. O cosmógrafo da corte de Fernando e Isabel saudou o feito de Colombo como "mais divino que humano". O simples Colombo, genovês filho de tecelão, transformou-se imediatamente em Don Cristóbal Colón, almirante do mar oceano, vice-rei e governador. Ele conquistara para seus patrões Hispaniola, que parecia ser o paraíso, e deveria voltar para governá-la, recolher seu ouro para os cofres de Castela e conduzir seu povo à Igreja de Deus. Como uma pré-encarnação de Sancho Pança, Colombo parecia ter realizado o sonho de um cavaleiro: "uma ilha com um pouco de céu acima dela". Nenhum romance de cavalaria terminou de forma tão espetacular.

Mas a história de Berardi ainda se desdobraria em muitos capítulos. Ele conseguiu o contrato para aprovisionar a segunda frota de Colombo e abastecer a colônia de Hispaniola. Porém, logo ficou evidente que se tratara de um mau negócio. De volta a Hispaniola, Colombo teve uma experiência amarga e decepcionante. Ele deixara uma guarnição composta de trinta homens. Os nativos cuja docilidade ele propalara os tinham massacrado. O clima, que ele louvara por suas incomparáveis virtudes, era letal. A malária e os miasmas acabaram com seus colonos. Ele teve de abandonar a cidade que fundara devido à mórbida e insuportável exalação de seus pântanos. Os produtos que ele imaginava capazes de enriquecer a colônia revelaram-se quiméricos. A ilha não produzia, de forma natural e em abundância, nenhum dos produtos nos quais ele depositara a esperança. Os nativos eram incapazes de minerar ouro em quantidade suficiente para equilibrar as contas. Eles tinham de ser conquistados e coagidos, e depois disso davam-se ao descaramento de morrer. Doenças europeias, contra as quais não tinham imunidade, produziam incontáveis vítimas. Entrementes, os próprios homens de Colombo se amotinaram. Os esforços de Colombo para aumentar o raio das explorações resultaram num fracasso ainda maior. As terras que ele buscava — China, Índia, Japão — continuavam a esquivar-se dele. Ficou evidente para todos, salvo para ele, que tropeçara não nas riquezas do Oriente, mas numa série de obstáculos que lhe barravam o caminho.

Mesmo antes do término de sua primeira viagem, Colombo parecia ter se dado conta de que a única chance de fazer rentável sua empresa era pela escravização dos nativos. Berardi evidentemente esperava que, se tudo mais falhasse, o lucro obtido com escravos recuperasse o dinheiro aplicado no aprovisionamento da frota. Nenhum dos dois italianos contava com a atitude ambígua dos espanhóis em relação à escravidão. Durante a conquista das ilhas Canárias, Fernando e Isabel se ressentiram das críticas do clero contra a escravização dos nativos. Em 1488, a conselho de uma comissão reunida pela Coroa para discutir a questão, os reis católicos ordenaram a libertação de centenas de nativos, sob a alegação de que tinham sido aprisionados e vendidos injustamente. Em geral, a lei espanhola insistia no cumprimento da lei canônica que estabelecia os requisitos básicos para a escravização: como a escravidão não era natural, ela só se justificava quando resultasse de uma guerra justa ou tivesse por objeto um povo privado de seus direitos devido a graves ofensas contra a lei natural, tais como o canibalismo e a sodomia. As vítimas de Colombo e de Berardi não se enquadravam em nenhuma das duas categorias. Elas tinham sido arbitrariamente detidas e capturadas quando exerciam seu direito natural de autodefesa. Canibais podiam ser escravizados, mas ninguém dissera que os nativos de Hispaniola praticavam o canibalismo. Na verdade, Colombo os inocentara explicitamente dessa acusação. O máximo que se podia dizer é que eram vítimas de canibais de ilhas vizinhas — que podiam ser escravizados legalmente —, mas os espanhóis nunca conseguiram capturar grande número deles. Assim sendo, os monarcas espanhóis proibiram a escravização de seus novos súditos. As chances que Berardi tinha de ganhar dinheiro se esboroaram sob o peso dos escrúpulos da realeza.

Em 1495 era óbvio que a colônia de Colombo carecia de um longo processo de amadurecimento antes de se tornar rentável.

Como muitos investidores às voltas com fracassos dispendiosos — ou como muitos jogadores apostando numa mudança da sorte —, Berardi redobrou os esforços. Em abril ele assinou um contrato com a Coroa comprometendo-se a enviar para Hispaniola três comboios compostos de quatro navios. Era uma empresa mais que ambiciosa. Com certeza Berardi já tinha chegado ao seu limite. No total, ele só conseguiu reunir quatro navios. Em junho, os monarcas ou seu agente, o bispo e burocrata Juan de Fonseca, desistiram de contar com Berardi e enviaram uma frota à custa da Coroa. Américo forneceu-lhes provisões "suficientes para que chegassem às Índias" e duas pipas de vinho.[28] Ele também se ocupou de pelo menos algumas contas em nome de Fonseca.[29] A frota naufragou em uma tempestade perto de São Domingos.

Em outubro, Berardi conseguiu seus primeiros lucros: cerca de 40 mil maravedis, a moeda corrente em toda Castela, em escravos do Novo Mundo pretensamente capturados entre hostes canibais, além de outros escravizados nos termos da lei.[30] O capital obtido permitiu um novo esforço no sentido de conseguir suprimentos para Colombo. Em dezembro, Berardi ainda estava trabalhando para equipar as frotas quando, subitamente, morreu. "Preso ao leito, em agonia", ele fez seu testamento.[31] Colombo estava em primeiro plano em seus pensamentos. Ele o chamava de "sua Senhoria" — um título que Colombo devia, indiretamente, ao apoio de Berardi. "Ele me deve", fez constar Berardi:

> e está obrigado a pagar 180 mil maravedis — pouco mais ou menos — como se verá em meus livros de contas, e além disso o valor do serviço que prestei a ele durante os últimos três anos, com muito boa vontade e boas intenções, tendo, para isso, de deixar de lado meus próprios negócios e meio de vida, e perdi e gastei meus bens e os de meus amigos, sacrificando até mesmo a minha pessoa, porque se Nosso Senhor me quer tirar deste mundo com mi-

nha presente enfermidade terá sido decorrência dos trabalhos e sofrimentos que tive de enfrentar a serviço de sua Senhoria.

Berardi deixou sua filha "órfã e pobre" aos cuidados de Colombo, "depois de Deus Nosso Senhor [...] porque sua Senhoria é um bom cristão e servo de Nosso Senhor". Ele recomendou a Colombo muitos de seus parceiros comerciais — "meus amigos particulares, servidores de sua Senhoria, os quais, cada um com seu talento especial, foram de muita valia a sua Senhoria". Com especial destaque entre os demais, ele falava de "Américo Vespúcio, meu agente", que era um de seus executores testamentários, a quem cabia receber a quantia correspondente à dívida contraída por Colombo, e, de sua parte, saldar os enormes compromissos de Berardi, especialmente os que assumira com um representante dos Medici.[32]

Não se sabe o que aconteceu com a órfã de Berardi. Não obstante, a responsabilidade de lidar com o problema sobrou para Vespúcio. Não havia possibilidade de conseguir dinheiro de Colombo: ele nunca dispôs de nenhuma reserva. Pouco depois da morte de Berardi, a Coroa pagou 10 mil maravedis referentes à frota de quatro caravelas que a firma reunira para enviar a Hispaniola, junto com os adiantamentos correspondentes aos emolumentos de seus principais tripulantes. Ao cabo de um mês, porém, a frota naufragou no estreito de Gibraltar. Segundo seus próprios cálculos, Américo teve um prejuízo de 140 mil maravedis.

É evidente que, ao apoiar Berardi — primeiro recomendando-o aos Medici, depois passando a trabalhar para ele —, Américo já tinha perdido o discernimento que lhe valera o renome em Florença. Embora não tivesse descido ao nível do "vendedor de picles" que lhe atribuiu a imaginação de Ralph Waldo Emerson (ver página 273), Vespúcio se viu na contingência de ter de ganhar a vida como um reputado aprovisionador, cuidando de equipar e dirigir a organização de flotilhas que partiam para as fronteiras do mundo conhecido por seus contemporâneos. O volume de negócios disponíveis se reduziu quando Colombo caiu em desgraça, e os monarcas se desinteressaram do projeto atlântico. As relações de Américo com Lorenzo di Pierfrancesco tampouco o ajudaram nesse momento crítico de sua vida. Ao que parece, já por volta de 1497 era Piero Rondinelli que geria os negócios dos Medici, sem fazer referência a Américo. Rondinelli chegou a Florença em 1495, já bem estabelecido na condição de empregado dos Medici. Ele negociava escravos com Donato Niccolini, que teve papel decisivo em convencer Lorenzo di Pierfrancesco a dispensar Caponni. A competição dentro da comunidade dos florentinos aumentava à medida que esta se expandia. Não obstante, outros membros do círculo de Colombo continuavam a frequentar Vespúcio. Francesco da Rivarolo, o banqueiro genovês estabelecido em Sevilha, e Gaspar Gorricio, amigo e confessor de Colombo, continuaram fazendo negócios com ele ou prestando-lhe favores. Quando Gorricio morreu, Rivarolo cuidou de receber o dinheiro que ele devia a Américo, para lhe entregar.[33]

DE COMERCIANTE A MARINHEIRO

Assim, a transformação de Vespúcio de comissionista em Florença a comerciante em larga escala e a longa distância em Sevilha dera maus resultados. A mudança não o aproximara das esquivas fama e honra que ele perseguia. E em vez de fazer fortuna, ele acumulava dívidas. Ainda que não necessitasse de mais uma mudança de ocupação, a de comerciante devia lhe parecer insatisfatória. A autoimagem dos comerciantes era um tanto ambígua. Por um lado, tendiam a insistir no caráter nobre do comércio.

Os manuais que alguns deles escreveram sobre sua profissão assemelhavam-se aos dos cavaleiros, com exortações para que tivessem uma conduta meritória e declarações de que o comércio era uma escola de virtude, visto que ao renome seguia-se o lucro. Uma das razões pelas quais o episódio de Tobias e o Anjo mostrava-se tão presente na arte medieval era o fato de que os comerciantes gostavam de ver um dos seus em companhia de um ser celestial.

Por outro lado, pairava sobre a profissão de Vespúcio uma inegável aura negativa. Na maioria das mentes, a nobreza continuava associada à cavalaria e ao exercício das armas, quando não ao sangue e à antiguidade da linhagem. Na Espanha, o grande e novo desafio a esses conceitos antiquados resultou da valorização da educação como forma de enobrecimento. As fileiras cada vez mais numerosas de burocratas e juristas com formação universitária tinham interesse em defender esse ponto de vista. Mas na Espanha o mero negócio não podia conferir o prestígio que se alcançava numa cidade comercial como Florença. De modo geral, até quando o século XVI já ia bem avançado, a Espanha era um país ingrato para um comerciante que aspirasse à nobreza.

Os padrões sevilhanos não eram tão estratificados como os do resto da Espanha. Os duques de Medina Sidonia tinham uma pequena frota que transportava atum salgado e abastecia guarnições na África. Os duques de Medina Celi tinham negócios no ramo da pesca e processamento de atum. Mas embora um aristocrata pudesse ser também comerciante, não era fácil um comerciante ascender à aristocracia. Alguns indivíduos, inclusive imigrantes italianos de gerações anteriores, conseguiram isso acumulando grande riqueza e fazendo casamentos socialmente ambiciosos.[34] Para Vespúcio, porém, nas circunstâncias de fins da década de 1490, os exemplos eram remotos e as oportunidades praticamente inexistiam. As perspectivas realmente luminosas não estavam em financiar e aprovisionar frotas, mas em navegar com elas. O exemplo de Colombo bem o demonstrou. Quando se fez ao mar com seus navios, Colombo impulsionou sua carreira. Nem mesmo seus fracassos posteriores o levaram à ruína. Mesmo na desgraça, ele ainda mantinha seus títulos e se apegava à riqueza.

Para Américo e Colombo, o entrelaçamento de seus destinos constituiu um laço inexorável. Em 1499, Colombo era uma fonte de irritação para seus empregadores e para seus amigos. Ele não cumpriu nenhuma de suas promessas, não encontrou um atalho para a Índia, ou pelo menos não para uma parte que se pudesse explorar comercialmente. Envolvera a Coroa em outra conquista dispendiosa de aborígines sem préstimo, como os das ilhas Canárias, mas sem a mesma perspectiva de lucro. Descobrira somente pequenas quantidades de ouro, de duvidoso potencial a longo prazo. Sua afirmação de que Hispaniola era uma espécie de paraíso desvaneceu-se nos miasmas da pestilência. Sua garantia de que os nativos eram pacíficos pressagiou a guerra e a carnificina. Ele praticamente abandonara seus deveres administrativos, deixando Hispaniola nas mãos dos rebeldes amotinados. Obrigou seus homens a jurar que Cuba era parte de um continente, quando todos os homens capazes de expressar-se livremente tinham certeza de que se tratava de uma ilha. A cada dia ele apresentava novos sinais de paranoia. Seu relato da terceira travessia do Atlântico de 1497-8 parecia desvairado: cheio de divagações visionárias, lamentações paranoides e especulações sobre uma Terra em forma de pera, com o paraíso terrestre no alto de uma protuberância em forma de mamilo, do qual ele dizia ter se aproximado, sem, porém, chegar a alcançá-lo. Em 1500, o agente que os monarcas espanhóis enviaram para investigar o comportamento de Colombo levou-o, acorrentado, para a Espanha.

Não obstante, Colombo deixou duas razões para otimismo. Primeiro, seu fracasso em chegar à Ásia talvez se devesse à incompetência e não a uma impossibilidade inescapável. Na verdade, a esperança de encontrar um caminho para a Ásia navegando para o Ocidente aumentou ainda mais depois do fracasso de Colombo. Pelo menos o aventureiro genovês demonstrara que era possível atravessar o oceano do Ocidente e que existiam portos de refúgio em suas margens ocidentais. Ainda que o mundo fosse grande demais para que se pudesse alcançar a Ásia de uma só tirada por via oeste, era possível que, com um pouco mais de esforço, os navegantes lá chegassem. Em segundo lugar, em sua terceira viagem Colombo encontrou, ao largo da atual Venezuela, ostreiras mais ricas em pérolas que as encontradas por qualquer tribo local.

Ao que parece, Fernando e Isabel sentiram-se embaraçados ao ver o almirante aparecer acorrentado diante deles, mas fizeram uma avaliação isenta de sentimentalismo sobre as possibilidades de permanência de Colombo na posição de destaque que ocupava. Não era possível permitir que ele mantivesse o monopólio da navegação transatlântica. Ao que parece — embora disso não haja indicação em nenhum documento remanescente — eles consideraram que Colombo descumpriu o contrato quando fracassou em realizar o que prometera. Além disso, procuraram desvalorizá-lo para privá-lo de suas prerrogativas. Colombo perdera o direito de monopólio da costa descoberta em sua terceira viagem porque seu estado de saúde o impedira de desembarcar e tomar posse dela pessoalmente.[35] Assim sendo, a Coroa podia franquear o Atlântico aos rivais do almirante. A combinação da atração exercida pelo Oriente com o brilho das pérolas garantiria o surgimento de gente desejosa de novas oportunidades. A partir de maio de 1499, os monarcas autorizaram pelo menos onze viagens, oito das quais se realizaram antes que se permitisse a Colombo fazer mais uma.[36] Américo embarcou na primeira.

Evidentemente, a recompensa eram as pérolas. Peralonso Nino, um dos insatisfeitos companheiros de bordo de Colombo, mais que depressa partiu em sua busca tão logo conseguiu autorização. Mal chegou à costa do Novo Mundo, Alonso de Hojeda, o braço direito e homem forte de Colombo que eliminara rebeldes e nativos em Hispaniola, dirigiu-se ao lugar onde se sabia existirem pérolas. Vespúcio, apesar de todos os seus desmentidos, tratou de abastecer-se delas. Em sua qualidade de ex-comerciante de joias e já antigo apreciador de pérolas, sabia reconhecer um bom exemplar quando o via.

Um dos exercícios escolares do caderno de Vespúcio mostra sua familiaridade com a ideia de viajar em busca de honra e fama. "Muitos homens desta terra", escreveu ele em Florença, "partiram sem que depois tivéssemos nenhuma notícia deles e sem que se tivesse em sua honra pronunciado nenhum elogio fúnebre, porque eles não morreram, apenas se aventuraram em terras perigosas [...] e seu desejo era fazer-se ao mar e passar por muitas terras antes de voltarem para a sua."[37] Agora Vespúcio seguia em sua esteira, como se o exemplo tivesse calado fundo em sua mente.

Quase tão logo chegou a Sevilha, as explorações marítimas estenderam um oceano diante dele, como um tapete mágico desenrolando-se a seus pés. O Atlântico da década de 1490 já não era o oceano de outrora: intransponível, inexplorável, impondo limites à experiência. Colombo demonstrara ser possível cruzá-lo. Esnobes muitas vezes afirmam que Colombo não descobriu o hemisfério ocidental, exceto para os povos do Velho Mundo, que ainda não sabiam de sua existência. Mas ele descobriu o caminho de ida e de volta, inaugurando rotas comercialmente rentáveis, ligando as zonas densamente povoadas de ambos os hemisférios e estabelecendo comunicações permanentes entre a Europa e as regiões produtivas do Caribe e de seu entorno.

Ele decifrara o código do regime de ventos do Atlântico. A maioria dos livros de história se dá grandes ares de importância, mas pouco fala sobre ventos. Ora, os regimes de ventos do mundo, durante toda a época da navegação a vela, que ocupou a maior parte do passado documentado, estavam entre os fatores mais determinantes ou condicionantes de intercâmbio entre culturas muito distantes. Colombo foi o primeiro a mostrar que, partindo da península Ibérica, navios poderiam aproveitar os ventos alísios do nordeste para cruzar o oceano, depois os que sopram do oeste, no Atlântico Norte, para voltar ao ponto de partida. A descoberta transformou o Atlântico, de massa de água remota que era nos confins do mundo, em um oceano de oportunidades e um eixo de comunicações globais. As comunidades que se mantiveram inertes em suas margens durante séculos ou milênios, usando-o apenas como fonte de pesca e em navegação de cabotagem, agora aventuravam-se em missões de comércio, colonização e domínio imperial. Vespúcio estava no lugar certo, na hora certa.

Se nos concentramos nos motivos de Vespúcio para assumir uma nova profissão como explorador, corremos o risco de superestimar sua capacidade de iniciativa. Mudamos o rumo de nossas vidas nem sempre por nosso desejo, mas porque temos de fazê-lo ou porque reagimos a novas oportunidades como uma forma de escapar às limitações de que somos vítimas. Em fins da década de 1490, Américo estava numa situação difícil. Ele perdera muitos ou quase todos os negócios que geria para os Medici em Sevilha. Desde a morte de Berardi, ele só acumulara dívidas. Tempestades e má sorte encarniçaram-se contra suas frotas. Uma mudança de atividade era exatamente o que lhe convinha. A chance lhe veio de Colombo. Vespúcio foi capaz de aproveitar a oportunidade graças, talvez, às aptidões que se foram desenvolvendo ao longo de sua formação. Mas, como muitas vezes acontece, ele foi conduzido e arrastado pelas circunstâncias para uma nova forma de vida — como um marinheiro que, lutando contra a adversidade, se vê a salvo graças uma súbita mudança de vento.

Para costurar uma narrativa do que Vespúcio de fato fez no mar, procurando reconstituir os pensamentos que lhe iam em mente enquanto o fazia, é necessário consultar seus escritos. Como o leitor bem sabe, a autenticidade de alguns desses escritos é bastante controversa e objeto de muita suspeita, e por bons motivos. O quarto capítulo constitui uma viagem através desses escritos — no que me toca, uma viagem mais maravilhosa e aventurosa que qualquer travessia do oceano. E ao contar a história de suas navegações, adotarei um método simples e seguro: tudo o que coincidir nos manuscritos e nas fontes impressas, vou considerar automaticamente como um trabalho autêntico do próprio Américo; tudo o que é específico das fontes impressas, considero suspeito e objeto de possíveis interpolações ou alterações feitas por editores.

3. O observador de estrelas no mar
O Atlântico, 1499-1501
A iniciação do explorador

Fernando e Isabel escolheram Alonso de Hojeda para chefiar a primeira expedição que acompanhou Colombo, pelo fato de ele ser, nas palavras dos monarcas, "confiável". Filho de um fidalgo falido, Alonso passou a maior parte da vida na corte, na dependência dos monarcas. Nunca fez grande figura como cortesão, mas era um homem talhado para a execução de determinadas missões: duro, implacável, inflexível. Sua atuação foi decisiva para evitar que a colônia de Hispaniola se desfizesse sob a administração inepta de Colombo. Ele fora o braço forte do descobridor, tanto na repressão aos rebeldes como na submissão dos nativos por meio do terror.

A história de sua viagem nos dá a entender que essas qualidades não o habilitavam necessariamente a uma função de comando independente. Ele se mostrou incapaz de se entender como os outros capitães de navio, e Peralonso Nino, seu antigo companheiro de bordo e potencial futuro sócio, terminou por fazer uma viagem independente. Ainda assim, um grande grupo de subordinados acompanhou Hojeda, inclusive Juan de la Cosa, companheiro de bordo de Colombo e cartógrafo. Américo estava entre deles.

NAVEGANDO COM HOJEDA

Américo integrou-se à expedição de Hojeda não se sabe em que condição. Ele escreveu posteriormente sobre isso como se estivesse no comando absoluto da frota. Naturalmente, tratava-se de uma inverdade. Ninguém cometeria a temeridade de confiar o comando a um marinheiro de água doce como Vespúcio, sem experiência de navegação de longo curso nem qualificações para a função. Às vezes se indicavam inexperientes comandantes de fachada para chefiar expedições. Vasco da Gama, por exemplo, não passava de um fidalguete do interior quando o rei de Portugal o convocou para chefiar a primeira frota comercial rumo à Índia; mas pelo menos ele era uma espécie de nobre com experiência militar. Da mesma forma, o comandante da frota que se lhe seguiu, Pedro Álvares Cabral, embora não fosse um marinheiro, era um aristocrata da corte apto para a missão diplomática que o esperava no lugar de destino da frota. Vespúcio carecia de qualificações como essas.

Quando não se dava ares de comandante absoluto, Vespúcio procurava fazer crer que se encarregava de importantes decisões a bordo da frota. Ele dava a impressão de comandar a própria embarcação e conduzir as próprias explorações, independentemente de Hojeda. Não obstante, nenhum outro documento lhe atribuiu esse papel; o próprio Hojeda testemunhou sobre isso após a morte de Vespúcio, durante o longo processo movido pela família de Colombo contra a Coroa, a propósito da divisão dos lucros decorrentes das descobertas do almirante. Depois de atribuir apenas a si as realizações da viagem, Hojeda acrescentou que "levara consigo Juan de la Cosa, piloto, Morigo [*sic*] Vespuche e outros pilotos".

O contexto leva a acreditar que Hojeda considerava Vespúcio um piloto — o que é de muito estranhar —, e não um líder que com ele ombreava. Talvez o comandante tivesse acreditado na avaliação que de si próprio fazia o improvável navegante. Não seria muito estranho ao caráter de Vespúcio ter — como se diz atualmente — incrementado seu currículo atribuindo-se uma qualificação que na verdade não tinha. Ou talvez, passados alguns anos, Hojeda tenha classificado Vespúcio junto com outros pilotos com base em suas realizações posteriores. No entanto, embora Colombo tivesse processado Hojeda por apropriação indevida e dirigido acusações às demais figuras da expedição contra as quais conseguiu elencar testemunhas, Vespúcio escapou sem uma menção.[1] Isso talvez porque Colombo devesse outros favores a Vespúcio, o que o exímia das acusações. Mais provavelmente, isso significa que o papel desempenhado por Vespúcio na expedição foi modesto demais para ser digno de nota. Não seria de surpreender que ele o tivesse exagerado.

O que ele estaria de fato fazendo a bordo do navio? Um precedente útil é o de Alvise da Mosto, veneziano que viajou como passageiro numa expedição portuguesa de exploração das ilhas de Cabo Verde e Gâmbia em 1454-5, motivado, segundo ele, pelo gosto por viagens e pelo desejo de ver o mundo. Em princípio, portanto, era possível embarcar num navio sem ter nenhum papel especial a desempenhar e nenhuma contribuição a dar. Mas a atitude desinteressada de Da Mosto era muito rara. Viajar por mera curiosidade era vaidade. Mais tarde Américo afirmou ter uma curiosidade científica absolutamente isenta de outros interesses; nas circunstâncias de 1499, porém, tratava-se de um luxo que ele não podia se permitir. Embora Américo nunca tenha tocado muito no assunto, é difícil imaginar outros motivos que o levariam a viajar com Hojeda além das pérolas descobertas por Colombo. Através do Atlântico, elas brilhavam entre conchas entreabertas, ofuscando os olhos de gente gananciosa que queria enriquecer da noite para o dia. Se havia algum conhecimento útil relacionado ao seu desejo de fazer-se ao mar, só pode ter sido o conhecimento que tinha do comércio de pérolas. Não o de navegação.

Os companheiros de bordo de Américo eram um bando de rebeldes que deixaram um rastro de destruição e pirataria por onde passaram, em sua travessia do Atlântico, primeiro na costa africana, depois nas ilhas Canárias. A rota escolhida por Hojeda baseava-se claramente na experiência de Colombo, que mostrara que a travessia mais rápida se fazia navegando-se em direção sul, a partir das Canárias, na rota dos alísios do nordeste, rumo às Pequenas Antilhas. Hojeda dirigiu as suas proas um pouco mais para o sul, situando a costa da América do Sul num ponto que ele supunha ficar duzentas léguas a leste das descobertas continentais de Colombo. O consenso entre os estudiosos do assunto é de que seu desembarque se deu nas proximidades do cabo Orange.

Dos relatos que nos chegaram, feitos pelos participantes à época ou um pouco depois, os depoimentos que, com mais segurança, podem ser atribuídos a Vespúcio são duas cartas e um fragmento de outra. As cartas nunca chegaram a ser impressas — e os originais de próprio punho do autor já não existem —, mas foram preservadas por vários copistas. A narrativa que esses documentos nos dão é bastante diferente das que se encontram em todas as outras fontes, e não há outros dados que a corroborem. Em vista disso, há muito elas foram descartadas como sendo meras fraudes. A primeira carta, porém, datada de Cádiz, 18 de julho de 1500, tem mais probabilidades de ser autêntica, dado que existem quatro cópias manuscritas contemporâneas, feitas por diferentes copistas, espalhadas em vários lugares. O destinatário é chamado simplesmente de "Vossa Magnificência" e, a certa altura da carta, "magnífico Lourenço". O Lourenço que fora empregador de Vespúcio havia muito estava morto, mas o estilo continuava pertinente ao primo de Lourenço, o Magnífico, Lorenzo di Pierfrancesco de Medici, a quem Vespúcio prestava serviços eventualmente.

O autor começa desculpando-se por não ter escrito antes e explica que esperava ter notícias dignas de serem transmitidas. Isso constitui um forte indício de que Américo estava retomando o hábito de relatar suas atividades a Lorenzo di Pierfrancesco. Ele afirma que "Vossa Magnificência" já deve saber "que parti com duas caravelas a 2 de maio de 1499, por ordens do rei da Espanha, com vistas a realizar descobrimentos em terras do Ocidente, atravessando o mar oceano". Partir do pressuposto de que o leitor já está informado do que se vai relatar é um dos mais velhos truques retóricos que existem. Ele cria uma atmosfera de cumplicidade entre o leitor e aquele que escreve. Ele lisonjeia o leitor considerando-o ciente de determinados fatos, ao mesmo tempo que, de forma sub-reptícia, passa a relatá-los. De um só golpe, Vespúcio consegue também engrandecer a própria imagem na mente do leitor, associando-a ao patrocínio real e até dando a impressão de ser o comandante absoluto da frota.

A descrição que Vespúcio faz da rota é vaga, como era de esperar de um passageiro pouco afeito ao mar e que decerto tinha apenas uma vaga ideia de onde estava e para onde o navio se dirigia. O único topônimo mencionado por ele é o golfo de Pária, que Colombo batizara em sua viagem anterior à costa venezuelana. O cálculo de Vespúcio da distância percorrida — pelo menos 2800 milhas de litoral — parece muitíssimo superestimado: mais que o dobro da estimativa feita por Hojeda, supondo-se que os cálculos de ambos se baseavam no mesmo tipo de milha. Américo afirma ter ido muito mais ao sul do que confirmam outros relatos e acrescenta poucos detalhes para tornar a afirmação plausível. Em vista disso, os leitores que desejam saber onde Vespúcio de fato esteve ficam confusos.

A historiografia da viagem oscila entre extremos de credulidade e de ceticismo. Os "americófilos" deliciam-se com cada uma das palavras e distorcem as demais fontes para que se adequem a seu ponto de vista; céticos renegam o relato de Vespúcio considerando-o uma completa invenção. A interpretação mais amplamente aceita trata Vespúcio como se ele funcionasse numa espécie de universo paralelo, independente do resto da expedição. Nos primeiros tempos da história das navegações europeias no Novo Mundo, era normal os navios serem separados pelas intempéries, pelas ambições conflitantes de seus comandantes ou devido a uma estratégia racional para maximizar o alcance de suas explorações conjuntas. As fontes se contradizem no que tange ao número de navios da flotilha de Hojeda, mas eles eram pelo menos dois, talvez três ou mesmo quatro, sendo possível, portanto, que se separassem. Mas essa solução suscita outras questões: se Vespúcio se separou da expedição, quem estava com ele? É simplesmente incrível que ele mesmo tenha comandado um navio naquela fase de sua carreira. E se a frota partilhou e registrou importantes descobertas além das que são atribuídas a Hojeda, por que Vespúcio é o único a afirmá-lo? E por que o afastamento do navio não mereceu registro nos relatórios oficiais?

Podemos sugerir várias respostas a essa questão. Hojeda tinha diversos companheiros bastante qualificados para comandar uma embarcação, mas aqueles que conhecemos pelo nome navegavam ao seu lado. Havia, em suas palavras, "outros pilotos" que integravam a frota. Assim, um desses "outros" anônimos pode ter assumido o comando da parte da frota ou do navio em que Vespúcio navegava. Evidentemente, Vespúcio penetrou em águas que, pelo Tratado de Tordesilhas, pertenciam a Portugal. Havia, portanto, razões para omitir o fato — exceto no que diz respeito a Vespúcio, uma vez que não conseguia conter o próprio orgulho — e é bom ter em mente que pouco depois de seu regresso da viagem começou a trabalhar para os portugueses.

A questão seguinte é saber o quanto ele avançou ao longo da costa atlântica sul-americana. Não temos condições de responder a isso, mas as divagações de Vespúcio não significam necessariamente que sua viagem nada acrescentou ao conhecimento que se tinha da costa. Embora as descobertas mencionadas por ele não figurem em nenhum outro relato que tenha chegado até nós, elas parecem ter influenciado cartógrafos. Esse é um tipo de indício que pode induzir a erros, uma vez que mapas são como a Bíblia: os partidários de determinada doutrina sempre podem encontrar apoio neles. Pelo fato, porém, de serem tão vulneráveis a emendas e falsificações, nenhum historiador deveria jamais confiar neles sem a corroboração de outras fontes.[2] De todo modo, as provas cartográficas mostram que por volta da primeira década do século XVI se explorou, em todas as direções, uma extensão muito maior da costa do Novo Mundo do que se lê nos relatos oficiais dos exploradores. E Vespúcio, naquela viagem, na seguinte ou em ambas pode ter acrescentado algo ao conhecimento de que se dispunha.

Cabe perguntar qual a atitude mais descabida: descartar praticamente tudo em Vespúcio como falsificação ou aceitar que ele participou de um desvio da rota traçada pela nau capitânia? Embora a imaginação de Vespúcio fosse fecunda, sua afirmativa de que cruzara o equador em 1499 parece verdadeira. Um florentino que se encontrava em Lisboa afirmou o mesmo numa carta que escreveu para sua cidade natal em 1504.[3] A maioria dos que escreveram em princípios do século XVI admitiu o fato de que Américo chegou à "Terra de Santa Cruz" — o nome que Pedro Álvares Cabral deu ao Brasil quando lá desembarcou, bem ao sul do equador, em maio de 1500. À luz dos dados disponíveis atualmente, temos de partir da suposição de que os navios da frota de Hojeda se separaram quando ele chegou à costa do Novo Mundo. Os viajantes desembarcaram provavelmente nas vizinhanças do cabo Orange. A parte da frota comandada por Hojeda avançou em direção norte e oeste, ao longo de costas já navegadas por Colombo, rumo às ostreiras ricas em pérolas, próximas à ilha Margarita. A parte em que Vespúcio se encontrava voltou-se para o sul e cruzou o equador, mas não saberíamos dizer o quanto avançou.

ONDE DIABOS...?

Embora os escritos de Vespúcio não revelem nada de confiável sobre o alcance de suas navegações, eles servem para nos transmitir sua imagem mental do mundo. Onde diabos ele pensava estar quando chegou naquilo que logo haveria de se chamar América? Em sua carta de julho de 1500, Américo rapidamente revelou o que ele julgava ser o objetivo da viagem. Como Colombo, ele se imaginava a caminho da Ásia. "Minha intenção era contornar o que Ptolomeu chamava de cabo de Cattigara, que confina com o 'Grande Golfo', o qual, em minha opinião, não estava longe de onde nos encontrávamos, levando-se em conta os graus de longitude e latitude."[4]

Exceto por essa pretensão descabida — que a essa altura já não causa estranheza ao leitor —, o que há de mais notável nessa passagem é sua dependência da concepção do mundo formulada por Colombo. O cabo Cattigara, no mapa mental do mundo de Colombo, ficava no extremo leste do mais longo braço do oceano Índico: o "Grande Golfo", tal como os cartógrafos o denominavam à época. Segundo Vespúcio, os resultados da viagem de Hojeda confirmaram as descobertas de Colombo. A afirmação de Américo de ter levado em conta a longitude de seus descobrimentos harmonizava-se — como haveremos de ver — com a concepção que Colombo tinha do mundo.

Américo também aceitava a hipótese de Colombo de que a nova terra fazia parte, ou era muito próxima, do extremo leste da

Ásia: "outro mundo", como o chamava Colombo, "que os antigos se empenhavam em conquistar". Vespúcio não apenas acreditava aproximar-se do oceano Índico, mas também insistia que outra viagem propiciaria uma chance de encontrar "a ilha de Taprobana, que se situa abaixo do oceano Índico e do mar do Ganges, e posteriormente pretendo chegar e voltar a minha terra natal e nela passar minha velhice em sossego".[5]

Para Vespúcio, o "mar do Ganges" era o que hoje chamamos de baía de Bengala. "Taprobana", que, segundo ele, "situa-se em frente, diretamente, à costa da Índia", era uma espécie de obsessão que o acompanhou em sua carreira de explorador. Foi o nome atribuído por Ptolomeu à ilha que mais tarde passou a ser chamada de Ceilão, e hoje de Sri Lanka. A ilha era conhecida dos comerciantes gregos da Antiguidade — muitos dos quais frequentavam o oceano Índico naquela época[6] — devido à sua condição de maior produtor mundial de canela. Plínio atribuía uma extraordinária longevidade a seus habitantes. No imaginário medieval, Taprobana adquiriu uma fama cada vez mais exagerada de ilha excepcionalmente rica. Em mapas inspirados por Ptolomeu, que os florentinos produziram em grande quantidade à época da juventude de Vespúcio, ela sempre aparecia com grande destaque, num lugar central. Américo relatou uma conversa que teve com um viajante que estivera pessoalmente em Sri Lanka e Sumatra: "um homem confiável chamado Guaspare", presumivelmente um dos mercadores italianos que trabalhavam no oceano Índico e chegavam até ele por difíceis rotas terrestres ao longo do Nilo e em caravana para o mar Vermelho ou através de regiões potencialmente hostis, dominadas pelos turcos e persas, rumo ao golfo Pérsico.[7] Guaspare visitara muitas ilhas no oceano Índico,

> especialmente uma chamada Zilan [...]. Ele me disse que era uma ilha muito rica em pedras preciosas, pérolas, especiarias e drogas

de todos os tipos, além de outras riquezas como elefantes e muitos cavalos, de forma que desconfio tratar-se da ilha de Taprobana, com base na descrição que ele me fez [...]. Ele me disse também que existe outra ilha chamada Scamatara, tão grande quanto Zilan, bem próxima à outra e igualmente rica. Assim, se Zilan não é Taprobana, Scamatara deve ser.[8]

Existe sem dúvida algo de dissimulado nessas especulações. "Zilan", ou Ceilão, era bem conhecida e já identificada claramente com Taprobana em textos do tipo que Vespúcio com certeza conhecia, inclusive as descrições do oceano Índico de autoria do mais renomado escritor de narrativas de viagens da Idade Média, que chamava a si mesmo de John Mandeville, e de seus inspiradores, Marco Polo e frei Odorico de Pordenone. A suposição de que Sumatra podia ser Taprobana também era bastante comum nos escritos geográficos medievais. Vespúcio escrevia sobre suas descobertas intelectuais da mesma forma que escrevia sobre suas viagens, apresentando-as como feitos pessoais e omitindo precursores e pioneiros.

A fixação de Vespúcio pela Taprobana ajuda-nos a reconstruir a imagem mental do mundo que ele tinha quando se encontrava no mar. Como Colombo, ele acreditava que, se pudesse contornar ou penetrar a longa costa que obstruía sua pretensa rota para a Ásia, haveria de ter diante de si as riquezas do Oriente. O mapa mental que ele sobrepunha à realidade baseava-se em parte nas concepções do próprio Colombo, em parte nas fontes que o inspiraram.

A procedência dessa imagem do mundo não é difícil de identificar. Em essência, ela provinha de Ptolomeu. Isso não é de surpreender. Vespúcio lembrava-se da cosmografia que aprendera quando rapazola em Florença e usava-a para complementar e talvez contradizer as ideias do almirante. Devido à educação que recebeu, ele chegou ao Novo Mundo com a cabeça já cheia de concepções ptolemaicas. Na verdade, havia uma espécie de indústria ptolemaica entre os estudiosos florentinos quando Vespúcio era jovem. A mais famosa edição da época, surgida em 1482, foi preparada por Francesco Berlinghieri, membro da "família de Platão". Os cartógrafos trabalhavam em Florença na década de 1460 e depois produziram dezenas de mapas com base nas concepções de Ptolomeu.[9] Giorgio Antonio Vespúcio, como muitos florentinos cultos, possuía uma cópia da *Geografia*, provavelmente copiada por ele mesmo.[10]

Mas Américo não tinha em mente um modelo ptolemaico estratificado. Estudos, especulação e a exploração marítima concorreram para operar uma mudança na forma como os florentinos liam Ptolomeu na época da juventude de Vespúcio. Em particular, em fins da década de 1480 e na seguinte, eles se tornaram cada vez mais convictos de que o oceano Índico não era cercado por terras, como supunha Ptolomeu, mas aberto para o sul e, portanto, acessível a navegadores procedentes do leste ou do oeste. Em 1488, a viagem de Bartolomeu Dias, que contornou o cabo da Boa Esperança, veio em reforço a essa tese. Em princípios da década de 1490, Portugal enviou agentes à Arábia e à Etiópia para confirmá-lo. Em 1497-8, a viagem de Vasco da Gama à Índia, contornando a África, terminou por prová-lo de forma cabal. Ainda antes de Vespúcio deixar Florença, um dos cartógrafos que atuou na cidade, Henricus Martellus, produziu um mapa que representava o oceano Índico dentro desses moldes.

Muito provavelmente, o mapa de Martellus aproxima-se o mais possível da imagem do mundo com a qual Vespúcio começou a fase náutica de sua carreira. Próximo a seu extremo leste, onde um oceano salpicado de ilhas banha a costa mais longínqua da Ásia, uma grande península vai se estreitando rumo ao sul. Para além dela, na direção oeste, fica a península Malaia, ou o

"Querseneso dourado", como a maioria dos ocidentais a chamava. Enquanto a maior parte dos mapas da baixa Idade Média, baseados diretamente em Ptolomeu, mostrava essas penínsulas avançando num mar cercado por terras, Martellus e outros cartógrafos ousados ou bem informados as situavam nos confins da Eurásia, obstruindo parcialmente a entrada para o oceano Índico ou o "Grande Golfo" de Vespúcio. Nesse mar encontrava-se a ilha de Taprobana, postada no centro e com o tamanho muito exagerado. Quem quer que compare as experiências de Colombo e de Vespúcio com os dados do mapa haverá de tirar estas conclusões óbvias: as ilhas que Colombo descobriu constituíam escalas na rota para a Ásia. A longa costa que Vespúcio percorreu era, em sua concepção, a península que Martellus situava no extremo leste da Ásia.

Era natural que as concepções adotadas por Vespúcio fossem muito próximas e dependentes das de Colombo. Tendo trabalhado para Gianotto Berardi, um dos mais fervorosos admiradores de Colombo, Américo teve muitas oportunidades de se deixar fascinar pelo descobridor. Como neófito em navegação e cosmografia, estava fadado a render-se àquele homem experiente e aclamado. Ao se lançar numa aventura atlântica por conta própria, Américo elegeu Colombo como modelo. Não é de surpreender, pois, que adotasse algumas das opiniões do almirante.

Além disso, Colombo ainda não tinha esgotado completamente a boa vontade que granjeara entre os cosmógrafos depois de sua primeira viagem. A certa altura, após um período de reflexão e de uma oportunidade de examinar as provas, a maioria dos comentaristas rejeitou a ideia de que Colombo tivesse chegado a algum lugar próximo à Ásia, pois o tamanho do globo não o permitiria. Mas na comoção despertada pelo regresso de Colombo muitos de seus contemporâneos simplesmente aceitaram sem objeção a avaliação que ele fez dos próprios descobrimentos. O comentário do almirante de Castela foi bem típico: Colombo cumprira todas as suas promessas. Segundo o duque de Medina Celi, ele "descobriu absolutamente tudo o que procurava".[11] O papa — que, pelo visto, tinha em mente o primeiro relato impresso sobre a viagem de Colombo — aceitou a ideia de que o descobridor encontrara uma terra maravilhosa e exótica "na direção da Índia". Nessas circunstâncias, pode-se perdoar Américo por abraçar essas ideias. Ele não era o único a manter a fé na concepção de Colombo. Até Fernão de Magalhães realizar o projeto de encontrar um caminho para a Ásia — navegando numa rota ocidental em 1520, demonstrando, com isso, que Colombo se enganara quanto ao tamanho do globo e à facilidade da travessia —, a maioria dos navegadores transatlânticos continuou a sonhar com alcançar a Ásia.

Em certa medida, Colombo e Vespúcio baseavam-se nas mesmas fontes de informação. Ambos os exploradores tinham certo grau de dependência das teorias de Paolo dal Pozzo Toscanelli, de Ptolomeu e de Estrabão. Embora Toscanelli não tenha escrito praticamente nada que tenha chegado até nós, deixou uma reputação extraordinária. Todos os seus contemporâneos que o conheceram ou dele tiveram notícia consideravam-no um grande especialista em cosmografia. Johannes Miller (conhecido pelo nome latino de Regiomontanus, segundo a prática comum entre os estudiosos de seu tempo), que compilou as melhores tábuas astronômicas disponíveis na época, saudou Toscanelli como matemático mais importante que Arquimedes. Nos círculos humanistas, não poderia haver elogio maior.[12] Numa troca de cartas com Toscanelli, Colombo recebeu a confirmação da mais preciosa de suas teorias geográficas: a de que era possível, pelo menos teoricamente, alcançar a Ásia cruzando o Atlântico em direção oeste. Toscanelli afirmou ter proposto esse empreendimento aos portugueses e mandou a Colombo uma cópia de uma carta sobre o assunto, junto com um mapa ilustrativo que enviara a um correspondente em Portugal. Educado que fora no círculo intelectual de Toscanelli em Florença, dificilmente Vespúcio poderia ignorar essas ideias.

Ele discordava das teorias de Colombo em um ponto. Vespúcio aceitava a estimativa dominante sobre o tamanho do mundo: 24 mil milhas em volta do equador, cifra maior que a proposta por Colombo. Visto que Américo, ao aceitar esse número, pensava em termos de milha castelhana, menor que a de todos os outros sistemas, essa estimativa ainda era relativamente modesta, comparada aos cálculos da época. Os esforços de seus contemporâneos no sentido de converter os números de Ptolomeu sobre o assunto em medidas atualizadas resultaram em estimativas que variavam entre 22 500 e 31 500 milhas romanas. Em grande medida, Colombo também se baseava nos dados de Ptolomeu, mas rejeitava a estimativa que este fazia do tamanho do mundo, adotando, em seu lugar, outra estimativa que o alexandrino mencionava apenas para a refutar logo em seguida. Baseando-se em outros cálculos mais ou menos arbitrários, Colombo concebia o globo terrestre entre vinte e 25 por cento menor que o tamanho real.[13] A estimativa que lhe era mais próxima — que atribuía à Terra uma dimensão treze por cento menor que a real — foi proposta por Toscanelli e partilhada pelo influente cosmógrafo de Nuremberg Martin Behaim, autor do mais antigo mapa da Europa que chegou até nós, produzido em 1492.[14] Poucos especialistas levavam a sério os cálculos de Colombo.

Esse é um fato curioso. Por um lado, havia uma ampla aceitação de que Colombo chegara ao limiar do Oriente depois de uma viagem relativamente curta: 750 léguas — cerca de 3 mil milhas —, segundo o piloto de sua nau capitânia, ou pouco mais de mil léguas, segundo os cálculos do genovês, muito mais generosos e pouco confiáveis. Ao mesmo tempo, como era de consenso quase geral, o tamanho do mundo tornava tal proeza quase impossível. Mesmo pelos cálculos de Toscanelli, Colombo ainda estaria a milhares de milhas do extremo leste da Eurásia ao desembarcar.

Quanto a esse ponto, Ptolomeu ainda constituía uma influência decisiva para Vespúcio. Como a maioria dos leitores da época, Américo aceitava os cálculos de Ptolomeu integralmente. Como, então, ele insistia no plano de Colombo de navegar pelo oeste rumo à Ásia, quando sabia que as dimensões do mundo implicavam uma viagem tremendamente longa? Isso poderia resultar da mescla de um exagerado desejo que o iludia e ingenuidade náutica. Talvez ele esperasse que os cálculos se ajustassem por si mesmos, caso persistisse em sua busca, embora superestimasse grosseiramente a distância percorrida por Colombo, repetindo suas estimativas absolutamente exageradas de longitude, como se as tivesse feito de forma independente. Assim, embora não fosse partidário da ideia de um globo com circunferência tão pequena como imaginava Colombo, Vespúcio concebia um mundo relativamente pequeno em que a Ásia se encontrava, em relação aos descobrimentos de Colombo, logo ali adiante. Carente de todo conhecimento prático do mar, Vespúcio era excessivamente otimista no que dizia respeito à velocidade e às distâncias que os navios eram capazes de percorrer.

Não obstante, mal regressou da travessia do oceano, Vespúcio começou sua campanha em prol de uma nova imagem de si mesmo. Ele se transmudou em Américo Vespúcio, navegador celestial, senhor dos céus, mestre na arte de medir latitudes e até longitudes: um mago florentino em ação. "Uma vez que", escreveu ele a Lorenzo di Pierfrancesco, "se bem me lembro, Vossa Magnificência entende um pouco de cosmografia, tenciono relatar quão longe fomos em nossa viagem, valendo-nos de medições de latitude e longitude."[15] O fato de Vespúcio proclamar-se perito em navegação aparece de repente, sem aviso prévio, como se uma única viagem marítima lhe tivesse propiciado a oportunidade de instruir-se numa nova arte, na qual ele logo se tornou proficiente, como Minerva saltando para a vida munida de todas as armas. Até que ponto essa imagem tem base na realidade?

O AUTOPROCLAMADO COSMÓGRAFO

Além de demonstrar um constante e convencional desdém pela "grosseria" dos marinheiros que não entendiam os mistérios do cosmo, Américo dedicou muito de seu primeiro relato a temas cosmográficos. Apesar da aura de entendido e de uma evidente familiaridade com o aspecto do mar e do céu nas baixas latitudes do hemisfério sul, muito do que ele dizia não fazia o menor sentido.

Procurando ressaltar que sua passagem pela "zona tórrida" o levara para além do equador, afirmou que em determinado ponto o sol não projetava sombras em nenhuma direção, o que era praticamente impossível, salvo em circunstâncias extraordinárias. Américo afirmava que a expedição perdera de vista a estrela polar seis graus ao sul e que as duas últimas estrelas guardas mal se podiam ver — o que parece, na melhor das hipóteses, um exagero. Segundo Vespúcio, quarenta léguas ao sul da foz do Amazonas, a expedição se deparou com uma tremenda corrente adversa, mais violenta do que as que fecham o fluxo do estreito de Gibraltar ou que cruzam o estreito de Messina. Mas essa corrente não existe. Ele disse que a frota avançou seis graus além do equador, mas fixou o limite de sua navegação em 60 ½ graus ao sul da latitude de Cádiz, erro que só pode ser explicado como uma distração ou uma escorregadela de pena. Ele afirma que durante os meses de julho e agosto de 1499 a expedição estava no equador, ou a quatro ou seis graus deste, e que o dia e a noite tinham duração igual, o que evidentemente não podia ser o caso.

E, mais absurdo que tudo, afirmou ter navegado 5466 ²/₃ milhas a oeste de Cádiz. Era difícil manter um registro da distância percorrida em mar aberto. Navegadores experimentados o faziam calculando a velocidade do navio, baseando-se principalmente em sua longa prática. Eles lançavam um cabo pesado e cheio de nós na esteira do navio e observavam-lhe o movimento em relação a um ponto fixo ou a algum detrito flutuante. O método era tosco, mas rápido e bem à mão. Vespúcio, que não tinha nenhuma experiência relevante, era incapaz de usá-lo, mas tinha companheiros de bordo que o praticavam sem dificuldade. Enquanto isso, o navegador mediria o avanço do navio usando uma ampulheta que um grumete invertia, nem sempre de forma totalmente confiável. A velocidade multiplicada pelo tempo dava a distância percorrida pelo navio. Assim, não é de surpreender que, em viagens longas, as estimativas em geral variassem em até dez por cento quando dois ou mais navegadores mantinham diários de bordo. Mas nenhum piloto oficialmente habilitado, ainda que incompetente, jamais chegara a uma estimativa tão notoriamente exagerada quanto a de Vespúcio.

Não obstante, o fato de Vespúcio ter cometido tantos erros e demonstrado de forma tão clara sua falta de conhecimentos náuticos não deve nos levar a concluir ser impossível ele ter feito algumas observações valiosas ou mesmo uma importante descoberta científica. Afinal de contas, muitas vezes essas descobertas são feitas por amadores ou por leigos, sobre os quais não pesa o conhecimento já consagrado nem as restrições impostas pela cautela profissional.

Vespúcio fez suas afirmações mais ambiciosas sobre essa viagem não como navegador, mas como astrônomo. Suas reflexões mais sensacionais ele as fez quando contemplava as estrelas. Uma famosa passagem em sua carta para Lorenzo di Pierfrancesco relatava sua busca, no céu do hemisfério sul, de um equivalente sulino da Estrela Polar, uma estrela com tal grau de fixidez no firmamento que poderia servir de guia para um navio. Desconfio que Vespúcio foi instigado a essa busca por uma curiosa passagem de um relato de viagem do século XIV, conhecido como o *Livro* ou *Viagens*, do autor que chamava a si mesmo de Sir John Mandeville — um texto que, como veremos, muito raramente ausentava-se dos pensamentos de Vespúcio quando este fazia suas próprias viagens. "Você deve entender", disse o escritor, contando as aventuras que afirmava ter vivido no hemisfério sul,

> que nesta terra e em muitas outras cercanias não se pode ver a estrela chamada Polus Arcticus; ela se mantém sempre no norte, nunca se move e serve de guia aos marinheiros. Ela não é vista no sul. Mas existe outra estrela, chamada Antártida, situada diretamente no lado oposto da primeira; e os marinheiros se guiam por aquela estrela, da mesma forma que aqui se guiam pela Estrela Polar. Assim como sua estrela não pode ser vista aqui, nossa estrela não pode ser vista lá.[16]

As palavras de Vespúcio sobre esse tema merecem ser citadas extensamente, em parte porque, em sintonia com as expectativas despertadas por Mandeville, dão uma forte impressão de que ele adentrou o hemisfério sul, em parte por causa de outro modelo literário que elas invocam:

> Eu, no desejo de ser o primeiro a identificar a estrela do firmamento do outro polo, perdi muitas noites de sono contemplando o movimento das estrelas do outro polo, para observar qual a que menos se movia e qual a que se movia mais depressa no firmamento. E, independentemente das noites maldormidas e de quantos instrumentos usei — que eram o quadrante e o astrolábio —, não consegui identificar uma estrela que se movesse dentro de um círculo de dez graus

em torno do firmamento. Assim, não podia sentir-me satisfeito comigo mesmo sem afirmar que não havia estrela que pudesse ser chamada de Estrela Polar do sul, por causa do grande círculo que elas descreviam em torno do firmamento. E enquanto eu refletia sobre esse assunto, lembrei-me de um dito de nosso poeta Dante, que faz uma menção a ela no primeiro capítulo do Purgatório, quando ele se imagina deixando este hemisfério e encontrando-se no outro, e, querendo descrever o Polo Antártico, diz:

Voltei-me para a direita e minha mente pendeu
Para o outro polo, onde quatro estrelas fulgiam
Nunca dantes vistas, desde que o mundo foi criado.
O céu parecia exultar por força de seu fulgor.
Oh, pobre filho do setentrião, quão desolado
Te deves sentir, por desse esplendor estar privado.[17]

Parece-me que nesse passo o poeta deseja representar as quatro estrelas como constituindo o Polo Sul, e não duvido que o que ele afirma termine por se revelar verdadeiro, porque observei quatro estrelas, em forma de amêndoa, que pouco se moviam; e se Deus me der vida e saúde, espero logo voltar àquele hemisfério e não regressar enquanto não avistar o Polo.[18]

Como devemos interpretar essas palavras? Essa passagem tocava a imaginação de todos os que a liam. Foi reproduzida em todas as versões impressas, piratas ou autorizadas, das viagens de Vespúcio. É difícil acreditar que alguém que tenha ficado ao norte do equador pudesse ter escrito isso. Os primeiros gravuristas do relato de Vespúcio decoravam suas páginas com as estrelas. A descoberta foi logo reconhecida como um grande passo para a astronomia. Graças a ela, a tradição saudou Américo como o descobridor ou pelo menos o profeta anunciador do Cruzeiro do Sul.

Antes de avaliar suas afirmações, talvez seja conveniente passar em revista as provas de outra célebre realização dessa viagem: ter feito uma medição de longitude no mar. Também aqui, a influência de Ptolomeu e o fato de a educação de Vespúcio ter sido imbuída dessa tradição constituem aspectos contextuais de suma importância. Embora impraticável devido às limitações da tecnologia da época, o método proposto por Ptolomeu para mapear o mundo cobrindo-o com uma série de linhas cruzadas de latitude e longitude de há muito fascinava os geógrafos. Ainda antes de o texto de Ptolomeu poder ser encontrado em Florença, os eruditos tinham notícia desse método. Um cosmógrafo florentino do século XIII, trabalhando num mapa-múndi obviamente não confiável e especulativo, afirmou que Pequim se encontrava 165 graus e 58 minutos leste, 46 ½ graus norte.[19] Em princípio, seu método era razoável: cronometrava eclipses para determinar as longitudes relativas de lugares situados a distâncias mensuráveis de Florença e, partindo desses dados, fazia uma estimativa das distâncias mais remotas, baseando-se no espaço que ocupavam no mapa. Toscanelli ampliou o método, produzindo uma tábua de longitudes e latitudes estimadas, visando a contribuir para um novo mapa-múndi com base nos princípios de Ptolomeu.

    O método que Vespúcio usou para calcular a longitude (embora comumente se lhe atribua a invenção ou, pelo menos, a primazia do uso) era bastante conhecido na Antiguidade e na Idade Média, pelo menos em teoria. A coisa funcionava da seguinte maneira: é possível prever o momento em que dois corpos celestes haverão de se cruzar no espaço. Normalmente, observadores usam a Lua e um planeta, dado que podem ser observados a olho nu, e o movimento rápido da Lua no céu faz com que tais conjunções ocorram com certa frequência. Durante séculos, astrônomos divertiram-se elaborando tábuas com esse tipo de previsão. Vespúcio possuía cópias impressas de famosas séries de tábuas nesse molde, elaboradas em Nuremberg e Toledo. Ao registrar o momento em que observava a mesma conjunção em outro lugar, podia calcular a diferença de tempo entre esse lugar e Nuremberg e Toledo. E isso realmente lhe daria a longitude, uma vez que a diferença de tempo é diretamente proporcional à diferença de longitude.

Teoricamente, uma forma alternativa, que também podia servir de confirmação, era calcular a longitude medindo-se a diferença de graus entre a posição da Lua e a de outro corpo celeste em relação ao observador, em dado momento. Esse procedimento, que os astrônomos chamavam de "método da distância lunar", era na verdade impraticável com a tecnologia de que Vespúcio dispunha. Nenhum instrumento da época era potente e preciso o bastante para isso, e tampouco havia um instrumento que medisse o tempo com a exatidão necessária. De todo modo, Américo superestimou a velocidade do movimento da Lua no céu, de forma que nenhum dos cálculos que fez com base nas distâncias lunares podia resultar exato, exceto por um golpe de sorte. E, para piorar ainda mais as coisas, Américo parecia desconhecer a localização a partir da qual as tábuas foram elaboradas. No caso das de Nuremberg, ele às vezes supunha referirem-se a Ferrara, às vezes a Cádiz. Não é de estranhar, pois, que tenha escrito "no que diz respeito à longitude, afirmo que encontrei tais dificuldades em determiná-la, que o maior trabalho era saber ao certo a distância percorrida em termos de longitude".[20] Apesar de todos os obstáculos, alguns dos quais ele próprio reconhecia, Américo afirmava ser capaz de determinar a distância entre a Lua e Marte em dado momento.

O momento ocorreu em 23 de agosto de 1499. A época da conjunção, de acordo com as tábuas, era "meia-noite ou meia hora antes". Mas ele não podia observar a conjunção diretamente, uma vez que, na posição em que se encontrava, acontecia antes do pôr do sol. Portanto, ele mediu a distância entre a Lua e Marte quando estes surgiram no céu, depois tornou a medir à meia-noite, hora local. As medições se contradiziam, mas Américo não admitiu ter tido dificuldade em conciliá-las. Ele calculou — segundo disse, com base nessas observações — que a diferença de tempo entre sua posição e a do meridiano de suas tábuas, que naquela altura associou a Ferrara, era de cerca de cinco horas e meia. Sua conclusão, bastante estranha, foi de que havia viajado até aquele ponto situado 82 ½ graus a oeste de Cádiz. Ao que parece, porém, Cádiz não estava entre os lugares englobados por suas tábuas. Na realidade, situava-se cerca de vinte graus a oeste do meridiano das tábuas por ele utilizadas.

Considerando-se as tremendas incongruências de seus cálculos, que valor eles poderiam ter? O método que ele afirmava ter usado depende da exatidão da medição do tempo e da observação. Se ele estava a bordo de um navio — como o indica o contexto da passagem —, qualquer movimento perturbaria a medição do tempo e a observação do céu. Nenhum navegante que tentasse isso ou um método semelhante em pleno mar antes do desenvolvimento do telescópio teria a menor possibilidade de obter um resultado minimamente preciso. Mesmo em condições estáveis, em terra, o método mostrou-se incerto e enganoso, só se tornando praticável quando o século XVIII já ia bem avançado, época em que se dispunha de tábuas, instrumentos precisos de medição de tempo e telescópios. Para completar os perigos que tornavam vãos todos os esforços de Vespúcio, graves imprecisões, de responsabilidade de compiladores e impressores, distorciam as tábuas que ele usava.

Mas onde estaria Vespúcio no momento da conjunção? Que diferença havia entre a longitude em que ele realmente se encontrava e a que ele afirmava ter medido? Hojeda chegou à Hispaniola em 5 de setembro de 1499. Pelo que sabemos, e independentemente de quaisquer desvios em momentos anteriores da travessia, àquela altura Américo estava com ele; assim, por esse raciocínio, em 23 de agosto Américo ainda se encontrava na península Coquibacao, ou não muito longe dali, nas vizinhanças do cabo de la Vela — cerca de 62 graus, ou pouco menos, a oeste de Cádiz. Desse modo, seus cálculos de tempo padeciam de uma discrepância de cerca de uma hora e 45 minutos. Naturalmente, é possível que ele não estivesse na companhia de Hojeda por ocasião da polêmica observação. Mas mesmo que ele se encontrasse em algum outro ponto não determinado, dificilmente estaria muito mais a oeste. Ao contrário: dado que afirmou ter passado o mês de agosto a uma distância de quatro a seis graus do equador, ele estaria ainda mais próximo do meridiano de Cádiz, uma vez que a costa inclina-se para oeste à medida que se aproxima do equador. Para que as cifras de Vespúcio estivessem corretas, ele teria de estar em algum lugar Pacífico adentro.

Desenredada essa "cama de gato" de imprecisões e de erros, o leitor se sentirá aliviado ao saber que o mistério das cifras de Vespúcio é de fácil solução. Todas as suas afirmativas de ter lutado com a astronomia e a matemática da longitude são meros disparates — malabarismos de um escritor empenhado em deslumbrar seus leitores com dados científicos. A cifra de 82 ½ graus resulta não de observações ou cálculos: Vespúcio tomou-a de empréstimo a Colombo, que calculara — errando flagrantemente — a longitude da Hispaniola oriental, medindo o tempo de um eclipse lunar em 1494.[21] Os cálculos de Colombo eram terrivelmente imprecisos, mas pelo menos ele fez algumas observações para sustentá-los. Sem usar nenhuma medição feita por ele próprio, e talvez sem nem ao menos fazer alguma, Vespúcio roubou os cálculos de seu predecessor, supondo encontrar-se mais ou menos na mesma parte do mundo.[22] Assim sendo, o verdadeiro mistério não é saber como Vespúcio fez seus cálculos, mas por que as pessoas acreditaram nele. Em consequência de suas afirmativas, ele conquistou o status que buscava de mago renomado, transformando-se no mais solicitado observador de estrelas da Europa.

A tecnologia lhe conferia poderes — ou melhor, a forma como ele lidava com ela impressionava as pessoas que o observavam. Na época de Vespúcio, os quadrantes eram objetos grandes, toscos, desajeitados e ajustados de forma grosseira. Havia astrolábios precisos e refinados, mas não eram adequados para medir distâncias lunares. Eram projetados para ficar suspensos na vertical e medir o ângulo no qual os corpos celestes subtendiam acima do horizonte. Para usar um desses instrumentos para a finalidade pretendida por Américo seria necessário segurá-lo de lado, mantendo um ponto de vista constante. Mas os instrumentos que de fato usava não passavam de brinquedos de um prestidigitador, úteis, sem dúvida, para pasmar e tapear marujos e historiadores impressionáveis, mas sem nenhuma utilidade prática senão a mera exibição. Manejando seu quadrante e astrolábio, Vespúcio parecia antes um feiticeiro que um mago — um mágico de picadeiro que distrai seu público com aparelhos. Ele não tinha condições de fazer nenhuma medição de longitude, e suas observações românticas do céu meridional, embora importantes e originais, com certeza nada deviam a proezas no uso de instrumentos de observação do firmamento. Ele não era bem um fanático por tecnologia, mas antes um arremedo disso, perfeitamente familiarizado com *gadgets* que a maioria das pessoas não entendia. Vespúcio foi a primeira pessoa a afirmar ter feito uma medição pelo método da distância lunar, e sua pretensa tentativa antecipa-se alguns anos a quaisquer publicações teóricas — de que se tem notícia — sobre o método.[23] Para ser meritória, porém, uma afirmação tem de ser verdadeira.

Vespúcio era como um personagem de uma conhecida invenção literária da época: *A nau dos insensatos*. Em 1494, o famoso poema de Sebastian Brant com esse título representava a vida como uma viagem num navio cheio de loucos. Hieronymus Bosch pintou a cena mais ou menos à época em que Vespúcio se encontrava no mar. O primeiro relato de Colombo sobre sua travessia do Atlântico com certeza contribuiu para inspirar o poeta, que viu chegar à imprensa uma edição alemã da obra. Edições anteriores dos versos de Brant mostravam os loucos no frontispício, prestes a zarpar rumo à Narragônia, a Terra dos Loucos, a primeira distopia inspirada pelo Novo Mundo. Independentemente do que se pense sobre o nome América, talvez tenha sido uma sorte a sugestão de Brant não ter pegado.

Um dos passageiros do navio de Brant era um cosmógrafo. Uma gravura da edição original o mostra lutando para medir a Terra com um compasso, enquanto um demônio lhe sopra instruções ao ouvido.

Quem mede céus, mares e terra,
Buscando diversão ou conhecimento
Corre o risco de perder o entendimento.[24]

O louco de Brant tem muito em comum com Vespúcio:

Não julgo muito sábio
Aquele que busca, frenético,
Explorar todas as cidades e terras,
E toma o orbe na mão
Querendo saber com precisão
O tamanho da Terra,
Sua dimensão,
Quão profundos e extensos
Seus mares,
O que há nos confins da Terra,

> *E como se confinam as águas*
> *Nas partes mais remotas,*
> *Se um homem pode dar a volta ao mundo,*
> *Que homens vivem aqui, que homens vivem ali,*
> *Se sob nossos pés,*
> *E como conseguem prender-se ao chão,*
> *Sem despencar no ar,*
> *E como, traço a traço,*
> *Se pode dividir o mundo em dois*
> *Com régua e compasso.*[25]

Essa sátira poderia ter sido feita visando a Américo.

Não obstante, o fato de ter sido ele um navegante inepto no início de sua carreira de marinheiro não significa que fosse incapaz de progredir nessa arte. Sua primeira viagem foi uma oportunidade para capacitar-se. Na viagem seguinte, ele fez, em terra, uma estimativa notavelmente precisa da longitude, calculando que o arquipélago de Cabo Verde encontrava-se cerca de seis graus a oeste das Canárias, o que constitui uma medida bastante aproximada, se levamos em conta os meridianos que passam nos centros de ambos os arquipélagos.[26] E ele pouco a pouco conquistou uma fama exagerada, mas amplamente reconhecida, de competência nesse ofício. Pedro Mártir de Angleria considerava-o um marinheiro e astrônomo competente, além de autor ou inspirador de um mapa-múndi para além da linha de demarcação do Tratado de Tordesilhas. Depois de sua morte, Américo recebeu elogios semelhantes de especialistas que não tinham nenhum interesse em promover-lhe a fama. Giovanni Vespucci, seu parente e protegido, embora tenha se distanciado de seu mentor quando surgiu uma oportunidade, declarou ter visto muitas vezes seu tio medir latitudes. Afirmou também possuir diários de bordo coligidos por seu eminente predecessor. Sebastião Caboto, que não morria de amores por Vespúcio, jurava que Américo era "um homem bastante hábil na medição de latitudes".[27] Ambos os testemunhos foram registrados no curso da disputa entre Castela e Portugal sobre a linha de demarcação de Tordesilhas.

Assim, o comerciante que se fez marinheiro se tornou, ou pelo menos disso ganhou fama, um especialista em cosmografia e uma autoridade na ciência da navegação. Teria ele experimentado de fato essa mudança, ou a coisa não passaria do que atualmente chamaríamos de "maquiagem"? Com certeza ele demonstrou novas qualidades e abriu um novo horizonte em sua vida. A descrição de suas reflexões sobre longitude, feitas durante a segunda viagem, é bastante convincente:

> Longitude é um assunto mais difícil [que latitude], ao alcance de poucos, exceto daqueles que se mantêm atentos e observam as conjunções da Lua com os planetas. Por causa da dita longitude perdi muito sono e gastei dez anos de minha vida. Mas os considero muito bem empregados, porque aspiro a uma fama duradoura, se voltar são e salvo desta viagem. Espero que Deus não me julgue orgulhoso, porque todo o meu trabalho se destina ao seu santo serviço.[28]

As sementes de seu interesse por cosmografia foram plantadas, como vimos, em seu período de formação em Florença. A vida em Sevilha provavelmente deu foco a essas ambições. É bastante tentador — muitos historiadores caíram nessa tentação — apresentar romanticamente essas ambições como sonhos, como se Vespúcio fosse uma pré-encarnação de Humboldt ou de William Ernest Henley, que foram conduzidos a terras encantadas por suas leituras infantis. Ao que parece, a certa altura ele comprou um mapa. Isso pode parecer algo não muito extraordinário, mas, num período em que os mapas eram objetos raros e caros, aquele era um mapa excepcional. Ele custou 130 ducados: mais do que qualquer das valiosas pinturas que Lourenço, o Magnífico, tinha em seu quarto. Além disso, era um mapa do mar, elaborado em Maiorca — onde trabalhavam os melhores cartógrafos do fim da Idade Média — por Gabriel Vallseca, cuja contribuição conhecemos pelas muitas obras suas que chegaram até nós. E o mapa mostrava o Atlântico — não apenas as costas mediterrânea e atlântica da Europa, como o fazia a maioria dos mapas da época, mas o vasto oceano. Como todos os trabalhos de Vallseca, era uma tentativa de representar o mundo de forma realista: o equivalente cartográfico de uma pintura renascentista, com uma estética — quase se poderia dizer — realista. Ele incorporava informações sobre os últimos descobrimentos feitos à época por navegantes portugueses. O que inclui, por exemplo, a única prova remanescente de uma viagem, feita em 1427, na qual um piloto português demonstrou pela primeira vez a verdadeira relação espacial entre as ilhas do arquipélago dos Açores; trabalhos anteriores mostravam-nas dispostas num eixo norte-sul. Mais tarde o mapa ficou famoso quando George Sand derramou tinta sobre ele durante um inverno de idílio amoroso com Chopin em Maiorca. Mas não existe nenhuma indicação de quando Vespúcio o adquiriu. Na verdade, mesmo o fato de tê-lo comprado carece de uma prova segura: trata-se apenas de uma anotação feita num canto do mapa, em fins do século xv ou princípios do século seguinte, por uma mão anônima. A suposição de que Américo o comprou em Florença em sua juventude foi um boato criado por um cartógrafo do século xix.[29] Embora seja possível associar o mapa a Vespúcio, não se pode situá-lo na cronologia de sua carreira. Mas talvez ele tenha um lugar no contexto de sua crescente vocação para a vida no mar e de uma ambição exploratória cada vez maior.

MUDANÇA PARA PORTUGAL

Depois de vaguear para além do equador, a parte da frota em que Vespúcio estava voltou a juntar-se a Hojeda. A vagueza da cronologia dos relatos que chegaram até nós não nos permite nenhuma certeza. Mas as descrições de batalhas contra nativos, escritas por Vespúcio, assemelham-se a tal ponto às de Hojeda e de outros participantes, que nos é lícito supor que eles atuaram juntos. (Não há uma certeza absoluta quanto a isso, uma vez que Vespúcio pode ter baseado parte de seu relato não em suas próprias experiências, mas no relato de companheiros de bordo.) A preocupação de Hojeda, depois de fracassar em sua tentativa de estabelecer direitos de propriedade sobre as ostreiras ricas em pérolas, era reivindicar para si o mérito da descoberta da costa de Coquibacao, o trecho de costa que vai de cabo Cordero ao cabo La Vela. Em 1501, os monarcas lhe outorgaram o direito de explorar a área e lhe concederam o título de governador de Coquibacao. Como consequência da estadia prolongada, quando os navegantes se afastaram da costa os cascos de suas embarcações estavam cheios de teredos, o que os obrigou a buscar refúgio em Hispaniola.

Ao que parece, Vespúcio não ficou com Hojeda, que dedicou alguns meses, talvez seis, a fomentar o descontentamento nos entrepostos de Colombo, lutando ferozmente contra os comandados deste e fazendo expedições para escravizar nativos. De sua parte, Vespúcio voltou para casa e tratou de negociar as pérolas que tinham sido trocadas por ninharias com os nativos. Catorze delas — "que haveriam de agradar muitíssimo à rainha",[30] lhe renderiam mil ducados, segundo confessou mais tarde. Embora Vespúcio tenha conseguido algum lucro, nem todos os seus companheiros de bordo tiveram a mesma sorte. O custo do preparo da expedição foi baixo, mas, como se tratava de um empreendimento coletivo, os ganhos foram muito pequenos: a viagem rendeu quinhentos ducados, divididos entre todos os sobreviventes, ou — o que correspondia quase à mesma soma — 190 mil maravedis, na moeda então corrente em Castela. Essa estimativa é de Vespúcio, e parece condizer com os relatos parciais que chegaram até nós, provavelmente incompletos, que referem ganhos de pelo menos 120 mil maravedis.[31]

A soma não bastava para cobrir os custos da viagem. Assim sendo, seus promotores capturaram e escravizaram duzentos nativos para recuperar o investimento. Amontoados a bordo, 32 morreram na viagem de volta. Mas a perspectiva de maiores riquezas ainda os atraía na forma de mais pérolas, caso se pudesse arranjar um meio de explorar a ostreira, para não falar de outras pedras preciosas descritas vagamente por Vespúcio, muito brilhantes, mas talvez enganosas. O próprio Vespúcio não passou incólume, pois terminou a viagem padecendo de febres. Mas, escreve ele, "espero em Deus me recuperar cedo, pois elas não se prolongam muito, e eu não estou sentindo calafrios".[32]

No final do relato de sua primeira viagem, Vespúcio afirmava estar prestes a ser incumbido de uma nova missão, com três navios. E de fato sabemos que ele deixou a Espanha alguns meses depois, passando a trabalhar para os portugueses. Não havia nisso nada de desonroso. Os exploradores, assim como eruditos e artistas, iam aonde quer que encontrassem patrocínio. A explicação de Vespúcio era a de que atendia a um convite do rei de Portugal. Visto ser Vespúcio, tanto quanto sabemos, o único participante da viagem anterior a informar abertamente o descobrimento de terras na zona de navegação concedida a Portugal por meio de tratado, a afirmação não parece improvável. Além disso, o informe de Vespúcio sobre a existência dessas terras foi confirmado em maio de 1500, de forma independente, por navegantes portugueses, quando Pedro Álvares Cabral, a caminho de Calicute, na Índia, avançou demais no Atlântico Sul em busca dos ventos do oeste que lhe permitiriam contornar o Cabo das Tormentas. No caminho, ele tropeçou no Brasil.

Àquela altura, independentemente das atrações que Portugal oferecia, Castela tinha se tornado um porto problemático para Vespúcio. Em 1499 uma onda de xenofobia varria o reino. Colombo foi uma de suas vítimas, pois aquele ano seria o primeiro de sua desgraça — "fui acusado", disse ele, "de ser um estrangeiro pobre". Entre os outros perseguidos havia muitos dos genoveses radicados em Sevilha. Francesco da Rivarolo, ex-sócio de Américo, foi um dos que sofreram multas e confiscos de propriedades mais ou menos arbitrários.[33] Quando Vespúcio ainda se encontrava longe de Sevilha, em sua primeira viagem, os monarcas proibiram a participação posterior de estrangeiros na exploração do Atlântico. Proibiu-se aos estrangeiros a participação numa viagem prevista para agosto de 1500.[34] A crença de que o alvo dessas medidas era Vespúcio com certeza exagera sua importância. Ele era um mero espectador, arrastado por acontecimentos importantes demais para serem ocasionados por um indivíduo.

Naquelas circunstâncias, Portugal era um óbvio lugar de refúgio. A conexão florentina ajudou. A colônia em Lisboa era maior e mais influente que em Sevilha. Quando Vespúcio herdou os negócios de Berardi, Lorenzo di Pierfrancesco de Medici não era seu único cliente. Berardi representava também Bartolomeo Marchionni, o maior banqueiro florentino de Lisboa, que tivera um papel crucial no financiamento dos empreendimentos comerciais no oceano Índico.

Assim, em fins de 1500 ou logo no início de 1501, Vespúcio partiu para Lisboa. Não está claro, porém, a que título o rei de Portugal o tomou a seu serviço. Tampouco temos informações precisas sobre o objetivo, a natureza e a estrutura de comando da expedição que se iniciou em 1501. É razoável supor que o principal objetivo era completar os informes de Pedro Álvares Cabral sobre Vera Cruz, terra que agora se chama Brasil. Essa era a suposição da maioria dos cronistas portugueses que teve acesso a documentos agora perdidos. Além disso, um dos pilotos de Cabral deu testemunho de um encontro que teve em fins de maio de 1501, próximo ao arquipélago de Cabo Verde, com a frota que devia ser a de Vespúcio, "que fora explorar a nova terra, a mando de nosso rei de Portugal".[35] Em 4 de junho, o próprio Vespúcio deu notícia do mesmo encontro a Lorenzo di Pierfrancesco, anotando imediatamente a conclusão de que a terra que Cabral tocara no Novo Mundo era "a mesma que descobri para o rei de Castela, salvo que situada mais para o leste".[36]

Pois bem, este fato, ainda que nunca tenha sido notado, é o mais curioso: Vespúcio estava numa expedição destinada a fazer o reconhecimento da terra descoberta por Cabral, mas confiava as novas sobre Cabral a seu empregador como se se tratasse de grande novidade. Será que ele desconhecia o objetivo da expedição de que participava? Ou quem sabe teria uma razão profunda e inescrutável para alertar seu empregador sobre a descoberta, ao mesmo tempo que ocultava o atraso de seus informes? De todo modo, a conclusão de Vespúcio de que "sua" terra e a de Cabral eram a mesma estava correta, embora arriscada, visto que não lhe era possível saber se a costa era contínua entre o ponto no qual ele a havia deixado e o que Cabral tocara.

Naquele caso, Vespúcio não afirmou estar no comando. Ao contrário, aproveitou a oportunidade, em escritos posteriores, para acusar de incompetente o comandante, cujo nome ele não menciona. Em outro relato impresso da viagem, publicado sob o nome de Vespúcio, os editores inseriram um interlúdio dramático no qual a tripulação elegia Vespúcio para assumir o lugar do comandante. Isso só podia ser uma fantasia inspirada pelo notório desprezo que Américo sentia por seu superior. Tampouco Vespúcio se apresentou como navegante profissional. Ele viajava na condição de passageiro, da mesma forma que Da Mosto, em sua época, ou como representante de alguma firma comercial similar às dos banqueiros florentinos que atuavam em Lisboa, os quais provavelmente financiaram a viagem (ao que sabemos, a maioria dos empreendimentos portugueses desse período foi financiada por essas fontes). Dessa vez, porém, quando Vespúcio empunhou seu quadrante e seu astrolábio, o fez com um pouco mais de prática e, portanto, com resultados mais positivos.

Com base em outras fontes independentes, temos certeza de que a viagem aconteceu. Os navegantes retornaram — segundo a anotação do embaixador veneziano em Portugal — em 22 de julho de 1502. O embaixador reuniu grande número de detalhes em umas poucas linhas. "O capitão diz ter explorado mais de 2500 milhas da nova costa, sem chegar ao extremo desta, e as ditas caravelas chegaram carregadas de pau-brasil e cássia; eles não encontraram outras especiarias."[37] O pau-brasil era uma abundante fonte de tintura na floresta costeira. Cássia era um condimento de qualidade inferior, semelhante à canela: ao que parece, ela não vicejava na região visitada pela expedição. Quase se pode perceber o alívio sentido pelo embaixador ao informar que os portugueses não tinham encontrado nada melhor — a prosperidade de Veneza dependia do acesso privilegiado a mercados orientais de especiarias exóticas, comercializadas através do oceano Índico. Caso se tornassem mais acessíveis e mais baratas na costa ocidental do Atlântico, Veneza poderia perder negócios.

O mais que sabemos da travessia nos vem dos relatos do próprio Vespúcio e de cronistas — e, acreditam alguns eruditos, de cartógrafos — que parecem ter se baseado nas informações dele. Como sempre acontece com o material oriundo da mente de Vespúcio, é difícil distinguir fato de ficção. A primeira versão escrita por ele parece ser a mais confiável. Trata-se do relatório dirigido a Lorenzo di Pierfrancesco, "meu magnífico protetor", como ele diz. Ao contrário das versões posteriores, ela nunca foi impressa e traz poucos sinais de ter sido preparada para a imprensa. O manuscrito remanescente não apresenta nenhum sinal de interpolação nem de intervenções de ordem editorial, mas está cheio de pontos obscuros e de contradições. Temos de lhe dar a melhor interpretação que nos for possível.

A expedição seguiu a rota de Cabral, passando pelo arquipélago de Cabo Verde. A partir daí, foi uma longa travessia — 64 dias — numa rota oeste-sudoeste (*alla quarta di libeccio ver ponente*). A ser verdade, essa seria a travessia mais árdua de que se tem notícia no século XVI. Cabral levou apenas 28 dias. Pelos cálculos de Vespúcio, o desembarque se deu a oitocentas léguas das ilhas de Cabo Verde. É evidente que se trata de um dos exageros ilusórios de um explorador desejoso de crer que se aproximava da Ásia: seiscentas léguas, ou 2400 milhas, é o máximo que se pode imaginar.

Nenhuma tentativa de estabelecer o local do desembarque convence. O cabo de São Roque coincide mais ou menos com a latitude de cinco graus sul que figura numa versão posterior do relato de Vespúcio. Já se levantou a possibilidade de esse lugar ser a praia dos Marcos, próximo de Três Irmãos, no Rio Grande do Norte, considerando-se que os marcos que lá se encontram só podem ter sido erigidos pela expedição de Vespúcio, pois de outro modo não haveria como explicar a sua origem.[38] Alguns autores consideram a Ponta do Calcanhar, ali próximo, como o lugar descrito por Vespúcio. Como sempre, porém, sua descrição é muito vaga: o lugar tinha muitos habitantes e as "maravilhosas obras de Deus e da Natureza".[39]

Percorrendo a costa, a expedição prosseguiu e entrou, diz Vespúcio, na "zona tórrida" — afirmação desconcertante, visto que durante toda a sua travessia oceânica, segundo o mesmo relato, ele se encontrava na zona tórrida, situada entre os trópicos. Eles cruzaram o equador e o trópico de Capricórnio, explorando a costa até se encontrarem 32 graus sul, pelos cálculos de Vespúcio.[40] Para saber até onde os exploradores avançaram, podemos consultar os mapas. Mas eles são uma armadilha e uma ilusão. Restaram-nos, no máximo, cinco mapas do Novo Mundo que se supõe terem sido feitos entre o regresso de Vespúcio e a publicação, em 1504, de uma narrativa da viagem ficcionalizada que mergulhou leitores e estudiosos na maior confusão. Apenas um mapa data indiscutivelmente daquele período. Trata-se do belo mapa de Cantino, comprado em Lisboa em 19 de novembro de 1502 pelo embaixador do duque de Ferrara. Ainda que fosse possível datar todos os mapas com precisão, não se sabe ao certo se sua representação da costa do Novo Mundo baseava-se em fontes independentes. É possível que se tenham baseado, como muitos mapas posteriores, nos cálculos ou dados atribuídos ao próprio Vespúcio. O mapa de Cantino parece incluir o que, para o cartógrafo, era a mais atualizada informação sobre o Brasil. Ao que parece, porém, baseia-se inteiramente na viagem de Cabral.

Os outros mapas são inúteis para o nosso objetivo atual. Se é que realmente levam em conta as afirmações de Vespúcio, limitam-se a ilustrar o relato impresso de sua viagem e, assim sendo, não se pode dizer que as confirmem. À época em que foram feitos, pelo menos mais uma viagem de reconhecimento, de iniciativa dos portugueses, costeou o Brasil e ampliou seu conhecimento para além dos limites da expedição de Vespúcio. De todo modo, uma vez corrigida a distorção bastante sistemática, nenhum dos mapas situa o ponto meridional mais distante conhecido pelos navegantes, denominado "Cananor", muito abaixo dos 25 graus sul.[41] Uma explicação plausível para o problema da relação entre a viagem e os mapas é a de que o trabalho dos cartógrafos reflete o acesso a outro relato de viagens, talvez oficial, que mencionava alguns dos nomes de lugares tal como aparecem nas versões impressas do relato de Vespúcio mas era menos propenso ao exagero.[42]

Em mar aberto, os exploradores avançaram ainda mais na direção sul. Durante um total de nove meses e 27 dias, eles perderam de vista a Estrela Polar, a Ursa Maior e a Ursa Menor. Seguem-se os ditirâmbicos mas inúteis comentários de Vespúcio sobre a beleza, o brilho e a variedade de estrelas do céu meridional: "Em conclusão", afirmava ele, "fui à região dos antípodas, para que minha navegação cobrisse um quarto do mundo". A julgar pela explicação apresentada no *Mundus Novus*, ele parece querer dizer que a distância entre os pontos mais longínquos ao norte e ao sul representa um quarto da circunferência do globo terrestre. Lisboa, disse ele, fica cerca de quarenta graus norte, e a partir dali ele navegara cinquenta graus no rumo sul, o que dava um total de noventa graus.[43]

Aí estão as sementes de erros futuros. Quando Vespúcio afirmava ter descoberto uma quarta parte do mundo, na verdade queria dizer que suas viagens tinham coberto noventa graus da circunferência da Terra. Mas como três continentes — Europa, Ásia, África — eram conhecidos dos geógrafos da época, os quais os chamavam de "partes" do mundo, uma "quarta parte" significava, para eles, um quarto continente. Para Vespúcio, dizer ter descoberto um novo continente era uma afirmação de outra natureza. Como haveremos de ver, ao invocar os antípodas ele estava entrando num debate ainda mais enigmático e mais complexo. Os ardorosos esforços de Américo para calcular quanto da superfície da Terra ele percorrera são expressão de uma evidente e inocente forma de vaidade. Imagino que muitos leitores, assim como eu, quando visitam cidades desconhecidas divertem-se e congratulam-se consigo mesmos, dentro do mesmo espírito, traçando o caminho que percorrem em mapas de ruas.

Desconfio também que Vespúcio estava mais uma vez imitando, e talvez emulando, os feitos que Sir John Mandeville proclamava orgulhosamente ter realizado. Mandeville explicava que o mundo podia ser dividido em dois hemisférios. "Da parte norte, vi uma extensão de 62 graus e dez minutos, sob o Polo Ártico." Parece uma coisa impressionante, mas devemos levar em conta o caráter erradio de suas putativas medições: considerando-se seus cálculos, àquela altura de suas supostas viagens ele estaria ao sul da Bélgica.

> E da outra vi ao sul 33 graus e dezesseis minutos. Isso corresponderia a 95,5 graus. Portanto, só me faltavam 84,5 graus para ter visto todo o firmamento. Um quarto deste equivale a noventa graus. Assim, eu vi três partes e quase 5,5 graus mais.[44]

Não obstante, ainda que a tradição literária influenciasse Vespúcio a esse respeito, a afirmação de ter avançado cinquenta graus sul é, em si mesma, surpreendente. Se temos razão em rejeitar como um deslize sua extravagante afirmação de ter passado de sessenta graus sul numa viagem anterior, nenhum outro navegante foi tão longe até a viagem de Fernão de Magalhães, em 1520. Mesmo Mandeville — que também se arvorava em especialista no uso do astrolábio, embora tenha anotado apenas medições sem sentido — afirmava ter chegado a apenas 33 graus, e cabe desconfiar que Vespúcio pretendia superar o suposto recorde.

Quão confiável era a afirmativa de Vespúcio? Ele estava em mar aberto na ocasião em que fez a importante medição. Esse fato, que facilmente se deduz da primeira narrativa que fez de sua viagem, foi confirmado de forma explícita numa carta escrita posteriormente.[45] Ele não explicou como fez a medição. Talvez fosse uma extrapolação a partir da posição do Sol. Não pode ter sido outro erro de copista, visto que a tradição impressa, que se baseava em manuscritos agora perdidos, repete a afirmação; além disso, ela foi repetida também — na verdade, exagerada — por um consagrado geógrafo morávio radicado em Lisboa, conhecido entre os portugueses como Valentim Fernandes. Num depoimento de 1503 ou 1504, Fernandes mencionou uma frota portuguesa que encontrou e batizou numerosos habitantes ao longo de 760 léguas de costa na região descoberta por Cabral. "Finalmente, virando amplamente para o sul, alcançou 53 graus até a altura do Polo Antártico, e tendo encontrado um frio extremo no mar, regressou à pátria."[46] Um fato interessante e não notado é que, embora Vespúcio nunca tivesse afirmado ter batizado alguém em sua segunda viagem, essa afirmação está associada à sua primeira viagem, numa versão impressa ficcionalizada.[47] Assim, embora Valentim Fernandes pudesse ter dados incorretos, é evidente que teve acesso a certa informação, hoje perdida, gerada pelas viagens de Vespúcio.

A única explicação que faz sentido — embora tenhamos de convir que não muito — é a de que, tendo explorado parte da costa, a frota virou para sudoeste e rumou para os confins do Atlântico Sul. Parece ser uma atitude muito estranha, além de incompatível com o projeto de Vespúcio de achar uma rota ocidental para a Ásia. Não obstante, Vespúcio não estava no comando. E quem estava, fosse lá quem fosse, sabia que o lugar chamado de Cananor pelos cartógrafos era o limite de navegação permitida a Portugal. Pode ser que isso baste para explicar por que não explorou uma extensão maior da costa. Por outro lado, a decisão de avançar pelo Atlântico condizia com o interesse que tinham os portugueses de aproximar-se do oceano Índico.

Se, como afirma Vespúcio, eles perderam de vista a Ursa Maior, deviam estar a mais de 26 graus sul. Mas dificilmente a frota alcançaria cinquenta graus sul, e muito menos 53: ela se depararia com a zona tempestuosa entre quarenta e cinquenta graus de latitude sul. Quanto ao detalhe pitoresco sobre o frio, referido por Valentim Fernandes, ele só pode indicar que nessa questão de temperatura os marinheiros estavam hipersensíveis, ou então que um *tópos* literário estava em ação. Como veremos, Vespúcio devia saber ou imaginar, com base em suas leituras, que o extremo sul da Terra haveria de ser frio.

A julgar pelo relato que Vespúcio escreveu para Lorenzo di Pierfrancesco de Medici no fim da viagem, ele esperava continuar trabalhando para o rei de Portugal. Em vez disso, logo voltou para a Espanha, visivelmente indignado. Por quê? Um dos mitos mais estranhos sobre Américo é o de que era um explorador desinteressado. Em certo sentido, trata-se de um mito em que ele próprio acreditava, ou que, ao menos, professava. Evocando, quem sabe, o Ulisses de Dante, que "ardia de desejo de conhecer o mundo",[48] Vespúcio viajava simplesmente, como certa vez disse, "para ver o mundo".[49] Em sua segunda viagem ele afirmou: "Nós viajávamos para fazer descobrimentos, e não em busca de lucro".[50] Ele admitia ter sede de fama. Naturalmente, era mais que isso. Ele continuou sendo um vendedor, mesmo quando se tornou mago, e ávido por lucros, mesmo quando se tornou explorador. Vespúcio nunca perdeu de vista a esperança de recompensa ou a chance de obter lucros. Ele moralizava sobre a ânsia de "lucro, que é o que atualmente as pessoas tanto buscam, especialmente neste reino [Espanha] onde a avidez desenfreada reina absoluta",[51] mas a verdade é que ele continuou pragmático e metódico, sempre atento para não deixar passar sua grande oportunidade.

Piero Rondinelli, um antigo concorrente da firma de Berardi e Vespúcio, deixou registro de algumas das invencionices de Américo, que tanto revelam sobre ele, numa carta escrita em Sevilha em outubro de 1502. É o primeiro de uma série de documentos que revelam Vespúcio como sendo, em certo sentido, um típico explorador daquele período. Como Colombo, como os muitos aventureiros daquela época que andavam pelas cortes de Portugal e Espanha em busca de recompensas, Vespúcio era bastante dado a lamúrias e não tirava o olho dos ganhos de seus empreendimentos. Rondinelli engoliu sua história de homem desafortunado; posteriormente, Colombo referendaria uma história parecida. Vespúcio caíra em desgraça. Ele "enfrentou muitas dificuldades e recebeu poucas recompensas". Merecia sorte melhor. O rei de Portugal arrendara as terras que ele descobrira a judeus convertidos — esse era o termo, tal como "fascista" nos dias de hoje, ao qual se recorria para obter desaprovação. Os judeus só tinham de pagar um aluguel irrisório pelas terras que exploravam. Eles podiam usar escravos e "talvez encontrem alguma outra fonte de lucro".[52]

Alguns lamurientos submergem em seu próprio sentimento de fracasso. Vespúcio era de outro tipo: aquele cuja insatisfação faz com que procurem mudar. Isso, me parece, explica por que ele era um eterno candidato a mudanças de imagem, sempre tomando iniciativas profissionais intempestivas e arriscadas. Ao voltar para a Espanha, tomou mais uma. Antes de segui-lo até lá, precisamos de uma pausa para examinar sua carreira como publicista de si mesmo: ele a trilhou paralelamente a sua vida como explorador. Tanto quanto nos foi possível, vimos o que ele fez em suas viagens atlânticas. Mais interessante, talvez, do ponto de vista biográfico, era o que pensava estar fazendo: o que ele viu, como interpretou o que viu e o que lhe ia na mente. Esses são os assuntos de que devemos nos ocupar. Eles requerem, em primeiro lugar, um laborioso exame das fontes.

4. Os livros do encantador
Dentro da mente de Américo, 1500-4
Peripécias literárias

Fontes manipuladas atrapalham a história das explorações. Mais do que em qualquer outro tipo de história, o gênero depende de mapas e de narrativas autobiográficas: documentos que tendem especialmente à distorção, ao embuste e à fraude.

A estrutura do mercado de livros e de mapas favorece a proliferação de falsários modernos, que fizeram fortuna com hábeis falsificações. O mapa de Vinland, supostamente um testemunho do século xv sobre as travessias atlânticas feitas pelos nórdicos, enganou algumas das principais autoridades no assunto quando veio à luz. A Universidade Yale gastou uma fortuna, cujo valor não foi revelado, para adquiri-lo. Não obstante, parece incrível, em retrospecto, que alguém pudesse ser enganado pelo mapa ou que ainda haja quem acredite em sua autenticidade. Não se pode ter certeza sobre sua procedência, e seu formato é incompatível com qualquer produto cartográfico genuíno conhecido do período. O caso de Colombo gerou os truques mais espetaculares e descarados de todos os tempos, inclusive um diário de bordo que ele teria escrito em inglês. O documento apareceu de forma misteriosa e bem a tempo para que o vendedor faturasse um bom dinheiro no aniversário de quatrocentos anos da primeira viagem transatlântica de Colombo. O fato de ter como título "Meu diário de bordo secreto" não impediu que seu editor o publicasse em imitação de pergaminho e o encadernasse em imitação de couro de ovelha.[1] Um mapa de Hispaniola, supostamente feito pelo próprio Colombo e comprado pela duquesa de Alba mais ou menos à época do falso diário de bordo, desde então passou a figurar como ilustração na maioria dos livros sobre o almirante, ignorando-se tranquilamente o fato de que se tratava de uma falsificação. Já estava em circulação uma longa série de falsificações que se apresentavam como manuscritos do primeiro relato de Colombo sobre o Novo Mundo. Quando a Biblioteca Pública de Nova York recusou uma, o vendedor rasgou-a e jogou-a numa lata de lixo. Os fragmentos, retirados da lata de lixo e reconstituídos, tornaram-se uma curiosidade da coleção.[2] Vindo bem a calhar para o aniversário de quinhentos anos, o governo espanhol pagou a um livreiro de Barcelona 67 milhões de pesetas por um manuscrito até então desconhecido — supostamente uma cópia de uma coleção de documentos escritos pelo próprio Colombo. A procedência desse documento ainda não foi divulgada, e embora muitos estudiosos conceituados tenham se apressado em saudar a fonte supostamente nova, temos motivos bastantes para considerá-lo suspeito.

Em certo sentido, os modernos falsificadores seguem uma tradição respeitável. Os próprios exploradores, editores e tradutores da época sempre se mostraram notoriamente indiferentes aos fatos. Egoísmo, egocentrismo, autoengano e mentiras deslavadas infestam as narrativas dos exploradores, porque elas são autobiográficas, e a autobiografia é o tipo de arte mais apaixonado e envenenado. O exagero é o menor dos pecados comuns ao gênero.

Como dizia o dr. Johnson, só um idiota escreve por outro motivo que não dinheiro. A literatura de viagens sofre do vício de todos os escritos populares: se quiser vender, tem de ser sensacional. Dentro de cada escritor de viagens esconde-se um barão de Münchhausen, tentado a enganar e testar a credulidade de seus leitores. Os editores ficam à sua volta, como diabinhos do deus dinheiro, fazendo "melhoras" no texto. No fim da Idade Média e início da Idade Moderna, essas melhoras consistiam sempre em grandes distorções visando a tornar os livros mais vendáveis: o que hoje se chama "simplificar" — eliminar qualquer coisa por demais erudita —, acompanhado do "destacar": a inclusão de episódios imaginários ou plagiados para dar um molho a uma narrativa por demais inibida pela verdade.

AS SEREIAS NAS FONTES

A tradição consagrou a distorção. Os livros de viagens medievais praticamente se davam como incompletos se não incluíssem o que os leitores, escritores e editores chamavam de *mirabilia* — prodígios, monstros, encantamentos, povos e lugares fabulosos, aberrações do clima e da topografia. Isso se deu especialmente do século XII em diante: paradoxalmente, talvez, a revitalização da cultura clássica restabeleceu a fé em monstros, celebrados por escritores gregos e romanos, mas postos em dúvida por alguns autores cristãos de séculos anteriores. Plínio o Velho, o mais prolífico escritor antigo de história natural, ajudou a criar uma atmosfera que favorecia a fé na existência de monstruosos "simulacros da humanidade". "Quanto aos homens que vivem em terras longínquas de além-mar", dizia ele sensatamente,

> não tenho dúvida de que alguns fatos parecerão monstruosos e até incríveis a muitos. Porque quem poderia acreditar na existência de

pessoas negras antes de vê-las com os próprios olhos? Na verdade, existe alguma coisa que não pareça maravilhosa quando dela ouvimos falar pela primeira vez? Quantas coisas são consideradas impossíveis até serem consideradas como fatos?[3]

A essas sábias observações seguia-se uma longa lista de monstros, inclusive os arimaspos, cada um com seu olho na testa; os nasamões, todos hermafroditas; os megastenes, cujos pés com oito dedos eram virados para trás; os cinocéfalos, com cabeça de cachorro; os ciápodes, que tinham apenas um pé; os trogloditas, que não tinham "olhos nem pescoço sobre os ombros"; os coromandas, que latiam e eram peludos; os ástomos, que não tinham boca e alimentavam-se inalando; homens com cauda; homens que podiam enrodilhar-se em suas orelhas enormes. Plínio também endossava a crença em várias raças de gigantes e antropófagos, que mais tarde Vespúcio afirmaria ter visto com os próprios olhos. "A natureza", concluía Plínio, "com sua inventividade, criou todas essas maravilhas na raça humana, mais outras de natureza semelhante para lhe servirem de divertimento, embora nos pareçam miraculosas."

Maravilhas míticas se insinuaram em diários de bordo fictícios. Os leitores esperavam por elas e, portanto, as exigiam. Para estar à altura do encanto da ficção, os escritores e editores da literatura de viagens reais tinham de tomar de empréstimo algo desse tipo de material ou embelezar seu trabalho com invenções próprias. Entre os episódios míticos comuns em versões medievais da história de Alexandre, o Grande, estava a descoberta da Fonte da Juventude e do Paraíso Terrestre, encontros com grifos, amazonas e gente sem boca. Todos procuravam embelezar narrativas que, sem isso, seriam meramente factuais. Elas figuravam, por exemplo, como acréscimos fantasiosos, nas reminiscências de Marco Polo, um dos escritores de literatura de viagens mais bem-sucedidos comercialmente da época. Em linhas gerais, Marco Polo era veraz, mas os críticos o chamaram *Il milione*, o que talvez se pudesse traduzir como "Sr. Milhão" ou "o homem de um milhão de histórias", por causa dos exageros de que ele (ou seus editores) se valeu para dotar seu trabalho de mais atrativos. Mesmo as verdadeiras maravilhas da China pareciam incríveis aos leitores ocidentais, mas a maioria das versões de Marco Polo que chegaram até nós traz narrativas em que figuram homens com cabeça de cachorro, ilhas só com gente careca e ilhas habitadas apenas por homens ou por mulheres, que só se encontravam para procriar. Fábulas com romances de Alexandre apareciam vez por outra, junto com relatos que bem podiam ser factuais, no mais exitoso livro de viagens da Idade Média e um dos favoritos de Vespúcio: *Viagens de Sir John Mandeville*. A obra é tão cheia de histórias extravagantes, prodígios sensacionalistas, ironias, gracejos e truques retóricos, que a maioria dos críticos modernos supõe tratar-se completamente de ficção.

Em suma, os gêneros romance de cavalaria, livro de viagem e hagiografia se confundiam tanto que era difícil para os leitores distinguir fantasia de realidade. Os leitores viam como fantasias românticas diários de bordo autênticos e cometiam o erro de tomar trabalhos fictícios por relatos históricos. Sabemos disso porque esses diários inseriam passagens de ficção no que se supunha serem relatos precisos, a par com documentos fidedignos, e ocasionalmente reproduziam fábulas inteiras como se fossem narrativas de fatos reais. O mago inglês elisabetano John Dee considerou os romances do rei Artur, nos quais o legendário monarca conquistava a Rússia, a Groenlândia e a Lapônia, uma prova da existência de um antigo império marítimo inglês. Seu contemporâneo português António Galvão estava tão convicto da veracidade de um romance do século XIV sobre um navegador atlântico que o incluiu em sua história do império lusitano. Desde então, ele passou a figurar nas mais importantes obras de referência.[4]

O delírio e o autoengano também serviram de inspiração a autores de narrativas de viagens. A leitura e a fantasia distorcem as percepções de viajantes instruídos e inventivos. Eles veem coisas que na verdade estão apenas em sua imaginação e em sua memória. Colombo era um autodidata pouco cultivado em comparação com Vespúcio, mas ainda assim seus relatos eram cheios de artifício — o ardor de um adivinho, abrasado pela fantasia e por visões. Quando ele descrevia as terras que descobrira, catalogava árvores híbridas que nunca existiram em lugar nenhum e uma profusão de fauna e flora que dificilmente haveria no Éden. Ouviu pássaros canoros no meio do oceano e vislumbrou uma figura fantasmagórica, de vestido branco, esvoaçando entre as árvores de uma floresta cubana. Os historiadores ficaram loucos ao ler as narrativas de suas viagens como se se tratasse de diários de bordo autênticos que descreviam uma rota real, tentando estabelecer, com base nelas, onde o almirante fizera seu primeiro desembarque no Novo Mundo. Os escritos ficam mais inteligíveis se os consideramos uma espécie de poesia que não apresenta dados precisos.

Muitas das incompreensões que dificultam a interpretação dessas fontes derivam de três erros. Primeiro, é um erro distinguir história de literatura. A história é uma espécie de literatura; a literatura é uma fonte para a história. Segundo, uma vez que se comete o erro de separar história de literatura, completa-se o erro colocando as narrativas dos exploradores na primeira categoria. Elas normalmente se encaixam melhor na segunda. Por fim, é importante lembrar que os escritos marítimos vêm empapados de suas próprias tradições, nas quais o oceano é uma arena divina onde a fortuna muda com o vento, e as estrelas, segundo o conhecimento astrológico, são mensageiros divinos.

Não quero dizer que as reminiscências dos marinheiros sejam particularmente pouco confiáveis. A memória de todo mundo é um meio impuro. Sempre que lembramos ou rememoramos uma experiência real, o fogo das sinapses marca nosso cérebro com imagens oriundas da arte e das letras; o fluxo das proteínas se encharca de exageros e de erros externos.[5] E tendemos a fundir o que realmente aconteceu com o que lemos ou ouvimos. Isso aconteceu com Vespúcio. Quando ele relatava suas experiências, passava-as pelo filtro de suas leituras.

O BARALHADOR DE HISTÓRIAS

Distinguir fato de ficção, portanto, é um trabalho de crítica literária. Como um descobridor que se aventura — como o fez Vespúcio — em mares medonhos, tempestuosos e glaciais, temos de fazer uma incursão nas fontes. Os leitores que não tiverem estômago para essa etapa da viagem não precisam pular fora do barco. Podem simplesmente pular o capítulo. Mas eu os conclamo a manterem-se em guarda. Afinal de contas, cruzar um canal em meio a documentos é a única maneira de seguir em frente, e embora eu não possa tornar essa odisseia tão emocionante quanto as melhores aventuras marítimas, há furacões, sereias e rochedos espetaculares — em forma de falsificações, erros de interpretação, confusão histórica e preconceitos enganosos — em quantidade bastante para manter os passageiros atentos durante toda a viagem. Esse assunto é inseparável da questão de saber como era Vespúcio. Porque os recifes mais perigosos que deixou em sua esteira foram aqueles que foi espalhando para o erudito incauto, e os furacões mais apaixonantes e desconcertantes são os de seu próprio pensamento.

Quando lemos o relato de Vespúcio de suas estripulias, devemos ter em mente sua educação literária, seus conhecimentos e ideias. Ele se considerava um escritor, e a este cabia embelezar a arte com o artifício. Não se pode esperar dele a consciência de um historiador: a tradição à qual se filia valorizava mais a retórica que a informação. Quando, por exemplo, Vespúcio ou seu editor entrega-se lassivamente a contar casos em que nativos emprestam suas esposas a visitantes, devemos admitir sem relutância que um autor com sua origem e tipo de sensibilidade podia muito bem dar mostras desse tipo de grosseria. Esses textos seguiam uma convenção estabelecida por Marco Polo, que incendiou a imaginação de muitos leitores de sua época.[6] Marco Polo era uma espécie de Sherazade, cuja função, quando viveu na China, era coletar histórias divertidas sobre o império, para deleite do Grande Cã. Como veremos no próximo capítulo, as *Viagens de Sir John Mandeville* também parecem ter ecoado na mente de Vespúcio, principalmente quando ele encontrou povos em seu Novo Mundo.

Além da literatura de viagens, representada principalmente nas leituras que Vespúcio fez de Mandeville e Marco Polo, vale a pena examinar três tipos de literatura, em função da influência que podem ter tido: o romance de cavalaria, a hagiografia e a poesia. Embora, diferentemente de Colombo, Vespúcio não tenha feito nenhuma alusão clara ao romance de cavalaria ou à hagiografia, esses gêneros eram ubíquos em sua época. O melhor, pois, será observar atentamente cada um desses três tipos. É pela poesia, cuja influência foi a mais óbvia, que devemos começar, pois as obras de Petrarca e de Dante eram bem conhecidas de Vespúcio, que com frequência as citava e lhes fazia alusões.

De Dante procedem muitos dos *mirabilia* mencionados por Américo. Ou melhor, na tradição herdada por Vespúcio, Dante os transmitia tomando-os de modelos originários da Antiguidade. A certa altura de suas viagens, Américo falou de uma ilha de gigantes situada na costa do Brasil. Ao descrever gigantes, ele lembrava o mito de Anteu: desconfio que não apenas ou principalmente a história clássica de Anteu, o homicida compulsivo cuja força vinha da terra, mas a versão dantesca da história, em que o gigante, "da altura de um mastro de navio", vigiava o nono círculo do inferno e instava o narrador de Dante a descobrir um mar de gelo.[7] Assim, Vespúcio pode muito bem ter sentido o frio que lhe atribui Valentim Fernandes ao internar-se fundamente no hemisfério sul — mas quem sabe o sentisse mais na mente que no corpo.

A ilha das mulheres, de que Vespúcio também falou, era um tema bastante comum. Muito provavelmente a ideia provinha de um episódio da história de Jasão e o Velocino de Ouro. Quando os argonautas chegaram a Lemnos, notaram que as mulheres tinham matado os homens para vingar-se do adultério que estes haviam cometido com as mulheres de uma ilha vizinha. A história misturava-se com a das amazonas, que em geral não eram apresentadas como habitando ilhas na Antiguidade, mas assim o foram por Diodoro Sículo no século I a.C. A inferência de que devia haver também uma ilha só de homens, com os quais as amazonas se uniam periodicamente para procriar, remonta pelo menos ao geógrafo muçulmano Al-Idrisi, que desenvolveu o seu trabalho na Sicília no século XII. Da mesma forma que Colombo, Marco Polo afirmou ter ouvido falar dessas duas ilhas. Mandeville fez o mais pormenorizado relato disponível no mercado, classificando as amazonas como "nobres e sábias", não obstante, reconhecia ele, terem conquistado a independência matando seus maridos e abandonando ou matando os filhos para preservá-la. Com certeza havia uma intenção de humor negro nessa ironia misógina.[8] Quando Vespúcio mencionou a história, talvez tenha se lembrado de Pentesileia, a legendária rainha amazona com quem Dante se encontrou no *Purgatório* e que também serviu de modelo a Américo para a descrição das mulheres na ilha de gigantes.

Evidentemente, as versões dantescas do mito calaram fundo na mente de Vespúcio. Nenhum mito tinha maior importância para o explorador que o de Ulisses, o protótipo do navegante. O Ulisses de Dante era diferente dos outros. O poeta fê-lo dizer, por exemplo, que não havia nenhum povo para além das colunas de Hércules.[9] No mundo mental de Vespúcio, isso refletia ortodoxias geográficas antigas e convencionais que ele se orgulhava de ter ajudado a refutar. Para Vespúcio, porém, o Ulisses de Dante era uma figura muito mais rica, muito mais significativa e profundamente irônica. Como era frequente nas adaptações dantescas de personagens clássicos, seu Ulisses viajava mais do que indicava a tradição. Ele fez uma nova viagem, antecipando-se estranhamente às de Vespúcio, para além das colunas de Hércules, tomando o rumo sul e cruzando o equador. Sua ousadia provocou a ira divina. "Pois da terra desconhecida ergueu-se um redemoinho que fustigou a proa do navio."[10] Pouco antes de morrer ele vislumbrou o Paraíso Terrestre.

Ulisses morreu numa aventura semelhante à de Vespúcio, numa geografia imaginária que este trazia em sua mente. Américo nunca conseguiu livrar-se de sua influência, ainda que assim o quisesse. Ele continuou a ouvir ecos e a ver imagens de Dante e principalmente da narrativa da viagem de Ulisses sob o céu meridional, perlongando costas até então desconhecidas. Ao deixar Sevilha, ele estava revivendo os versos

> *de la man destra mi lasciai Sibilia,*
> *da l'altra già m'avea lasciata Setta,*
>
> *O frati! dissi, che per cento milia*
> *perigli siete giunti a l'occidente,*
> *a questa tanto piccola vigilia*
> *di nostri sensi ch'è del rimanente*
> *non vogliate negar l'esperienza,*
> *di retro al sol, del mondo senza gente.*

[a estibordo deixei Sevilha,
e do outro lado deslizava Ceuta,

"Ó irmãos", eu disse, "depois de cem mil
perigos, ao Ocidente haveis chegado,
a viagem da vida é breve.
Dos poucos sentidos que ainda nos restam,
não havereis de querer negar-lhes a experiência
de terras que do brilho do sol estão além
e não são habitadas por ninguém."]

Quando estava ao sul do equador, Vespúcio reviveu a visão de Ulisses, vislumbrando estrelas de "outro polo" enquanto o céu conhecido declinava no horizonte.[11] E o furacão que tragou e matou o Ulisses de Dante atingiu o herói quando ele já avistava o Paraíso Terrestre — a montanha para além do mundo conhecido, "que se ergue a uma altura inconcebível".

Petrarca, também citado por Vespúcio e lido por todos os toscanos instruídos, apreciou a ideia de Dante e transformou a metáfora da busca além das colunas de Hércules numa constante de sua própria vida. "Ulisses", declarou ele, "não viajou nem foi mais longe do que eu."[12] Para Petrarca, tratava-se de uma metáfora. Com orgulho, Vespúcio ecoava o mesmo sentimento, mas no sentido literal.

Petrarca era um viajante de gabinete. Seu trabalho, porém, saturava-se da água do mar. Sua vida — em suas palavras — era uma viagem. Naufrágios acontecem com frequência; há sempre a ameaça de afogamento, embora o poeta nunca chegue a afundar totalmente.[13] Quando Vespúcio cita o poema cruzado de Petrarca, "O aspettata in ciel", é exatamente o que se espera de Vespúcio, e mais. A frase que ele cita refere-se a armas de arremesso do povo bárbaro que Petrarca dizia viver no extremo leste do mundo habitado: *"colpi commette al vento"* — literalmente "confia seus golpes ao vento" —, referindo-se aos povos bárbaros. A frase encontra-se numa passagem que encerra todo um projeto para a carreira de Vespúcio:

> *ecco novellamente a la tua barca,*
> *ch'al cieco mondo ha già volte le spalle*
> *per gir al miglior porto,*
> *d'un vento occidental dolce conforto;*
> *lo qual per mezzo questa oscura valle,*
> *ove piangiamo il nostro et l'altrui torto,*
> *la condurrà de'lacci antichi sciolta,*
> *per drittissime calle,*
> *al verace oriente ov'ella è volta.*
>
> *Una parte del mondo è che si giace*
> *mai sempre in ghiacco et in gelate nevi*
> *tutta lontana dal camin del sole:*
> *là sotto i giorni nubilosi et brevi,*
> *nemica naturalmente di pace,*
> *nasce uma gente a cui il morir non dole.*
> *Questa se, piú devota che non sòle,*
> *col tedesco furor la spada cigne,*
> *turchi, arabi et caldei,*
> *con tutti quei che speran nelli dèi*
> *di qua dal mar che fa l'onde sanguigne,*
> *quanto sian da prezzar, conoscer déi:*
> *popolo ignudo paventoso et lento,*
> *che ferro mai non strigne,*
> *ma tutt'i colpi suoi commette al vento.*
>
> [vê que finalmente teu barco
> distanciou-se do mundo cego e duro

para ir a melhor porto
de um vento ocidental caminho certo;
o qual, atravessando esse vale escuro,
onde choramos os erros nossos e dos outros,
o levará, livre de antigos laços,
por caminho seguro,
ao vero oriente, destino desse vento.

Uma parte do mundo que sempre jaz
em meio aos gelos e à gelada neve,
do caminho do sol distante se faz;
e, sob o dia nebuloso e breve,
odiando a paz, nela vive
gente feroz a quem morrer não incomoda.
E se, com devoção não acostumada
e tedesco furor, brande a espada
a maometana gente
e a que é aos deuses obediente
deste lado do mar de cor vermelha
tu deves ver se acaso é excelente:
povo desnudo, temeroso e lento
que seus golpes confia sempre ao vento.]

A primeira dessas duas estrofes indica uma rota marítima para o Paraíso terrestre. A segunda, ao que se supõe, baseia-se em alguma fonte romântica sobre os lapões e os finlandeses: Tácito as incorporou a seu texto de tintas mitológicas sobre os povos nórdicos, ressaltando sua selvageria e inocência.[14] No século XI, Adão de Bremen, o autor medieval mais bem informado sobre a Escandinávia, fortaleceu o mito, enaltecendo as qualidades morais dos vigorosos nórdicos, que "desprezam o ouro e a prata, como se fossem estrume".[15] Fazia sentido Vespúcio esperar encontrar povos semelhantes em latitudes correspondentes no hemisfério sul. Ao afirmar que batizara nativos em uma de suas expedições, ele ou seus editores faziam eco ao projeto de Petrarca de converter tal povo ao cristianismo e recrutá-lo para cruzadas.

Petrarca dirigia-se ao Espírito Santo. A viagem que ele descreveu era flagrantemente metafórica. Mas as metáforas ecoam nas mentes e ressurgem como projetos. As viagens espirituais e as reais se elidem mutuamente. Toda viagem é uma oportunidade pelo menos para a autodescoberta, ainda que não resulte em nenhuma novidade geográfica. Em muitas mitologias, a alma é um barco ou é transportada por um barco para seu lugar de descanso. Mesmo uma mente como a de Vespúcio, que na idade adulta parece não ter preservado nenhum traço da piedade que seu tutor se empenhou em lhe incutir, era sensível à exaltação propiciada pela experiência do mar.

Naquela época, a biografia de santo mais marcada pela vida no mar era a *Navigatio Brandani*, obra hagiográfica que sobrevive numa série de versões a partir do século x e cujo primeiro modelo provavelmente remonta ao século vi. Ela conta a história das andanças marítimas de um grupo de monges em busca do Paraíso Terrestre, ou a "terra prometida dos santos".

Monges irlandeses chegavam a extremos incríveis nas jornadas penitenciais que impunham a si mesmos ou na busca de desertos onde pudessem imitar o isolamento de são João Batista ou as tentações de Cristo. Eles usavam embarcações construídas segundo o tradicional modelo dos *curraghs* pesqueiros irlandeses, feitos com material típico de uma sociedade pastoril: couro de boi estendido sobre armações leves e impermeabilizado com banha e manteiga, amarrado com tiras de couro. Eles levavam apenas uma vela quadrada para aproveitar o vento, pois viajavam num espírito de exílio penitencial e se encomendavam expressamente a Deus. Como Abraão, não se dirigiam a um destino por eles escolhido, mas a "uma terra que te mostrarei". Como pretendiam abandonar-se ao vento e às correntes, os monges tinham maiores chances de ir mais longe e descobrir mais que navegantes com propósitos mais definidos.

Naturalmente, eles estavam mais sujeitos ao fracasso ou a se perderem sem esperança de regressar. É incrível que aquelas embarcações pudessem resistir aos agitados mares do Atlântico norte. O infatigável explorador Tim Severin resolveu repetir a façanha reconstruindo-as na década de 1980 e, partindo da Irlanda, chegou à Terra Nova, no Canadá, sem maiores problemas.[16] No final das contas, parece possível que pelo menos algumas das primeiras habitações de adobe descobertas por arqueólogos na Groenlândia e na Terra Nova fossem obra de eremitas irlandeses. As tradições nórdica e irlandesa compartilhavam os métodos e os tipos de materiais de construção.

Não obstante, é evidente que a viagem de Brendan é uma lenda. Ela mistura tradições irlandesas da terra das fadas com lugares comuns da literatura ascética cristã. Brendan encontra-se com Judas no lugar de seu tormento; ele desembarca numa baleia, que toma por uma ilha; depara-se com colunas de fogo, nuvens e gelo; expulsa demônios, escapa de monstros, conversa com anjos caídos em forma de pássaro e, galgando etapas penitenciais, chega ao estado de graça no qual o Paraíso terrestre lhe é revelado. Alguns detalhes revelam a imaginação do escritor: uma ilha com ovelhas mais gordas que bois sugere uma fantasia monástica da terça-feira gorda. Ao mesmo tempo, porém, a *Navegatio* descreve o mar em termos que revelam a influência de relatos reais, resultantes da experiência direta. O descobrimento de uma ilha habitada por um eremita solitário é um acontecimento que bem podia se verificar nas peregrinações dos monges irlandeses. No texto encontra-se uma descrição tolerável de um *iceberg*.

Brendan inspirou diretamente outros viajantes posteriores que, partindo da Europa, se lançaram ao Atlântico. A ilha de S. Brendan figurava em muitos mapas e atlas dos séculos XIV e XV. Navegantes de Bristol, de cujas atividades falaremos no próximo capítulo, empenharam-se em procurá-la na década de 1480. Colombo fez referência à lenda em sua última viagem transatlântica.[17] A nebulosidade do Atlântico, que muitas vezes dá aos navegantes a impressão de estarem chegando a terra, reforçou o mito. No século XVI, publicou-se uma crônica da conquista da ilha, baseada, talvez com intenção satírica, em narrativas autênticas de conquistadores.[18]

Não sei de nenhuma prova de que Vespúcio conhecia a lenda. O mais próximo que temos disso é a menção a um texto atribuído a ele, mas de autenticidade duvidosa, indicando que as ilhas Canárias outrora se chamavam Ilhas dos Bem-aventurados. Isso pode ter tido origem em alguns dos mapas que sofreram a influência dos topônimos do *Navegatio*, muito frequentes na Baixa Idade Média. Mas Brendan era tão popular que seria surpreendente se Vespúcio desconhecesse sua história. A história de santo Eustáquio, seu equivalente mediterrâneo, era bastante conhecida graças à arte religiosa e aos muitos relatos escritos. A *Lenda dourada*, o mais popular compêndio hagiográfico da Idade Média, tornou-a conhecida universalmente. Entre os padecimentos do santo contava-se uma fuga de perseguição por via marítima, naufrágios, tempestades, encontros com piratas e ladrões de todos os tipos que o mar possa produzir, separação traumática da família e uma série de calamidades. A família se reuniria bem a tempo para a experiência do martírio. A lenda banhava-se em retórica cavaleiresca, visto que Eustáquio era um cavaleiro de impecável nobreza, tanto de sangue quanto de alma, e, portanto, um excelente modelo para os exploradores; o *Libro del caballero Zifar*, versão popular da história, reconta-a na forma de um romance de cavalaria inteiramente laico.

Vespúcio era menos dado a fantasias cavaleirescas que Colombo, cuja aspiração à ascensão social era diferente da fama e da honra buscadas por Vespúcio. Uma maneira de caracterizar essa diferença seria dizer que a cavalaria era um valor medieval, enquanto a fama e a honra eram próprias do Renascimento. O que seria uma simplificação exagerada, porque a cavalaria continuou influente nos tempos modernos, ao passo que a fama e a honra, de uma forma ou de outra, parecem ter sido finalidades quase universais, presentes em todas as culturas com um modelo aristocrático socialmente influente. Ainda assim, seria provavelmente correto dizer que a linguagem da fama e da honra aos poucos substituiu a do amor e da guerra nas descrições que de si mesmos fazem os aristocratas do Ocidente moderno. E Vespúcio ilustra essa tendência: se o compreendi bem, totalmente à vontade com o léxico da fama, ele nunca se baseou diretamente na literatura cavaleiresca.

Não obstante, dificilmente ele poderia furtar-se à sua influência. Em sua época, ela estava em toda parte, e muitos dos feitos cavaleirescos ousados tinham como cenário o mar. O poeta português Gil Vicente, contemporâneo mais jovem de Vespúcio, podia, sem incorrer em incongruência, comparar uma mulher encantadora com um navio ou um cavalo de batalha: as comparações visavam a enaltecer. Devemos imaginar o navio todo embandeirado e pronto para zarpar, e o cavalo ricamente ajaezado.

Marinheiro, me diz
Se navio, vela ou estrela
Podem ser tão belos!
Dize, soldado,
Se cavalo, armas ou guerra
Podem ser tão belos!

A associação de navios com cavalaria era inescapavelmente forte, como se as ondas existissem para ser cavalgadas como ginetes, e navios de guerra se sacudissem e corcoveassem como cavalos de batalha. Entre as histórias típicas da ficção cavaleiresca havia as de heróis predestinados que, frustrados pelos reveses da vida, faziam-se ao mar, descobriam ilhas, expulsavam os monstros, os gigantes e os selvagens que lá encontravam, cortejavam princesas e terminavam se tornando reis. Os heróis marinhos da vida real se pautavam por essa trajetória empolgante. Os rufiões que serviam o príncipe Henrique, chamado de o Navegador, e que exploraram o Atlântico africano ou suas ilhas da década de 1420 à de 1460, chamavam a si mesmos de cavaleiros e escudeiros e adotavam nomes novelescos como Lancelote e Tristão. O conde Pero Nino foi um dos mais celebrados comandantes navais castelhanos do século xv; seu escudeiro escreveu-lhe a biografia em estilo de romance de cavalaria. Colombo imaginava-se como um "capitão de cavaleiros e conquistas" e emulava em sua própria vida os heróis da ficção. A história de um rebento da família Peraza de Sevilha, que conquistou a minúscula ilha de Gomera aos seus habitantes aborígines numa guerra reles e sórdida em meados do século xv, inspirou aos poetas versos como estes:

Chorem, senhoras, chorem, se Deus lhes conceder a graça,
Por Guillén Peraza, que deixou naquele lugar
A flor, agora murcha, que lhe iluminava a face.
Guillén Peraza, Guillén Peraza,
Onde teu escudo, onde tua lança?
Tudo aniquilado
Por fatal desgraça.[19]

Todas as convenções do gênero aparecem nessas linhas: a invocação das senhoras, os sentimentos românticos, o equipamento do combate cavaleiresco, o apelo à fortuna. Nas palavras de Luciano Formisano, os mesmos "mecanismos ficcionais das invencionices de um aventureiro" contaminavam os escritos de Vespúcio.[20]

O PROBLEMA DA AUTENTICIDADE

O autor não era a única parte com interesses financeiros na divulgação das experiências de um explorador. À época das viagens de Vespúcio, as aventuras de Colombo já tinham causado sensação e despertado o apetite do público para mais do mesmo. Editores ansiavam por manuscritos. Propagandistas precipitavam-se a imprimir, ansiosos por conseguir, em nome de seus protetores ou nações, uma cota-parte nos possíveis ganhos com a exploração. O primeiro documento a anunciar ao mundo os descobrimentos de Colombo foi um pastiche, supostamente escrito por ele próprio, estreitamente relacionado com os materiais que ele produzira, mas processado com alterações por servidores da Coroa de Castela.[21] As intervenções sofridas pelos textos são de tal ordem que às vezes é difícil distinguir a voz original da do editor.

Muito da literatura de viagem do século XVI reportava-se a viagens totalmente fictícias. Às vezes elas eram explícita e candidamente ficcionais, ou com intenção satírica não disfarçada, mas às vezes vinham mascaradas enganosamente como relatos autênticos de descobrimentos: de novas ilhas Canárias, por exemplo, de Eldorados, terras de amazonas, fontes da juventude e estreitos que conduziam a passagens árticas. Algumas enganaram exploradores autênticos, que dissiparam vidas e fortunas tentando seguir suas rotas. Exemplos similares dessa tradição prolongaram-se ao longo de séculos. O capitão Cook ficou indignado com a maquiagem sofrida por seus relatos de viagens quando o manuscrito estava a caminho da imprensa. O início da penetração da Nova Guiné no final do século xix inspirou extraordinários Münchhausens da vida real. Mesmo nos dias de hoje, de poucos autores de livros de viagens pode-se dizer, em sua honra, que escrevem a verdade sem adornos. A inverdade era inerente à vida do explorador. Não quero dizer que os exploradores mentissem necessariamente — embora, segundo creio, Colombo e Vespúcio fossem intrínseca e patologicamente mendazes. Falsidades que terminam por nos convencer e nas quais passamos a acreditar genuinamente não constituem propriamente mentiras quando as transmitimos a outras pessoas.

Em certa medida, a consequência disso é que a carreira de Vespúcio gerou as narrativas mais problemáticas em toda a história desse gênero vicioso. Os historiadores as trataram como alguns teóricos tratam as Sagradas Escrituras: selecionando e considerando autênticos os trechos que corroboram suas teses, e rejeitando outras passagens como fraudulentas. Só podemos entender os documentos em questão se começarmos por aceitar que nenhum dos escritos de Vespúcio — da mesma forma que os de qualquer outro autor com seus próprios interesses, inclusive eu — é sagrado, puro e desinteressado. As distorções começaram logo que Vespúcio pôs a pena no papel pela primeira vez.

Algumas fontes de distorção são comuns aos escritos dos exploradores da época, e nesse sentido o caso de Colombo é bastante ilustrativo. Em seus escritos encontram-se distorções com objetivo promocional, motivadas pela necessidade de conseguir força de trabalho e apoio financeiro e político. Outros fatores de distorção deviam-se à bajulação e autopromoção, porque quase todos os que enfrentavam os riscos da vida de explorador o faziam em busca de status ou fama e fortuna. Parte do objetivo desses escritos era reclamar recompensas. Isso se aplicava especialmente ao caso dos que trabalhavam para as Coroas de Portugal e de Castela, cujos relatos eram também suas *probanzas* — suas declarações de mérito, com base nas quais o patrocínio real era concedido ou renovado, de forma similar às avaliações favoráveis que, nos dias de hoje, os executivos fazem de si mesmos para seus superiores. E, naturalmente, convenções literárias e retóricas conformavam as percepções de alguns autores que se defrontavam com descobertas totalmente novas, não porque fossem desonestos, mas porque estavam surpresos. Tanto Vespúcio quanto Colombo lutavam para compreender os mundos desconhecidos que contemplavam, e se socorriam da tradição. Finalmente, cada explorador tinha seus próprios objetivos e obsessões. Colombo preocupava-se em se apresentar como uma figura cavaleiresca, de nobreza natural, como um escolhido por Deus ou instrumento da Divina Providência. Os interesses de Vespúcio eram mais laicos, mais pragmáticos e mais modestos, mas não menos determinantes no momento em que elaborava seus escritos: ele procurava projetar-se como um mago em contato com as forças da natureza e não escondia seu desejo de alcançar uma fama duradoura.

Não é de estranhar, pois, que as distorções se ampliassem à medida que escrevia, da mesma forma que o apetite aumenta à medida que se come. Em linhas gerais, os relatos de viagens feitos por Vespúcio foram distanciando-se cada vez mais da realidade. Com isso não quero fazê-lo objeto de uma crítica especial, pois o mesmo se pode dizer de Colombo e, sem dúvida, de outros exploradores menos importantes. À medida que suas decepções se acumulavam, ele ia ficando cada vez mais exasperado e pouco convincente em suas reivindicações. Como o mundo o decepcionava, ele foi ficando cada vez mais absorvido em ilusões messiânicas e leituras cosmográficas de inspiração religiosa. Em certa medida, os escritos de Hernán Cortés seguem o mesmo padrão. Ele começou a conquista do México com uma mente friamente secular e terminou num estado de exaltação febril, sonhando em fundar no Novo Mundo uma Igreja de caráter apostólico, para reparar os males da cristandade do Velho Mundo.

Num aspecto-chave, os escritos de Vespúcio distinguem-se dos de Colombo e Cortés: ele escrevia pouco — ou pelo menos pouco chegou aos nossos dias — ao passo que Colombo era vítima de uma incontinência verbal que fatigava os correspondentes; por sua vez, Cortés tinha uma pena fluente e precisava fornecer ao seu rei e ao público relatos detalhados de seus feitos. Em comparação, o pouco que Vespúcio nos legou chega a ser frustrante. Os escritos que publicou em vida sofreram um flagrante processo de idealização — mas quem teria sido o responsável?

Há que se reconhecer que o próprio Vespúcio, ao permitir interpolações editoriais, contribuiu para a distância entre suas experiências reais e os relatos que escreveu. Ele ansiava pela fama e procurava alcançá-la deturpando os depoimentos. Ele me lembra a conhecida anedota sobre Winston Churchill: perguntado sobre se esperava que a história o julgasse favoravelmente, disse que sim, pois ele próprio pretendia escrevê-la. Numa carta manuscrita irrefutavelmente autêntica, Vespúcio confessou sua intenção de escrever sobre suas aventuras para publicação: "todas as coisas notáveis que me aconteceram nessa viagem eu reuni num pequeno livro, porque, quando estiver com tempo livre, poderei me empenhar em deixar certa fama depois de minha morte".[22] Ele acrescentou que tinha dado a única cópia ao rei de Portugal. A obra, se é que existiu, não chegou até nós, mas o que Vespúcio disse dela revela claramente sua motivação. Era o tipo de motivação que deixa marcas.

Apenas seis relatos de suas viagens foram preservados, escritos de próprio punho ou sob seu nome. Isso dificulta a avaliação crítica de sua autenticidade, pois a margem para o estudo das imagens, por exemplo, do vocabulário ou dos vícios de estilo de Vespúcio é relativamente estreita. Ainda assim, é possível identificar um padrão claro de desenvolvimento, em três fases.

A PRIMEIRA FASE: MANUSCRITOS SOBRE AS VIAGENS

Dois dos relatos manuscritos de Vespúcio sobre suas navegações chegaram até nós, mais um breve sumário do que ele aprendera sobre uma expedição rival durante uma de suas viagens. Além disso, uma carta que recebeu o nome de Fragmento de Ridolfi, em homenagem àquele que a descobriu em 1937, escrita por Vespúcio para defender o que afirmou em seus relatos, confirma muitos pontos de seus textos. Todos os depoimentos foram escritos entre julho de 1500, a data que consta do primeiro, e o verão de 1502, quando, conforme indícios externos e interpretativos, o terceiro documento, sem data, teria sido escrito. Nenhum deles, tanto quanto sei, foi escrito de próprio punho por Vespúcio, mas por copistas que tinham um interesse legítimo — comercial ou diplomático — no material, sem nenhuma razão conhecida para querer modificá-lo, enfeitá-lo ou censurá-lo. O primeiro documento sobrevive em não menos que seis manuscritos idênticos, e o terceiro em duas cópias praticamente idênticas. A existência dessas cópias múltiplas indica que os textos derivam de uma fonte comum e constituem uma prova inquestionável de sua exatidão. Nenhum crítico ponderado atribuiria a outro que não Vespúcio a autoria do documento. Do exculpatório Fragmento de Ridolfi existe apenas uma cópia, tampouco também escrita pela mão de Vespúcio, mas, em grande medida, seu conteúdo e o dos outros textos da primeira fase corroboram-se mutuamente. Nenhum leitor terá motivos para duvidar da autoria de Vespúcio.

Nessa primeira fase da vida de Vespúcio como narrador de seus próprios feitos, existem muitas mostras da forma como a tradição e o preconceito natural de um autobiógrafo afastam o escritor do relato puramente factual. Isso deve ter ficado claro para o leitor do capítulo anterior, onde minha análise das rotas de Vespúcio se faz com base nesses escritos e onde se demonstram cabalmente as discrepâncias com as outras fontes, além das falhas de coesão interna. Voltaremos a esses manuscritos no próximo capítulo, para analisar os dados neles contidos, referentes às percepções de Vespúcio do Novo Mundo e de seus povos, com resultados igualmente confusos. Apesar das dificuldades que apresentam, esses documentos são o que os historiadores normalmente consideram como bom material de fonte primária. Muito de seus conteúdos pode ser verificado de forma independente pela comparação com outras fontes. Os relatos que eles contêm foram escritos em datas bem próximas às dos acontecimentos, e com propósitos que conhecemos ou podemos inferir com certa segurança. Acima de tudo, esses relatos pelo menos constituem uma perfeita mostra do que se passava na mente de Vespúcio, se não necessariamente em outra área de sua vida.

Com o Fragmento de Ridolfi, uma nova série de interesses se insinua na sequência. É a defesa de algumas afirmações de Vespúcio — quase todas elas contidas nos primeiros relatos que nos restaram — contra questionamentos, objeções e denúncias de leitores não identificados. Também aqui, a comparação com Colombo é irresistível. Em vez de ser regularmente festejado por seus descobrimentos, o explorador se viu alvo de suspeitas, desacreditado e até vilipendiado por críticos céticos. A isso Vespúcio reagiu, da mesma forma que Colombo, com uma indignação que beirava a paranoia.

A carta não contém nenhuma pista para a identificação do destinatário, mas o contexto é óbvio. O correspondente de Vespúcio reuniu objeções de muitos leitores diferentes, de modo que ele devia pertencer a algum círculo. Os questionamentos, nem sempre sensatos ou razoáveis, são, não obstante, doutos, o que significa que o círculo devia reunir sábios. Os conhecimentos que estavam em jogo eram, em linhas gerais, humanísticos, e os questionamentos baseavam-se em Ptolomeu e Aristóteles. A situação me lembra o intercâmbio comum, nos círculos acadêmicos atuais, entre autores e consultores de editoras, de quem se espera um parecer sobre um original, e que, quando os comentários úteis se esgotam ou escasseiam, às vezes são levados a justificar seus honorários amealhando, como se desesperados, objeções e questionamentos de validade incerta. Infelizmente, à época de Vespúcio os editores não eram tão meticulosos, e não se pode concluir que o Fragmento de Ridolfi demonstre a existência de uma obra impressa.

As respostas de Vespúcio tinham o tom insolente e magoado tão comum em disputas acadêmicas, com boa dose de retórica combativa, inclusive sarcasmo e a intenção de fazer rir. Assim sendo, o correspondente podia ser conhecido de Vespúcio o bastante para que este adotasse esse tom burlesco. Vespúcio nem sequer tenta se fingir paciente. Ele tinha confiança na boa vontade e na compreensão de seu correspondente. A carta é em toscano, portanto deve ter sido enviada para a Itália, provavelmente para Florença. Vespúcio podia ter escrito em latim ou castelhano, e provavelmente em português, se assim o desejasse, a depender de seus destinatários. Em suma, embora não saibamos a identidade do correspondente, podemos definir o seu perfil com certa margem de segurança. Ele era um humanista florentino culto e bem relacionado.

Subjacentes às críticas acadêmicas havia dúvidas quanto à viabilidade comercial do empreendimento em que Vespúcio se lançara. No fim de sua segunda viagem, o projeto de Vespúcio, como o de Colombo, a que tanto se assemelhava, dava evidentes mostras de que estava fracassando. Ao iniciar sua segunda viagem, Vespúcio se encontrou com navios da frota de Cabral que estavam de regresso. Pouco depois de ter voltado, ele se deparou — de seu ponto de vista — com notícias ainda piores. Sua expedição voltou de mãos abanando, de forma tão lamentável que ele se sentiu obrigado a negar qualquer motivação de lucro e a enfatizar os objetivos científicos de seu trabalho. João da Nova, por sua vez, depois de viajar para o Oriente seguindo a rota portuguesa já consolidada, regressara com uma fortuna. Os investidores de Lisboa apressaram-se em colocar dinheiro em expedições similares, enquanto Vespúcio, desesperadamente, defendia uma empresa aparentemente condenada ao fracasso. Parecia que, não pela primeira vez em sua vida, ele fizera a opção errada. Nesse caso, se propusera a buscar a Ásia na direção errada. Sua impaciência aflorava ao refutar, uma a uma, a objeções de seus críticos.

Em primeiro lugar, os incrédulos questionavam se ele tinha percorrido realmente um quarto do globo. Em resposta, Vespúcio reconheceu que de fato estava no mar quando fez a medição de latitude de sua posição meridional mais distante, sendo o resultado, portanto, sujeito a erros devido ao movimento do navio. Mas ele insistia que sua posição era 1600 léguas ao sul de Lisboa, em linha reta. Se o mundo tinha 24 mil milhas de circunferência, a distância percorrida corresponderia a um quarto do mundo. Como ele normalmente trabalhava com uma légua correspondente a quatro milhas, o cálculo parece muito extravagante. A obscura passagem sobre os antípodas motivou questionamentos nas mentes dos leitores,[23] como era de esperar, o que talvez explique por que Vespúcio posteriormente deu mais detalhes sobre o assunto e tentou ilustrá-lo com um diagrama (o qual, porém, nada esclarece, pois o ponto de vista de Vespúcio sobre o assunto era literalmente absurdo). Alguns questionamentos sobre problemas cosmológicos apenas despertaram a impaciência de Vespúcio. Não tinha sentido, esbravejou ele, questionar se tinha cruzado o trópico de Capricórnio: isto estava bastante claro no texto. Já estava mais do que explicada a razão pela qual as estações no hemisfério sul eram o inverso das do hemisfério norte.

Aos leitores que questionaram sua capacidade de determinar a longitude, ele respondeu de forma indignada. "E para refutar o que foi dito pelos mal-intencionados, afirmo que me baseei nos eclipses e nas conjunções dos astros", contrapondo-os a tábuas publicadas e conhecidas. Ele chegara, acrescenta, a 150 graus oeste de Alexandria. Isso era novidade.

> E se alguma pessoa invejosa ou maldosa recusar-se a acreditar em mim, que venha até mim, e eu o afirmarei com autoridade e com testemunhas. E com isto basta, no que diz respeito à longitude. E se não fosse por me achar muito ocupado, eu lhe enviaria um demonstrativo de todas as minhas muitas observações de conjunções, mas não quero me deixar envolver em todas essas confusões [*tanta pasta*], pois me parece ser essa uma objeção de um intelectual de gabinete [*un dubio di literato*].[24]

Cabe observar que isso era ligeiramente diferente do que ele havia dito no relato de sua primeira viagem, quando afirmou ter calculado a longitude baseando-se nas distâncias lunares. Essa pretensão, como vimos, era absolutamente inexequível com os meios de que Vespúcio dispunha. Não obstante, ele podia pelo menos ter tentado usar eclipses e conjunções lunares e planetárias, embora sem a menor chance de sucesso, usando a tecnologia disponível em sua época. Outros tentaram fazer isso. Todos falharam clamorosamente.

Muitos céticos duvidaram da descrição que Vespúcio fez dos povos do Novo Mundo. Quase todas as objeções concentravam-se num único tema: Vespúcio não dera um relato realista, mas antes aplicara uma série de convenções literárias concebidas para apresentar os habitantes do novo continente como cidadãos de uma idade de ouro de idílica inocência, ou como selvagens superiores e inverossímeis — exemplo moral com que se censuravam implicitamente os vícios civilizados. Em grande medida, as acusações eram justificadas, mas serão examinadas mais detidamente no próximo capítulo, no contexto da forma como Vespúcio via os habitantes do Novo Mundo.

O Fragmento de Ridolfi ajusta-se perfeitamente com o que sabemos da vida de Vespúcio e de sua trajetória intelectual. Seu tom é mais exaltado que o de seus primeiros textos conhecidos, mas só um assunto se destaca por sua importância, que deriva do fato de que uma outra questão depende dele: quantas viagens Vespúcio afirma ter feito?

"É certo", diz ele nesta passagem relevante, "que naveguei ou participei de três viagens — as duas primeiras, através do mar oceano, na direção oeste, avançando sempre para o sul, com o vento nordeste, e a terceira na direção sul, através do Atlântico."[25] Espremendo o texto para tirar dele um sentido que dificilmente o autor tinha em mente, é possível dizer que Vespúcio aqui se refere a apenas duas viagens anteriores: aquelas narradas em seus manuscritos e confirmadas por outros testemunhos. Segundo essa interpretação, a "terceira" viagem "na direção sul" pode ser uma referência a um dos seguintes eventos: primeiro, pode se tratar da última etapa da segunda viagem, na qual Vespúcio afastou-se da costa e internou-se profundamente em mar aberto, rumando para o sul. Em outras passagens, porém, Vespúcio especifica que o rei de Castela o encarregara de ambas as viagens "na direção oeste", e nesse caso a "terceira viagem" pode ser aquela em que ele, afastando-se da frota de Hojeda, cruzara a embocadura do Amazonas e depois nele adentrara. Não obstante, o simples e óbvio sentido do texto é que ele fez — ou afirmava ter feito — três travessias atlânticas. Essa é a primeira vez, nos escritos que dele nos restaram, que ele faz essa afirmação. E trata-se de mais do que uma simples escorregadela da pena, de um momentâneo lapso de memória ou erro de copista: mais adiante, na mesma carta, ele torna a falar de duas viagens anteriores.[26]

Esse é um tema de importância crucial — nele se encontra a questão de saber se Vespúcio podia honestamente reclamar para si o mérito de descobrimentos. Se ele afirmava ter feito três viagens, estava mentindo ou, pelo menos, era responsável por uma afirmação que não podia ser comprovada por outras fontes. Se tal afirmação foi acrescentada em seu nome, sem sua autorização, em versões editadas de seu trabalho, ele se revela inocente da acusação de falsificar o depoimento — pelo menos quanto a esse ponto. O fato de a afirmação de ter feito três viagens figurar no Fragmento de Ridolfi, fonte que se supõe não ter sofrido intervenções editoriais, constitui uma forte prova *prima facie* contra Américo.

Tomados em seu conjunto, os escritos da primeira fase da carreira de Vespúcio estabelecem critérios pelos quais julgar a autenticidade dos trabalhos publicados em seu nome. Em seus escritos autênticos, Vespúcio enaltece a si mesmo; ele oscila entre a grandiloquência e uma atitude defensiva; os escritos são egocêntricos e menosprezam ou marginalizam outros indivíduos. Cheios de exageros e distorções, contêm ecos de autores que o precederam, principalmente Dante, Petraca, Ptolomeu, Mandeville, Marco Polo e Colombo. Eles nunca deixam de alardear as pretensões do autor como cosmógrafo e navegador. Em particular, todos contêm referências ao uso do quadrante e do astrolábio e a problemas de longitude. Todos escarneciam dos navegantes práticos ou primitivos que não usavam os instrumentos cuja arte Vespúcio jactava-se de dominar. E todos tendem a exaltar o conhecimento derivado da observação e da experimentação, em detrimento da autoridade dos livros, ao mesmo tempo que se mantêm presos e fiéis aos livros preferidos do autor. Assim, temos uma lista das características de Vespúcio enquanto autor, com base nas quais podemos abordar os trabalhos da segunda e da terceira fases: os trabalhos cuja autoria ainda não foi estabelecida. Sua autenticidade pode ser medida pela frequência com que apresenta os itens da lista. Com o mesmo método, é possível distinguir os trechos de autoria de Vespúcio das interpolações feitas por mãos alheias.

A SEGUNDA FASE: *MUNDUS NOVUS*

O fato de o Fragmento de Ridolfi conter a afirmação de Vespúcio de ter feito outra viagem não confirmada em nenhum outro documento tende a mudar nossa maneira de ver a obra que, dentro da série de escritos que se lhe atribuem, aparece cronologicamente depois: trata-se do panfleto conhecido como *Mundus Novus*, que faz a mesma afirmação. Esse trabalho de poucas páginas, mas de enorme impacto no mundo, teve inúmeras edições impressas no nome de Vespúcio a partir de 1504. Como é dirigido a Lorenzo di Pierfrancesco de Medici, só pode ter sido escrito antes da morte deste, em maio de 1503, a menos que o autor ignorasse a sua morte, o que seria improvável. A fama do trabalho deriva de seu nome, que sintetiza claramente o tema do autor: Vespúcio descobriu um novo mundo ao sul do equador, do qual não havia nenhum registro prévio.

Não pode haver dúvida de que *Mundus Novus* não é a obra defendida no Fragmento de Ridolfi. Não inclui todas as passagens citadas ou mencionadas, e em alguns aspectos não coincide com ele. Por exemplo, os críticos que escarneceram de Vespúcio por dizer que os habitantes do Novo Mundo eram brancos podiam ter em mente seu relato manuscrito da segunda viagem, mas não *Mundus Novus*, onde se diz que a pele deles "puxa para o vermelho".[27]

Na maior parte dos aspectos, *Mundus Novus* é uma obra tipicamente vespuciana. Ela soa como seus demais textos. Os temas, a linguagem, as obsessões, são as mesmas que se veem nos escritos comprovadamente seus. Suas impressões digitais estão por toda parte: a típica obsessão com a navegação celeste, a flagrante importância que atribui a si mesmo, a persistente polêmica contra o conhecimento tradicional, a que ele opõe o conhecimento derivado da observação nova e direta; quase todos os seus conteúdos coincidem com os de outro trabalho conhecido ou universalmente reconhecido como de autoria do próprio Vespúcio. Não obstante, por mais de três quartos de século (escrevo em 2006), o consenso acadêmico tem se oposto a ela de forma esmagadora, considerando-a um produto inautêntico ou fraudulento ou uma criação com escassa contribuição de Vespúcio. Em parte, isso se deve ao que poderíamos chamar de efeitos colaterais de outros notórios casos de fraude, entre eles uma flagrante invenção, atribuída a Vespúcio mas totalmente convincente, de que nos ocuparemos mais adiante. Afastados, porém, esses preconceitos, há principalmente três razões que se devem ponderar para rejeitar ou acautelar-se contra *Mundus Novus*.

Em primeiro lugar, trata-se de um trabalho impresso. Só por si, isso levanta a suspeita de ter sido manipulado por mãos editoriais antes da impressão, como o objetivo de torná-lo mais vendável. Cumpre assinalar que, embora com certeza isso seja verdadeiro e condizente com os procedimentos editoriais da época, não se exclui a possibilidade de que uma dessas mãos tenha sido do próprio Vespúcio. Está claro que o livro foi elaborado para a imprensa. O exórdio, dirigido a Lorenzo di Pierfrancesco, menciona um relato já oferecido pessoalmente a este e qualifica *Mundus Novus* como uma versão "sucinta". Assim sendo, era evidente que a edição não era para ser lida pelo destinatário. Era uma vulgarização dirigida a um grande público. Ela traz o costumeiro anúncio do editor sobre uma possível continuação. A maioria das inovações no texto (além dos simples erros, que nada indicam senão a pressa ou a condição humana do compilador) era de molde a torná-lo mais atraente para o mercado.

Em segundo lugar, o texto é em latim, ao passo que as outras narrativas de viagens de Vespúcio foram escritas em toscano. Isso torna difícil avaliar a autenticidade de *Mundus Novus*, porque dispomos apenas de dois outros textos breves em latim de sua autoria, ambos escritos em seu tempo de estudante. Portanto, não há nada que se possa comparar, nesse aspecto, com *Mundus Novus*. Mas o mero fato de ter sido publicado em latim não o torna inautêntico. Não há dúvida de que Vespúcio era capaz de escrever em latim, e era uma boa política compor em latim uma obra que visava a maior difusão e acesso ao mercado internacional. O latim de *Mundus Novus* não é erudito — isto é, não é o latim pedante e enfadonho dos estudiosos humanistas, que desprezavam tudo o que não remontasse à obra de Cícero.

De todo modo, o latim pode não ser o do próprio Vespúcio. Uma espécie de colofão no final do livro declara tratar-se de uma tradução. Isso não deve ser interpretado necessariamente de modo literal. Autores da época costumavam apresentar obras originais como traduções, para dissimular imperfeições, confundir os leitores e criar um distanciamento entre eles próprios e o público — de modo análogo ao efeito que a moderna teoria teatral chama *Verfremdung*. Na primeira edição latina, diz-se que *Mundus Novus* é uma tradução do italiano. Na primeira edição italiana, que se trata de uma tradução do espanhol. Em ambas, o tradutor é chamado de "jucundo", o que faz com que tudo pareça uma brincadeira da parte do autor, embora isso possa ser um jogo de palavras com o nome do verdadeiro tradutor, Jocundus ou algum outro semelhante. Na verdade, alguns dos primeiros leitores acharam que se tratava de uma referência ao arquiteto veronês Giovanni del Giocondo. Outro personagem chamado Giuliano del Bartolomeo del Giocondo, sobre o qual não há outros testemunhos, é mencionado num texto atribuído — erroneamente, quase com certeza — a Vespúcio. Pesquisas mais recentes apontam Giuliano del Giocondo, comerciante florentino, como o autor da tradução. Para citar a versão latina:

> O jucundo tradutor verteu esta carta do italiano para o latim, de modo que todos os que entendem latim possam compreender quantas coisas dignas de assombro se encontram em nossos dias e para combater a temeridade daqueles que presumem discernir os céus e sua majestade e saber mais do que é legítimo saber, quando, em todo o longo tempo que transcorreu desde o começo do mundo, a vastidão da Terra e das coisas que nela existem permaneceu desconhecida.

Obviamente, esse trecho é profundamente irônico. Por si só, o pressuposto da última afirmação é um exemplo da temeridade que o autor abjura. Seria arriscado tomar qualquer coisa do parágrafo ao pé da letra. Seria o mesmo que acreditar ser *O nome da rosa* uma obra medieval ou o dr. Watson o autor real das aventuras de Sherlock Holmes.

Finalmente, há a questão da terceira viagem. O folheto alude a "duas viagens que fiz para o rei de Castela". Tanto quanto sabemos, só houve uma viagem anterior, embora o Fragmento de Ridolfi já tivesse mencionado uma terceira. A referência à terceira viagem em *Mundus Novus* é mais clara que a do Fragmento de Ridolfi. Não admite nenhuma objeção. O autor afirma claramente, ao iniciar sua recapitulação dos fatos: "Essas foram as coisas mais notáveis que vi em minha última viagem, a que chamo de minha terceira expedição; pois houve duas outras expedições que, por ordem do sereníssimo rei da Espanha, eu fiz para o oeste".[28] A publicação seguinte em nome de Vespúcio daria mais detalhes sobre essa travessia, de outro modo desconhecida, afirmando que ele desembarcara no continente das Américas antes de Colombo. Assim, o autor de *Mundus Novus* era culpado de cumplicidade num notório caso de impostura. Nesse texto também se anuncia a perspectiva de uma quarta viagem, que nunca se realizou. Na publicação seguinte sobre os feitos de Vespúcio, ambas as supostas viagens são consideradas como fatos. Assim, do ponto de vista de seus admiradores, a principal razão para excluir a carta do *corpus* dos escritos de Vespúcio é eximi-lo da acusação de ter cometido uma fraude em benéfico próprio.

Não obstante, praticar fraudes em benefício próprio era uma característica de Vespúcio (e, na verdade, de forma ligeiramente diferente, também de Colombo). De todo modo, a referência a uma terceira viagem em *Mundus Novus* é mais uma mentirinha do que uma mentira com maiúscula. Visa ao engrandecimento do autor, mas sem prejudicar ninguém. Ela só assume dimensões perversas devido à elaboração posterior — pela qual, como espero demonstrar, Vespúcio não era responsável.

A carta segue de perto o manuscrito de Américo ao seu protetor. Afora uma passagem sobre teoria cosmográfica, que já analisamos aqui, e de alguns detalhes sem importância que mudam, os principais acréscimos têm a intenção óbvia de atender ao gosto dos moralistas, dos sensacionalistas e dos devassos — a mesma combinação que caracteriza a atração exercida pelos meios de comunicação de massa dos dias de hoje. Na versão original, Vespúcio afirma que a travessia atlântica durou 64 dias. *Mundus Novus* dá os pormenores:

> Mas o que sofremos naquela vasta extensão de mar, os perigos de naufrágio, os desconfortos físicos que suportamos, a inquietude de espírito que enfrentamos — isso eu deixo a juízo daqueles que, ainda que ignorantes, pela riqueza de sua experiência aprenderam o que é buscar o incerto e esforçar-se por fazer descobrimentos. E para que numa palavra eu consiga narrar tudo brevemente, saibam que em 67 [*sic*] dias de nossa travessia tivemos 44 dias de

chuva constante, relâmpagos e trovões — tão negros que de dia nunca vimos o sol nem de noite o céu estrelado. Por causa disso, ficamos presa de tal medo que perdemos quase toda a esperança de sobreviver. Mas durante essas violentas tempestades do mar e do céu, tão numerosas e tão violentas, o Todo-Poderoso se comprouve em estender diante de nós um continente, novas terras e um mundo desconhecido. À vista dessas coisas, enchemo-nos daquela alegria que sentem os que encontram refúgio contra calamidades várias e contra uma fortuna hostil.[29]

A versão impressa também acrescenta muito palavrório presunçoso; Vespúcio nunca primou pela contenção, mas a prensa parece ter obliterado toda modéstia:

[...] se meus companheiros não tivessem me atendido, a mim que tinha conhecimentos de cosmografia, não teria havido capitão no navio nem chefe em nossa expedição, a não ser eu mesmo, que soubesse onde nos encontrávamos depois de percorridas quinhentas léguas. Porque estávamos vagando incertos, e só os instrumentos para medir as altitudes dos corpos celestes mostravam-nos nosso verdadeiro curso com precisão; e os instrumentos eram o quadrante e o astrolábio, que todos os homens vieram a conhecer. Por esse motivo, mais tarde eles me fizeram objeto de grande honra, pois eu lhes mostrara que, mesmo não tendo experiência prática, ao ensinar-lhes as cartas de navegação marítima eu me revelava mais hábil que todos os capitães de navio do mundo inteiro. Pois estes só tinham conhecimento das águas nas quais tinham navegado.[30]

Essas passagens captam a voz autêntica de Vespúcio: o autoelogio indisfarçado; o desprezo pelas práticas tradicionais de navegação; a insistência na superioridade da navegação com instrumentos; a evocação encantatória do quadrante e do astrolábio.

Assim, *Mundus Novus* é, em essência, obra de Vespúcio. Isso não quer dizer que não tenha havido intervenções editoriais. As mais evidentes são consideráveis interpolações sobre sexo. A passagem mais elaborada, visando a aumentar as vendas e insuflando reconfortantes horrores, vem em seguida à descrição da automutilação com fins estéticos praticada pelos nativos:

> Eles têm outro costume muito vergonhoso e absolutamente incrível para os humanos. Porque suas mulheres, muito lascivas, fazem com que as partes de seus maridos inchem até chegar a tal tamanho que parecem deformadas e repugnantes; e isso eles conseguem graças ao artifício de se fazerem picar por certos animais venenosos. Em consequência disso, muitos perdem seus órgãos, que se rompem por falta de cuidado, e eles ficam eunucos.[31]

Na carta original, Vespúcio limita seu relato das práticas sexuais indígenas a um discreto esboço, ressaltando a informalidade dos contatos sexuais e as frouxas normas que regiam o incesto. Em *Mundus Novus* essas práticas se tornam questão de gosto e não de cultura, atribuídas aos luxuriosos apetites das mulheres, que, "quando tinham oportunidade de copular com cristãos, levadas por excessiva luxúria, pervertiam-se e se prostituíam".[32]

Nenhum dos argumentos contra a autenticidade de *Mundus Novus* é convincente. Não é uma obra veraz, e contém interpolações feitas por outras mãos, como as do jucundo tradutor, talvez, ou outros membros da equipe editorial. Quando se afasta dos relatos manuscritos das viagens de Vespúcio, as mudanças parecem calculadas com um olho no mercado; não obstante, continua sendo, na obra de Vespúcio, um produto bem próximo da origem e bastante representativo do resto de sua obra autêntica. Nas palavras de Formisano, "não é pseudovespuciano, mas paravespuciano".[33]

A ÚLTIMA FASE: A *CARTA A SODERINI*

Formisano acha que o mesmo se pode dizer da chamada *Carta a Soderini*, o último e pretensamente mais completo relato das viagens atribuídas ao próprio Vespúcio. Mas trata-se de uma obra de natureza totalmente diferente. A primeira versão impressa — que deve datar de 1505 ou talvez de fins de 1504, quando a oficina de impressão passou a funcionar[34] — tem o título *Lettera di Amerigo Vespucci dell'isole nuovamente trovati in quattro suoi viaggi* (Carta de Américo Vespúcio relativa às ilhas recém-descobertas em quatro de suas viagens). Isso soa como uma flagrante tentativa de capitalizar a popularidade da obra de Colombo. O primeiro relato impresso da primeira viagem de Colombo, em sua edição mais bem-sucedida, tinha o título *A carta das ilhas que o rei da Espanha acaba de descobrir*. E Colombo, como é sabido de todos, fez quatro viagens transatlânticas.

A *Carta* atribuída a Vespúcio é implicitamente dirigida a Piero Soderini, chefe do Estado florentino à época da publicação. As primeiras duas viagens relatadas são, na verdade, diferentes versões de uma única viagem feita por Vespúcio, sob o comando de Hojeda. A terceira é a viagem de 1501-2 ao Brasil, sob o patrocínio lusitano. No final encontra-se um relato vago de uma quarta viagem, não registrada em outras fontes, e a narrativa de uma visita a Serra Leoa.

A *Carta a Soderini* é uma obra que indicaria ser Vespúcio — caso a autoria seja mesmo sua — um louco, um tratante, ou ambos. Aqui, a fantasia sobrepõe-se à realidade, e a narrativa de viagens toma o lugar do relato veraz. Para fazer justiça aos historiadores que insistem na autenticidade desse texto, cumpre dizer que nem todos os argumentos que se apresentam contra ele são irrefutáveis.[35]

Em primeiro lugar, alguns leitores surpreendem-se ao constatar que a carta é cheia de espanholismos e concluem que Vespúcio — com sua educação florentina e conhecimento de Dante e Petrarca — não poderia ter escrito naquele italiano tão impuro. Uma das mais fantasiosas suposições é a de que os espanholismos se devem à influência dos escritos de Colombo sobre os compiladores do texto.[36] Mas aí não há nenhum mistério. O texto foi traduzido do espanhol ou, desconfio, do português. Há grande número de termos e importações do português.[37] Como Américo admitiu ter passado ao rei de Portugal uma versão de seus feitos concebida para perpetuar a sua fama, não é de surpreender que fosse escrita em português. Seja como for, os espanholismos insinuavam-se no italiano de Vespúcio: havia bem poucos em seus primeiros relatos, escritos em 1500, muito mais no relato da segunda viagem, e muitíssimos no Fragmento de Ridolfi. Em outras palavras, quanto mais tempo ele passava longe de Florença, mais seu italiano sofria as influências das línguas das comunidades que o acolheram. Isso nada tem de surpreendente: como a *Carta a Soderini* obviamente foi escrita anos depois dos primeiros textos escritos em italiano, seria de surpreender se não tivesse sofrido nenhuma influência.

Em segundo lugar, as suspeitas quanto à autenticidade do texto têm a ver com o fato de que Vespúcio não poderia ter escrito uma coisa tão crua. É verdade que a veia sensacionalista — responsável, como vimos, pela introdução de numerosos elementos lascivos em *Mundus Novus* — continuou e intensificou-se na *Carta a Soderini*. Uma passagem repugnantemente escatológica pode servir de exemplo: "têm o corpo limpo e bem cuidado", diz o autor referindo-se aos nativos que conheceu, "porque estão sempre tomando banho". Até aí, nada de extraordinário. Mas segue-se imediatamente uma interpolação que tem um efeito dissonante:

Quando, com o perdão da palavra, aliviam os intestinos, eles fazem o possível para não serem vistos, e na mesma medida em que, quanto a isso, são limpos e recatados, mostram-se sujos e desavergonhados quando vertem água, tanto homens como mulheres. Porque, inclusive quando estão conversando conosco, deixam escorrer a imundície sem se voltarem nem mostrar vergonha, que nisso eles não têm nenhum recato.[38]

Há outras passagens não menos impactantes em diferentes aspectos e, portanto, igualmente pouco confiáveis. O autor acusa as aborígines de abortar deliberadamente seus filhos para vingar-se dos maridos que as aborrecem.[39] Elas matam os moribundos abandonando-os na floresta.[40] Interpolações desse tipo não invalidam necessariamente as pretensões de autenticidade de outras passagens. Tampouco a presença de erros e contradições. Isso nada nos diz sobre a identidade do compilador. Vespúcio não estava imune a erros, contradições ou sensacionalismo vulgar em seus documentos de autenticidade comprovada. Poucos escritores estão nessa condição, se é que os há.

Há outro argumento relacionado a uma afirmação que se repete na *Carta a Soderini*: a de que Vespúcio, antes de Colombo, merece o reconhecimento por aquilo que chamamos de descoberta da América. Segundo esse argumento, Vespúcio não teria sido admitido em Castela nem promovido — como mais tarde foi — ao posto de piloto-mor do reino, e tampouco honrado por Colombo e seus herdeiros, caso tivesse sido identificado como o autor de um trabalho tosco e pouco convincente que procurava subtrair a Colombo a glória de seus descobrimentos. Além disso, se os espanhóis tivessem levado a sério a afirmação de que Vespúcio precedera Colombo no continente do Novo Mundo, dificilmente a Coroa deixaria de tomar partido desse fato em seu longo litígio com os herdeiros do genovês.

É preciso podar esse argumento com a navalha de Occam. Para reforçá-lo, teríamos de supor que os espanhóis conheciam os trabalhos impressos sob o nome de Vespúcio, mas os desculpavam ou os ignoravam, sabendo que Vespúcio não era o verdadeiro autor. Como seria possível uma coisa dessas? Por que meios se teria difundido uma mensagem tão sutil? Como ninguém havia escapado à rede de informação que isentava Vespúcio da responsabilidade pelos textos publicados em seu nome?

A explicação da fama duradoura de Vespúcio em sua pátria adotiva está na natureza do comércio de livros por lá. A *Carta a Soderini* nunca foi muito conhecida na Espanha, um dos poucos países da Europa onde *Mundus Novus* e a *Carta a Soderini* jamais foram traduzidos e tampouco publicados. De todo modo, *Mundus Novus* nunca poderia prejudicar a reputação de Vespúcio. Sua afirmação vaga de ter feito uma viagem não confirmada por outras fontes era um assunto sem interesse; o texto não diz que Vespúcio precedeu Colombo na travessia do Atlântico. Além disso, o mercado de livros espanhol — e, segundo penso, também o português — era relativamente exigente no que tange à literatura de viagens. Das 22 edições do relato da primeira viagem de Colombo publicadas entre 1493 e 1522, apenas duas eram espanholas e, ao que parece, não tiveram muita aceitação. Elas sem dúvida são raras: atualmente, só se conhece um exemplar de cada uma. Na segunda década do século, o livro erudito e não sensacionalista de Pedro Mártir dominava o mercado, com a exclusão de quase todos os outros trabalhos sobre o Novo Mundo. É possível que se soubesse (ou se desconfiasse) que Vespúcio era o autor de relatos romanceados em que idealizava a si mesmo. Não obstante, seus leitores, para os quais esse gênero não se confundia com os relatos autênticos de exploradores, o teriam perdoado, do mesmo modo que atualmente ninguém confunde as obras de ficção de Edwina Currie, Douglas Hurd ou Saddam Hussein com memórias políticas autênticas. O próprio filho de Colombo, Hernando, tinha as obras impressas de Vespúcio em sua biblioteca, e nunca fez nenhum comentário sobre elas. Vespúcio podia muito bem afirmar — e creio que com razão — que a *Carta a Soderini* não passava de uma falsificação publicada em seu nome. Mas ele nunca foi instado a fazê-lo, porque essa questão nunca veio à baila.

Os críticos tradicionais da *Carta a Soderini* também dizem que o próprio Soderini não poderia ter sido o destinatário de Vespúcio, visto que um protegido dos Medici não escreveria a um de seus inimigos. Isso não procede. Considerações relativas à lealdade nunca impediram Vespúcio de procurar aprovação, apoio, patrocínio e dinheiro onde quer que pudesse encontrá-los. Como chefe nominal do Estado florentino, Soderini era um destinatário bastante provável de seu trabalho. A suposição de que ele era mesmo o destinatário baseia-se em indícios que se encontram no próprio corpo da carta, que invoca a "magnificência" do benfeitor, considerando que este está na chefia de um governo de uma "sublime república", claramente identificada com Florença algumas linhas mais adiante. As linhas finais do relato da última viagem reforçam essas referências: "que me perdoe Vossa Magnificência, entre cujos servos peço que continue a me contar", diz ele, recomendando a Deus "a saúde de vossa nobre república e a honra de Vossa Magnificência".[41] Não obstante, a versão impressa da *Carta* não é endereçada de forma explícita a Soderini. Não é endereçada explicitamente a ninguém. O nome de Soderini aparece nas cópias manuscritas da carta, mas é impossível dizer se estas antecedem ou sucedem o texto impresso. Na verdade, a versão impressa parece ser anterior às manuscritas e talvez lhes tenha servido de fonte.

Como o nome de Soderini teria sido associado à *Carta*? Segundo certa teoria, foi o editor Giovanni Battista Ramusio quem o acrescentou. Ele mudou a dedicatória de *Mundus Novus* para destiná-la a Soderini.[42] Mas a edição de Ramusio só foi publicada em 1550, e havia muito a *Carta* estava associada a Soderini. Sempre existe a possibilidade de que o destinatário tivesse pouca importância e de que as referências a ele só se fizessem por mera convenção literária — como quando o autor do *Lazarillo de Tormes* ou de *Justine* se dirigiam a um misterioso e fictício protetor, na tentativa de criar uma distância intrigante entre o escritor e o leitor.

Além disso, há alguns pontos em favor da *Carta a Soderini* que, por uma questão de justiça, cabe lembrar. Sua linguagem assemelha-se à do breve relato de Vespúcio sobre a viagem de Cabral, e talvez em parte derive dessa fonte. Ela se aproxima do Fragmento de Ridolfi no tocante à mudança de rumo que Vespúcio alega ter feito, na sua segunda viagem, a 32 graus sul na costa americana, e na virada da expedição para mar aberto. O compilador estava bem informado sobre pormenores da vida de Vespúcio. Ele sabia de Giorgio Antonio Vespucci e de seu papel na educação de Américo. Dirigindo-se ao destinatário não nomeado, ele escreve:

> Lembro-me de como em nossa juventude eu era seu amigo, e agora sou seu servidor; e costumávamos ir ouvir os rudimentos de gramática seguindo o bom exemplo e os ensinamentos do venerável religioso de São Marcos, irmão Giorgio Antonio Vespucci, meu tio. Prouvera a Deus que eu seguisse seus conselhos e ensinamentos! Porque, como diz Petrarca, "eu seria um homem diferente do que sou".

A referência soa verdadeira e traz à mente as reprimendas que o jovem Vespúcio fazia a si mesmo no caderno escolar, confessando a própria falta de atenção. Naturalmente, um falsificador esperto poderia ter forjado uma passagem como essa, e o lamento pela juventude desperdiçada pode ser descartado como um artifício retórico. Não obstante, quão típico de Vespúcio é esse tom, quão característica é a alusão a Petrarca! O compilador também menciona Antonio, irmão de Américo, chamando-o pelo nome. Embora essas passagens não constituam uma prova de ser Vespúcio o autor da *Carta*, elas colocam o trabalho num contexto próximo ao próprio Vespúcio e chamam a atenção para passagens que o compilador deve ter retirado de obras autênticas. A afirmação que se segue revela também que o compilador conhecia fatos sobre Vespúcio que, à época, só podiam ser conhecidos pelo próprio explorador:

> Com certeza Vossa Magnificência sabe que o motivo de minha vinda para este reino da Espanha foi o desejo de ingressar no comércio e que eu persisti nesse propósito por cerca de quatro anos, durante os quais vi e sofri as várias voltas da Fortuna e constatei quão cambiantes eram esses frágeis e fugazes ganhos [...] privando o homem da riqueza que poderíamos chamar de emprestada. Assim, quando vim a tomar conhecimento do esforço que o homem faz para conquistá-la, enfrentando tantos desconfortos e perigos, resolvi abandonar o comércio e aspirar a algo mais digno de louvor e mais duradouro. E aconteceu que me dispus a partir e ver uma parte do mundo e suas maravilhas.[43]

Descontando-se as firulas retóricas — o uso da imagem da fortuna, o apelo à solidariedade do leitor, a censura contra as motivações mesquinhas — isso me parece uma declaração notavelmente exata sobre a carreira de Vespúcio, tal como a podemos reconstituir com base em fontes confiáveis. E embora a imagem da Fortuna não figure em nenhum outro lugar na obra de Vespúcio, as peripécias da vida e a insistência em viagens desinteressadas são temas familiares a seus leitores.

Assim sendo, as tradicionais objeções à autenticidade da *Carta* são inconclusivas; há pontos em seu favor que se devem levar em conta e, além disso, ela contém passagens que parecem as próprias palavras de Vespúcio. Ainda assim, acho impossível ler o texto sem uma crescente sensação de desconforto, que termina na certeza de que se trata de uma falsificação que pouco deve ao suposto autor. O leitor quase pode ouvir o ruído da tesoura e o salpicar da cola. Podem-se ver as emendas entre as passagens retiradas e adaptadas de outros trabalhos de Vespúcio e de outras fontes. Elas são tão perceptíveis quanto as de um trabalho de um estudante de segundo grau plagiário corrompido pela internet.

A *Carta* apresenta, por exemplo, o relato da primeira viagem e divide-a em duas, situando a primeira parte em 1497. Passagens da narrativa manuscrita da segunda viagem se transferem para a segunda e se enfeitam com pormenores relativos aos costumes dos nativos tomados de empréstimo às especulações clássicas sobre a Ásia e a África ou a outros relatos de viajantes sobre o Novo Mundo, especialmente os de Colombo. A *Carta* inclui uma "quarta viagem", não confirmada por outras fontes: a breve passagem dedicada a esse assunto é flagrantemente copiada de alguma outra fonte. Os compiladores parecem ter saqueado a literatura de viagens da época em busca de material pitoresco de forma que, embora não incompatível com os métodos de escrita de Vespúcio, excede qualquer coisa, nessa linha, que ele tenha perpetrado antes. Há, por exemplo, uma passagem em que os nativos expressam seu medo de canibais que lembra muito Colombo.[44] O escritor plagia um episódio da terceira viagem de Colombo, de abril de 1499, sobre "serpentes com forma de crocodilo" ou, na versão da *Carta a Soderini*, uma criatura semelhante "a uma serpente, exceto que não tinha asas", que os exploradores encontraram amarrada ou massacrada em um território indígena; os espanhóis, dissuadidos pelo medo ou pela repugnância, deixaram-na lá onde estava.[45] O episódio foi publicado em texto impresso em 10 de abril de 1504, em Veneza, na forma de excerto de uma tradução, em curso, de uma obra de Pedro Mártir.[46] O mesmo texto serviu de fonte para a descrição, que figura na *Carta a Soderini*, de uma tentativa de capturar uma canoa, ocorrida na viagem de Cristóbal Guerra e Peralonso Nino,[47] e talvez também para a história dos índios que mascavam grama, o que constituía, segundo o relato de Pedro Mártir da viagem de Nino e Guerra, uma forma de limpar os dentes. Embora os novos detalhes sobre a dieta dos nativos sejam de origem incerta, a informação sobre nativos que só bebem orvalho procedia de crônicas da conquista das ilhas Canárias, onde os conquistadores encontraram o dragoeiro, árvore que recolhia orvalho em grandes quantidades e fornecia água aos nativos.

É evidente que nenhum desses elementos procede de Vespúcio, embora ele possa ter sido responsável por tomá-los de empréstimo a outros escritores. E algumas poucas fundações garimpadas de escritos anteriores sustentam esse edifício desengonçado. Muitos dos acréscimos são sombrios e, portanto, escolhidos para despertar o interesse dos leitores. Uma passagem inédita, por exemplo, narra um episódio no qual canibais devoram um jovem marujo. Seus companheiros tinham deixado na praia aquele indivíduo afável para que estabelecesse relações amistosas com os nativos. As mulheres o rodearam e o tocaram, com muitas demonstrações de curiosidade. Era uma armadilha. Distraído por tantas atenções, ele foi derrubado por trás, enquanto arqueiros cobriam a retirada de seus sequestradores. Os exploradores nada puderam fazer além de assistir às "mulheres cortando o cristão em pedaços" e, escarnecendo dos espectadores, exibindo as postas de carne humana enquanto as assavam.[48] O sensacionalismo atingiu seu objetivo: de toda a obra de Vespúcio, esse se tornou um dos episódios mais citados e representados em ilustrações.

O próprio Vespúcio pode ter sido o responsável por algumas (ou por todas) derivações de sua obra. Não é plausível, porém, que tenha retalhado temas que lhe eram favoritos. O argumento decisivo contra a autenticidade da *Carta* é o fato de os temas que eram mais caros a Vespúcio estarem totalmente ausentes da obra. De navegação celeste pouco se fala, e nada de longitude. Tampouco se fala de geografia, exceto por um tema que não figura em nenhum outro trabalho de Vespúcio: uma discussão sobre as zonas climáticas de Ptolomeu.[49] E, o que é mais notável, não há nada sobre a novidade do Novo Mundo. No relato do desembarque, que em geral segue de perto o relato manuscrito da segunda viagem, omite-se até a reivindicação de ele ter notado em primeira mão o caráter continental dos descobrimentos.[50] O trabalho praticamente ignora os antigos e nada diz a respeito da superioridade da observação sobre autoridade, no tocante à busca da verdade. Há muito menos autoelogios do que os leitores das obras anteriores de Vespúcio estavam acostumados a esperar ou repudiar. Os compiladores não compartilhavam suas prioridades. Da mesma forma que um editor atual simplifica o texto de um autor considerado erudito demais para o mercado, os compiladores deixaram de fora todos os conhecimentos e arcanos caros ao mago.

A *Carta a Soderini* se distancia muito da obra de Vespúcio. Os editores — quaisquer que tenham sido — adaptaram muito do material procedente de Vespúcio.[51] Mas eu tenho passado a maior parte de minha vida lendo e ensinando textos desse período, principalmente de autoria de exploradores, e vejo que a *Carta* tem todas as características de uma falsificação. A motivação da falsificação é óbvia: trata-se de um produto comercial, um projeto editorial com o objetivo de obter o mesmo sucesso de *Mundus Novus*. Nesse sentido, ele foi um fracasso. *Mundus Novus* se tornou um best-seller imediato ao sair da oficina de imprensa em 1504. Publicaram-se 23 edições de 1504 a 1506. A *Carta a Soderini* nunca chegou a conquistar o mercado.

Mais para o final da carreira de Vespúcio, temos uma impostura editorial excepcionalmente bem planejada. O escritor por várias vezes se referiu a uma obra em fase de preparação que ele chama de *As quatro viagens*. "Ainda não a publiquei porque ando tão desgostoso das minhas coisas que não me comprazo no que escrevi, ainda que muita gente insista para que eu a publique [...].[52] Em cada uma de minhas viagens anotei as coisas mais maravilhosas e as reuni num volume, à maneira de uma geografia; eu lhe dei o título de *As quatro viagens* [...] e por enquanto não o publiquei, porque preciso revisá-lo."[53] Finalmente o autor explica que não fez referência aos nativos que encontrou em sua última expedição porque "eu vi tantas coisas que me contenho para não contá-las, reservando-as para minhas *quatro viagens*". É de supor que se a *Carta a Soderini* tivesse obtido sucesso, essa obra anunciada logo se lhe seguiria. Como a *Carta* não teve êxito, a outra não foi publicada.

Houve, porém, uma versão alemã pouco conhecida da *Carta a Soderini*, publicada em 1509 e republicada em 1532. Entretanto, em 1507, sua adoção por aqueles que deram nome à América e a publicaram em versão latina salvou o texto da obscuridade. A primeira compilação de viagens americanas, *Paesi Novamente Retrovati*, publicada no mesmo ano, se tornou a sensação da época em matéria de livros de viagens.[54] Ela praticamente acabou com as edições independentes das cartas de Vespúcio, que desde meados do século passaram a circular, principalmente numa tradução italiana, no popularíssimo compêndio de Ramusio, *Navigationi e viaggi*, publicado em Veneza em 1550. Apesar do relativo fracasso da *Carta a Soderini* — ou talvez por causa disso — Vespúcio dominou o mercado de literatura de viagens entre Colombo e Cortés. Metade das 124 obras sobre explorações publicadas naquele período eram sobre ele.[55]

A *Carta* foi a primeira etapa na criação de um mito. A maioria das grandes figuras históricas perdura numa longa série de obras romanceadas; umas poucas têm o privilégio de desencadear o processo que, uma vez posto em movimento, se torna incontrolável. Em meados do século xvii, Girolamo Bartolomei Smeducci dedicou a Luís xiv um poema sobre Vespúcio repleto de alegorias. O explorador se torna um viajante simbólico que percorre todo o mundo, mas cujo destino é o céu. Boa parte de seu tempo ele o passa na África, onde o diabo governa uma terra "enegrecida por seus vícios". Américo cruza mares boreais e abarca os oceanos Pacífico e Índico. Mas sua peregrinação tem um caráter espiritual. Ele procura a Verdade. É difícil imaginar personagem mais inadequado para esse homem que outrora vivera de expedientes.

Certamente a tradição vespuciana ainda não se esgotou. O aniversário de quinhentos anos do batismo da América, em 2007, deve insuflar-lhe uma nova vida. Colombo foi o herói de inúmeras obras de natureza diversa, como uma peça de Lope de Vega, um poema épico de Joel Barlow, canções cômicas de Fats Waller e Irving Berlin, um punhado de filmes horríveis de Hollywood e uma comédia britânica cheia de insinuações obscenas chamada *Carry On Columbus* [Avante, Colombo]. Vespúcio está fadado a receber o mesmo tipo de tratamento. Suas reinvenções não terminaram com sua morte; tampouco sua faculdade inventiva esgotou todas as possibilidades.

O editor da Carta a Soderini *reciclou o título e a ilustração do frontispício de uma edição de 1493 do primeiro relato impresso de Colombo.*

Pietro Vaglienti, que colhia informações sobre descobrimentos passíveis de exploração comercial para uma empresa de Florença, compilou, dois ou três anos depois da morte do explorador, materiais referentes a Vespúcio, inclusive esta cópia da carta de Américo escrita próximo ao arquipélago de Cabo Verde, quando ele voltava do Brasil, em junho de 1501.

A mais influente imagem de Vespúcio do século XVI mostra-o como um mago, munido de instrumentos cosmográficos, olhos fixos no céu, como um Cristo, enquanto sua tripulação cochila, como os discípulos no Getsêmani.

Um mapa feito em Dieppe ilustra os relatos precisos sobre a vida dos tupis que xilógrafos franceses trouxeram do Novo Mundo, alguns anos após a visita de Vespúcio ao Brasil.

Em 1525, um ilustrador assimilou os canibais de Vespúcio aos legendários monstros com cabeça de cachorro da Antiguidade clássica, procurados — e às vezes supostamente vistos — por exploradores medievais.

"Aqui está o povo recém-descoberto." A edição de Leipzig de Mundus Novus, *publicada em 1505, enfatiza a nudez e a belicosidade do povo que Vespúcio descreveu, mas não seu canibalismo.*

Embora originalmente publicada como uma ilustração separada, esta xilogravura de 1505 claramente retrata a concepção de Vespúcio sobre a vida dos tupis.

O mapa-múndi de Saint Dié, de 1507, mostra a imagem de Vespúcio no alto, numa posição equivalente à de Ptolomeu, considerado o maior geógrafo da Antiguidade. A imagem que Américo exibe mostra uma extensão de terra continental americana contínua — que contrasta com o mapa principal, no qual o Novo Mundo é cortado por um estreito que conduz até a Ásia.

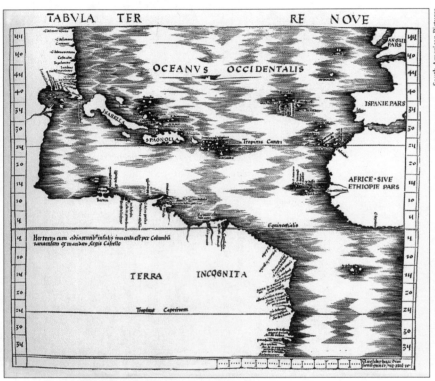

Em seu mapa de 1513, Waldseemüller retirou o seu aval a Vespúcio, rebatizando o Novo Mundo de "Terra Desconhecida" e atribuindo sua descoberta a Colombo.

"Toda esta província foi descoberta por ordem do rei de Castela":
a representação de Waldseemüller de 1507 mostra o estreito,
procurado por Colombo, cortando o Novo Mundo.

5. A prefiguração de Próspero

O Novo Mundo, 1499-1502
Américo contempla a América

Curiosamente, a primeira impressão que a América deu ao homem que emprestou seu nome ao continente foi um tanto nebulosa.

> Fomos para a costa e lá encontramos tantas árvores que era uma verdadeira maravilha — não apenas seu tamanho descomunal, mas também as suas folhas, que eram de um verde profundo como nunca se viu antes, e o aroma suave que delas emanava, pois todas elas são aromáticas. O efeito que tinham na atmosfera muito nos deleitou.[1]

A característica mais flagrante da descrição é a sua vagueza. Não há nada concreto nela, nada que caracterize o lugar a que se refere. Tudo é hipérbole e sensualidade. Apela-se tanto para o gosto e para o olfato quanto para a sensação visual. Nada na descrição indica que ela se baseou numa experiência real. Por outro lado, ela tem todos os ingredientes do *tópos* literário conhecido dos estudiosos como *locus amoenus*, o lugar agradável, mas sem nada de singular. Embora a descrição tenha respaldo em uma longa linhagem literária, o precedente imediato, como logo haveremos de ver, é o relato de Colombo de uma experiência semelhante.

Para nos colocar o mais próximo possível da reação pessoal de Vespúcio à América, devemos continuar lendo as linhas — e entrelinhas — que ele dedicou ao assunto. Para maior comodidade, o melhor é observar primeiro como ele viu o meio físico do seu admirável mundo novo e depois voltar a atenção para suas impressões do povo que lá habitava.

O MEIO FÍSICO

Vespúcio nunca vira nada semelhante. Toda vez que nos defrontamos com os relatos dos primeiros exploradores de ambientes físicos desconhecidos, temos de levar em conta os efeitos do estranho e do novo em mentes despreparadas. Antes de desembarcar, Vespúcio enfrentara uma travessia marítima mais longa do que qualquer outra que fizera antes. Como sabemos, ele nunca percorrera por mar uma distância maior do que o trajeto de Florença a Barcelona. Embora suas duas travessias oceânicas tenham seguido rotas já abertas por exploradores anteriores — Colombo, no primeiro caso, Pedro Álvares Cabral, no segundo —, para ele todas essas viagens eram mergulhos no desconhecido. O mar aberto ainda era um meio novo para os europeus, os quais, antes da chegada ao Novo Mundo, raramente se afastavam da terra firme. Os Açores, a Islândia e as Canárias eram os únicos destinos via mar aberto que faziam parte do sistema comercial da Europa, e apenas uns poucos navegantes iam tão longe. Assim sendo, acercar-se da América era algo alarmante, inquietante e inexplicável do ponto de vista do conhecimento direto da maioria dos viajantes.

O que eles viam ao chegar era perturbador, principalmente nas latitudes tropicais visitadas por Vespúcio, que só conhecia paisagens mediterrâneas, numa parte do mundo relativamente seca e temperada, já transformada por milênios de desflorestamento e de agricultura intensiva. Agora ele se defrontava com costas em que florestas vastas, densas e úmidas erguiam-se para além de palmeirais e mangues ao longo da orla. O trabalho humano era evidente em lugares onde fossos, escoadouros e diques haviam escalavrado a terra. As costas visitadas por ele eram habitadas por povos agricultores que cultivavam mandioca, abóbora, amendoim e algodão em plataformas de terra dragadas sob o nível da água, ou em clareiras na floresta fertilizadas por mofo de folhas e cinzas de árvores queimadas. Mas os assentamentos eram pequenos, temporários, perdidos na imensidão da floresta. Aos olhos europeus, aquilo era natureza em estado puro, selvagem ou edênica, dependendo do gosto. Havia duas reações possíveis. Uma era perturbar-se e ficar sem palavras, a outra, vasculhar a memória para socorrer-se do que se tinha lido. Vespúcio reagiu das duas maneiras ao mesmo tempo.

Américo estava numa posição privilegiada como repórter daquele ambiente. Poucos homens tinham visto mais daquela costa quando, em 1503 ou em data muito próxima, ele escreveu suas últimas impressões sobre aquele meio. Ele não contava com a vantagem de ter se adentrado muito em terra firme, mas mostrou um entusiasmo cada vez maior em sua descrição da exploração da foz do Amazonas. A terra ali era sempre baixa, e as árvores formavam "uma massa tão densa que um pássaro mal poderia voar por entre elas". Os exploradores viram "uma infinita quantidade de pássaros e de papagaios tão grandes e em tal variedade que era uma maravilha".

> Alguns eram escarlates, alguns verdes, vermelhos e cor de limão; uns eram totalmente verdes, outros pretos e vermelhos, e o canto

dos outros pássaros que estavam nas árvores era algo tão doce e melodioso que quem quer o escute ficará arrebatado por sua doçura. As árvores são de uma tal beleza e de tal suavidade que pensamos estar no paraíso terrestre. E nenhuma daquelas árvores e tampouco seus frutos eram iguais aos nossos nessa região. No rio vimos muitas espécies de peixes de formas diversas.[2]

Como muitas das tentativas de Vespúcio de fazer uma descrição, esta é desesperadamente vaga, exagerada e, em termos poéticos, fraca. Ela traía perplexidade, pois ele não descreve nada diretamente ou em detalhe. Era como se estivesse olhando um caleidoscópio em que todas as cores eram vívidas e mudavam incessantemente. Os escritores contemporâneos também enfrentam problemas similares quando tentam, por exemplo, descrever uma "viagem" de LSD.

As reações de Vespúcio já pareciam mediatizadas por suas leituras. Sua tentativa de descrição tinha mais a ver com a tradição retórica do *locus amoenus* que com a realidade do Novo Mundo. A riqueza e diversidade das cores que se derramavam de suas linhas, como joias de um estojo, lembram os mapas da época, que eram antes decorativos que informativos. A descrição de Vespúcio inspirava-se particularmente na que Colombo fez das árvores que encontrou no final de sua primeira travessia atlântica. No primeiro relato impresso de sua viagem, Colombo descreveu ilhas

> cheias de árvores de mil espécies, e altas [...] tão verdes e tão belas como as da Espanha em maio. Algumas estavam em flor, outras davam frutos, e outras em outros estágios, de acordo com sua espécie... E existem seis ou oito tipos de palmeiras que causam admiração por sua bela diversidade [...] assim como as outras árvores, frutos e ervas. Há matas perenes que são uma maravilha, há pastagens muito extensas, há mel e muitos tipos de pássaros e frutos os mais diversos.[3]

Devemos ter em mente o relato inédito de Colombo, pois Vespúcio teve muitas oportunidades de receber informações de Colombo em particular ou de discutir com ele impressões do Novo Mundo, quando de seu regresso. Das descrições da paisagem nas próprias palavras de Colombo, a primeira foi escrita cinco dias depois do desembarque. "Vi muitas árvores diferentes das nossas [...] e todas tão diversas que é uma verdadeira maravilha deste mundo [...]. Por exemplo, um galho tem folhas semelhantes às da cana-de-açúcar, outro, folhas parecidas com as de lentisco, e assim por diante, com cinco ou seis tipos diferentes numa mesma árvore." Ao que parece, as árvores se fundiam ante os olhos de Colombo, da mesma forma que as cores dos pássaros ante os olhos de Vespúcio. Colombo observou também os peixes:

> Os peixes são tão diferentes dos nossos que é de espantar [...] têm as mais belas cores do mundo — azuis, amarelos, vermelhos e de todo tipo de cor — e alguns têm listras de mil matizes, e as cores são tão belas que nenhum homem deixaria de admirá-las e deleitar-se na sua contemplação.[4]

Em seguida ele fala dos papagaios sem comentar sobre sua diversidade de cores. Se Colombo não influenciou diretamente a forma como Vespúcio viu o Novo Mundo, então podemos concluir que os dois lutaram para exprimir-se tomados do mesmo assombro e sob o peso das mesmas circunstâncias limitadoras.

Vespúcio fez um uso tão extenso das fontes literárias em suas descrições, que os leitores podem ser tentados a concluir que ele nunca esteve realmente na América, salvo pela seguinte afirmação: "A quinze léguas de distância da costa, notamos que a água era doce como a de um rio. Nós a bebemos e enchemos todos os barris com ela". À primeira vista, isso parece mais uma maravilha trivial ou mais um empréstimo modificado, tomado a Colombo, que descreveu o mar com água doce na foz do Orinoco em termos similares. Descontado, porém, o exagero — pelos cálculos que Vespúcio fazia à época, quinze léguas correspondem a sessenta milhas; além disso, encher os barris de água se nos afigura um apelo ao pitoresco —, temos aí um fato plausível nas imediações da foz de um rio muito caudaloso.

Para as pessoas instruídas da época, as desembocaduras dos grandes rios tinham outra conotação. A tradição as associava ao Paraíso Terrestre, à localização do Éden, onde quatro grandes rios se precipitavam no mundo habitável. Era consenso entre as pessoas instruídas que o Nilo, o Tigre, o Ganges e o Eufrates manavam da mesma fonte no Éden, situada literalmente onde a Bíblia dizia: "a leste". Santo Agostinho admitia a possibilidade de o texto ser interpretado simbolicamente,[5] mas não seria despropositado supor que, depois da expulsão de Adão e Eva, o Éden tivesse continuado, embora desolado, no lugar onde Deus o colocou. Colombo sentiu a proximidade do Paraíso. Pensava estar "no fim do oriente", onde a maioria das tradições situava o Éden. Em sua terceira viagem, em 1498, quando observou todos os sinais tradicionais, ele achou, devido aos erros de cálculo em suas medições da altura da Estrela Polar, que navegava costa acima — e o consenso era de que o Éden ficava numa montanha. Na foz do Orinoco, o tremendo fluxo de água doce observado por Colombo pareceu-lhe vir dos "quatro rios" que, segundo a tradição, nasciam no Éden.[6]

Assim, a referência de Vespúcio ao paraíso terrestre merece um exame mais detido. Ela não é apenas descritiva, nem constitui uma metáfora cunhada ao acaso: deriva diretamente de uma tradição de que Colombo também era herdeiro. Nesse caso, Vespúcio não parece inspirar-se em Colombo. Ele sentia "como se" estivesse no paraíso, não que lá estivesse literalmente. Sua imagem do Éden derivava, em parte, de outros textos que lhe eram favoritos: primeiro, de seu querido Dante, que situou o paraíso, em termos alegóricos, no alto do Purgatório, representado como uma montanha muito difícil de escalar. O poema de Dante encerrava também uma geografia literal,[7] que situava o Éden "nas partes mais quentes do mundo", nas profundezas do hemisfério sul.[8] É provável que Mandeville tenha contribuído para a elaboração da imagem de Vespúcio, como o fizera no caso de Colombo. Com absoluta franqueza, Sir John explicava: "Do Paraíso não posso falar com propriedade, porque nunca lá estive", mas ele o descreveu, com base na tradição, como uma montanha alta como a Lua, protegida pela natureza selvagem e por encostas íngremes. "Tampouco se pode ir até lá pela água, porque os rios têm uma corrente tão forte [...] que nenhuma embarcação pode navegar contra ela."[9] Isso logo nos traz à mente o fato de Colombo insistir que constatara a proximidade do Paraíso terrestre pela extraordinária vazão da foz do Orinoco, embora não esperasse poder aproximar-se mais.[10]

Quando Vespúcio falava do Paraíso terrestre, sua intenção era claramente promocional. Ele tinha boas razões — melhores que a falta de inventiva literária — para apoiar-se tanto na tradição do *locus amoenus* como do léxico do Paraíso terrestre. Para atrair investidores, conseguir patrocínio, contratar tripulações, recrutar colonos e fomentar de todas as maneiras o projeto de exploração da rota ocidental para a Ásia, tinha de tornar atraentes e exploráveis por si mesmas as terras que se encontravam no caminho. Ele queria, por exemplo, representar o Novo Mundo como fonte de vida e de saúde. "Os médicos", dizia ele, "achariam ruinoso viver lá."[11] Ele tinha motivos para enfatizar todos os sinais de fertilidade, exagerando as mostras de harmonia e paz. A literatura promocional referente à Venezuela e ao Brasil exigia um trabalho particularmente intenso, depois que se frustraram as expectativas de Colombo em relação às ilhas que lhes ficavam próximas. Acima de tudo, portanto, Vespúcio concentrou-se nas características que se afiguravam propícias ao comércio.

A única informação que ele dava sobre as árvores, por exemplo, era a de que todas elas eram "aromáticas" — isto é, passíveis de exploração nos mercados da Europa e da China, sequiosos de madeiras aromáticas. Esses detalhes geográficos dados pelo autor, inclusive sua garantia da proximidade do oceano Índico e sua invocação do Paraíso terrestre, que denotava as promessas do Oriente, eram calculados para promover os mesmos planos de Colombo: um Atlântico passível de exploração comercial, servindo também de caminho para as riquezas do Oriente.

Para conhecer a imagem que ele tinha em mente, é útil lembrar uma das primeiras gravuras que ilustrava o primeiro relato publicado de Colombo — uma obra que Vespúcio com certeza leu atentamente. Ela mostra uma luxuriante paisagem tropical na qual nativos nus, retratados com elegantes proporções, oferecem produtos para venda — inclusive o que parece ser um pote do tipo que à época se usava para guardar unguentos caros — a navegantes cuja galera a remo se encontra junto à costa. Os observadores costumam interpretar a cena erroneamente, julgando que Colombo está conversando com os nativos. Colombo, porém, não tinha nenhuma galera. Na verdade, nenhuma galera poderia ter cruzado o Atlântico. A embarcação leva uma estranha criatura de aparência camelídea que não existia na Europa. Além disso, os comerciantes usavam chapéus pontudos em estilo oriental. A gravura ilustra uma passagem específica do relato em que Colombo fala — imaginariamente — de comerciantes chineses e indianos que, de portos supostamente próximos, frequentavam as terras que ele havia descoberto. Como vimos, as expectativas de Vespúcio tinham forte influência das concepções de Colombo. Também ele contava obter a sua parte no comércio com o deslumbrante Oriente.

A segunda visita de Vespúcio ao Novo Mundo inspirou imagens muito parecidas com as da primeira. Quando mais não fosse, elas se aproximavam ainda mais daquelas que Colombo transmitira: "Esta terra", escreveu Américo, "é muito agradável e cheia de uma infinidade de grandes árvores verdes".[12] Os odores eram "muito suaves e aromáticos", os frutos infinitos, deliciosos e salutares. Os campos produziam "uma infinidade de ervas, flores e raízes muito doces e boas". E quanto mais o autor via e experimentava, "mais falo de mim para mim que estou perto do Paraíso terrestre".[13] Especiarias e drogas desconhecidas abundavam.[14] Colombo falara dessas características praticamente nos mesmos termos.

"Os homens da terra", acrescentou Vespúcio aludindo a um dos temas favoritos do almirante, "falam de ouro, de outros metais e de substâncias miraculosas. Mas sou como são Tomé: o tempo tudo esclarecerá."[15] Pode parecer estranho — e em desacordo com sua intenção promocional — que Vespúcio lançasse dúvidas sobre os informes acerca da existência de ouro. Mas chegaremos mais próximo da verdade se considerarmos isso um truque retórico, como um negociante de arte se protege das acusações de fraude confessando teatralmente não estar bem certo do que ele próprio diz. O comerciante Joseph Duveen, conhecido por suas trapaças, que colaborou estreitamente com Bernard Berenson na manipulação do mercado de pinturas da Renascença na década de 1930, usou essa técnica com grandes resultados, fazendo os clientes acreditarem que seus escrúpulos o levavam a reduzir os preços de obras-primas, sendo que, em particular, ele não tinha dúvidas de estar lidando com falsificações ou obras de estúdios de segunda categoria. Os escrúpulos eram só para inglês ver. Da mesma forma, Vespúcio incrementava sua fama de homem veraz fingindo ceticismo.

No que tange à fauna do Novo Mundo:

> O que posso dizer da quantidade de pássaros e de suas plumas e cores e cantos e variedade e beleza (não quero me estender muito

sobre isso, pois ninguém haveria de acreditar em mim)? Quem seria capaz de relatar a infinita quantidade de animais silvestres, e grande número de leões, leoas, gatos — não como os da Espanha, mas sim dos antípodas [*delli antipoti*] —, tantos lobos que lembram Cérbero, babuínos e mandris [*gatti mamone*] de tantos tipos e muitas serpentes grandes? E vimos tantos outros animais que acredito que uma tal variedade não caberia na arca de Noé.

A lista continua com muitas outras espécies igualmente estranhas ao Novo Mundo. Também nesse caso Colombo recorre à mesma estratégia, distribuindo a taxonomia do Velho Mundo pela América afora, num esforço desesperado para fazer do não familiar inteligível. Dada sua vagueza e imprecisão, o relato podia ser visto, erroneamente, como uma prova de que ele nunca lá esteve, salvo pelo detalhe final: "e de animais domésticos, não vimos nenhum".[16] Não era bem assim. Era comum as aldeias nativas terem aves domésticas ciscando em busca de comida. Não obstante, na ausência de quadrúpedes domesticados do tipo conhecido dos europeus, tratava-se de um erro que tinha certo fundamento.

A AVALIAÇÃO GEOGRÁFICA

Na passagem citada acima, pela segunda vez Vespúcio chama sua terra de "os Antípodas". Com efeito, ele se alinhava com uma interpretação do Novo Mundo já bastante aceita por geógrafos humanistas. A América era um outro nome para a massa continental prevista pela cosmografia clássica. Na verdade, a existência de uma segunda ou mais outras massas continentais parece ter sido, na Antiguidade, uma opinião ortodoxa pelo menos até a época de Estrabão. Os geógrafos admitiam que podia haver outros continentes correspondentes aos que hoje chamaríamos de

Afro-Eurásia ou o Velho Mundo — assim como hoje em dia os cientistas aceitam a ideia de que a Terra talvez não seja o único planeta em que existe vida. A partir dos descobrimentos, persistiu como uma opinião minoritária, e nunca desapareceu completamente do repertório de teorias geográficas disponíveis aos estudiosos. Na Espanha, os Antípodas apareciam na maioria dos mapas medievais.

A partir do século XII, quando um número cada vez maior de textos antigos ressurgia à luz da erudição, a possibilidade da existência dos Antípodas era ventilada cada vez mais livremente.[17] Uma massa continental ao sul do equador equilibraria, aperfeiçoando, a distribuição no hemisfério norte. "Porque vocês bem sabem", dizia Sir John Mandeville aos seus leitores, "que os homens que vivem exatamente abaixo do Polo Antártico estão pé contra pé com aqueles que vivem no Polo Ártico, da mesma forma que nós e os que vivem em nossos antípodas estamos pé contra pé."[18] Além disso, ou alternativamente, o tamanho da Terra parecia permitir, ou exigir, que houvesse um continente desconhecido no meio do oceano, como de fato existia.

A redescoberta de Estrabão, como vimos, acendeu um debate entre os geógrafos florentinos do século XV. A controvérsia recebeu um impulso adicional em 1471, quando a obra de Pompônio Mela, contemporâneo de Estrabão, ganhou uma versão impressa pela primeira vez. Mela já tinha bastante influência — ainda restam mais de uma centena de manuscritos do século XV —, e então ela aumentou ainda mais. Pedro Álvares Cabral tinha uma cópia de bordo de seu livro.[19] Mela evitava o termo "antípodas", mas especulava sobre a possibilidade do que ele chamava de "Antichthon": um "antimundo" no hemisfério sul, "desconhecido devido ao calor das regiões que dele nos separam"[20] e inexplorado, mas, pelo menos teoricamente, habitável.

As especulações de Mela foram adicionadas às de outros textos. Por exemplo, Macróbio, um enciclopedista bizantino de finais do século IV e princípios do V, foi um dos escritores mais extensamente copiados na Idade Média, do século XII em diante, principalmente por ser considerado uma autoridade na interpretação de sonhos. A rigor, ele não era um geógrafo, mas fez comentários geográficos que calaram fundo na mente dos estudantes medievais. Em particular, dedicou algumas linhas a uma tentativa de reconstituir a imagem que Cícero tinha do mundo, e Cícero era considerado um herói por todos os humanistas da época de Vespúcio. Macróbio postulava a ideia de um mundo esférico dividido em numerosas zonas habitáveis, mas mutuamente inacessíveis, separadas por climas impenetráveis. Entre essas zonas estava a terra dos *Auteochi*, que ocupava uma zona temperada no hemisfério sul, situada além da zona tórrida, e a dos antípodas mais além desta, que se encontrava ao longo de uma região de um frio intolerável.[21]

A julgar por alusões e manuscritos, Marciano Capela, escritor romano da geração seguinte, era "um dos seis escritores mais populares e influentes da Idade Média".[22] Sua obra *O casamento de Mercúrio com a filologia* — um exame fantasioso do tradicional currículo escolar de sua época — foi impressa em Vicenza em 1499, mas já era bem conhecida, em versões manuscritas, pela geração de Vespúcio. O livro contém uma longa digressão sobre geografia, que na verdade constitui uma apologia dos métodos que Vespúcio usava — o uso de instrumentos para a medição da Terra, os mesmos que são satirizados na obra *A nau dos insensatos*. A personificação da geometria de Marciano traz consigo régua, compasso e um globo, e afirma ser capaz de medir o firmamento e descrever a Terra. A descrição que se segue insiste — de forma bastante sensata — que as zonas climáticas do hemisfério norte são reproduzidas no hemisfério sul. Para além do equador, vivem os *antiokoi*. Mais ao sul há uma região onde as estações do hemisfério norte aparecem invertidas. Lá habitam os antíctones. Os antípodas propriamente ditos são habitantes do hemisfério norte no outro lado do mundo, que têm dia quando temos noite, e vice-versa. Muitos escritores medievais, inclusive Mandeville, adotaram essa terminologia confusa; com efeito, Marciano contribuiu com aqueles que acreditavam num mundo habitado à espera do descobrimento no hemisfério sul. Ele teve o cuidado de advertir que não devíamos esperar que os antípodas fossem criaturas como nós, no que tange à razão ou à aparência.

Mesmo antes de ver o Novo Mundo e de penetrar no hemisfério sul, Vespúcio conhecia bem a ideia dos antípodas e das possibilidades que para lá o atraíam. Dois principais argumentos contrapunham-se a essas possibilidades — ou pelo menos à possibilidade de que essas terras, caso existissem, fossem habitadas. Primeiro, como se supunha que o mundo era uma esfera perfeita e ainda se desconhecesse a gravidade e o movimento do planeta, parecia incrível que os habitantes do continente meridional pudessem ficar presos à parte inferior do globo sem cair. Segundo, num continente desconhecido não podia haver nenhum povo, porque a doutrina de Cristo, segundo as Escrituras, foi proclamada em toda a Terra. Assim sendo, nenhuma parte da Terra podia ter ficado inacessível aos pregadores do Evangelho. Quando Colombo estava em busca de patrocinadores, falando dos antípodas como um possível objetivo de sua travessia oceânica, os especialistas encarregados de avaliar seu plano comentaram que "Santo Agostinho duvida disso".[23]

Não obstante, tão logo Colombo voltou de sua travessia, os estudiosos familiarizados com os clássicos saudaram prontamente seus descobrimentos como uma prova da existência dos antípodas. Para aqueles que aceitavam os métodos tradicionais de cálculo do tamanho da Terra, nenhuma outra interpretação quadrava com os fatos, visto que Colombo não fora longe o bastante para chegar à Ásia. Pedro Mártir de Angleria, humanista da corte de Fernando e Isabel, anunciou que o descobridor "retornou dos Antípodas", ainda que os soberanos considerassem "fabulosas as coisas que ele disse". Em 1497, um pregador de Roma elogiou o explorador por "levar o nome de Cristo aos antípodas, de cuja existência nem ao menos desconfiávamos". Pouco tempo depois, em Florença, os descobrimentos de Colombo foram chamados de "o mundo oposto ao nosso".[24] Colombo não endossou essa opinião de forma explícita. Como vimos, embora tenha descoberto e identificado corretamente terras de dimensões continentais no que hoje chamamos de América do Sul, durante toda a sua vida continuou achando que elas ficavam próximo à Ásia.

Em vista da persistência da tradição que, erroneamente, considera Vespúcio o primeiro homem a ver o Novo Mundo como um continente, é importante deixar claro que, em relação a isso, ele se limitou a seguir os passos de seu mentor de sempre. Por meio de uma observação incontestável, Colombo já havia estabelecido o fato de que, em sua terceira viagem, tinha se deparado com um continente, em agosto de 1498. Ao navegar mais além da foz do Orinoco, ele deduziu que tamanho caudal de água doce só podia provir de um rio enorme, percorrendo uma região de dimensões continentais. Ele concluiu ter descoberto "um outro mundo [...] uma terra enorme, situada no Sul, da qual até agora nada se sabia".[25] Novamente insistiu: "Ptolomeu não poderia ter tido ciência deste hemisfério, nem nenhum dos outros antigos que escreveram sobre geografia, pois ele era absolutamente desconhecido".[26] Essa é uma descrição exata e uma caracterização do Novo Mundo que Vespúcio, posteriormente, disse ter sido o primeiro a identificar. Os pontos de vista de Colombo sobre essa questão são, evidentemente, a fonte dos de Vespúcio.

Isso não significa dizer que Vespúcio nunca viu o mundo cuja descoberta lhe atribuíram — apenas que ele nunca o contemplou com a vista desarmada. Além disso, o continente de que ele falava não é o que atualmente chamamos de Américas. Tratava-se apenas de algo situado no hemisfério sul. Para Vespúcio, a terra de dimensões continentais recém-descoberta era nova e surpreendente justamente por se encontrar ao sul do equador. Em outras palavras, tratava-se dos legendários Antípodas. Vespúcio acreditou nisso enquanto a contemplava. Teria ele reconsiderado suas opiniões quando voltou para casa e refletiu sobre elas com vagar? Seria o Novo Mundo de *Mundus Novus* meramente os Antípodas? Ou seria ele, de fato, uma nova contribuição à teoria geográfica, sem precedentes nos textos antigos e medievais? Quão novo ele era? Novo em que sentido? Quando examinamos o *Mundus Novus*, a ausência de qualquer outra referência aos Antípodas parece surpreendente. A ideia, porém, me parece implícita:

> As novas regiões que descobrimos e exploramos [...] podemos chamá-las propriamente de um novo mundo, porque nossos ancestrais não as conheciam, e constituirão uma absoluta novidade para aqueles que delas ouvirem falar. Pois isso transcende a visão de nossos ancestrais, visto que a maioria deles afirmava não existir continente ao sul do equador, apenas o mar que chamavam de Atlântico; e se alguns deles afirmavam que lá havia um continente, apressavam-se em negar, com muitos argumentos, que ele fosse habitável. Mas minha última viagem demonstrou que sua opinião é errônea e totalmente contrária à verdade; isso porque, naquelas plagas do sul, encontrei um continente mais densamente povoado e rico em animais que nossa Europa, Ásia ou África, e, além disso, um clima mais ameno e mais agradável que o de qualquer outra região que conhecemos [...].[27]

Para compreender o significado dessa passagem, é importante entender que Vespúcio não estava apenas dando conta de observações: estava entrando na arena literária, travando uma Batalha dos Livros e retomando as polêmicas vigentes na Florença de sua juventude — as controvérsias provocadas pela redescoberta de Estrabão, estimuladas por Toscanelli e levadas ao ápice pelas viagens de Colombo.

Ele voltou a esse assunto numa de suas passagens mais intrigantes. A versão mais completa, revista depois que Vespúcio foi alvo dos protestos do destinatário do Fragmento de Ridolfi, que o acusava de obscuridade em seus esforços para torná-lo inteligível, está em *Mundus Novus*. Aqui ela figura logo depois de uma descrição bastante fantasiosa do céu dos Antípodas, onde os arcos-íris são brancos e nele se veem "inúmeros vapores e meteoros brilhantes pairando no ar".[28] O escritor reduz para três o número de estrelas que apontam a localização do Polo Antártico, quando antes mencionara quatro. "Depois dessas vêm outras duas, cuja meia circunferência, o diâmetro, tem 12,5 graus." O autor repete as razões que apresentara anteriormente para dizer que percorreu um quarto da circunferência do globo. E continua:

> E por esse cálculo nós que vivemos em Lisboa, 39,5 graus de latitude norte deste lado do equador, estamos em relação àqueles que habitam cinquenta graus de latitude sul além da mesma linha, em um ângulo de cinco graus, numa linha transversal. E para que se entenda com mais clareza: a linha perpendicular que, quando estamos de pé, incide sobre nossas cabeças do ponto mais alto do céu é nosso zênite; a mesma linha, porém, incide sobre seus flancos ou costelas. Daí resulta que nós estamos na linha vertical, mas eles são a base; e a hipotenusa se estende do nosso zênite ao deles.[29]

Um diagrama serve de ilustração: um triângulo retângulo no qual as linhas que formam o ângulo são chamadas, respectivamente, de "Eles" e "Nós". A passagem pretende confundir os leitores com linguagem técnica. Ela é decididamente enganosa, uma vez que o zênite de alguém que se encontra de pé passa, na imagem usada por Vespúcio, diretamente da cabeça aos pés. Isso me lembra a história de dois pesquisadores americanos cujo estudo consistia em dar a mesma palestra duas vezes, uma numa linguagem inteligível, outra em linguagem não inteligível, e testar a reação do público. A versão não inteligível era, de longe, a mais bem avaliada. Tudo o que essa passagem de *Mundus Novus* parece querer dizer é que pontos situados em latitudes separadas por noventa graus sobre a superfície da Terra subtenderão um ângulo de noventa graus em seu centro. Isso é um truísmo que não merece ser expresso: o pensamento de uma criança mascarado pela linguagem de um hierofante. Por que Vespúcio o adornou com todas essas bobagens de pés e costelas? Parece uma tentativa de lidar com o problema vulgar de saber como as pessoas do outro lado do mundo conseguiam viver de cabeça para baixo.

Fundamentalmente, Vespúcio se aferrava à opinião de Colombo e a expressava com firmeza e de forma bastante clara. Ele fazia sua a ideia de que a nova terra era continental. "Em 64 dias, chegamos a uma nova terra, que constatamos ser terra firme."[30] Mas isso foi numa carta de 1502, e dificilmente se pode considerar essa interpretação como algo notável ou inédito. Em outras palavras, não era por ser um geógrafo sagaz ou excepcionalmente perspicaz que Vespúcio insistia em que descobrira um "novo mundo". Como de hábito, ele seguia as opiniões, o exemplo e até as palavras de Colombo. Para ele, as dimensões do mundo eram um pouco maiores que para Colombo, mas ainda eram menores do que a realidade. Ele referendava a proposição geral em que se baseavam as viagens de Colombo: a possibilidade de chegar à Ásia pela rota atlântica.

Em *Mundus Novus*, ao deixar de insistir na busca de uma rota ocidental para a Ásia e destacar a novidade do mundo revelado pela exploração atlântica, Vespúcio estava tentando tirar o melhor partido de uma situação ruim. A rota marítima oriental lusitana pelo oceano Índico estava funcionando bem. Não havia nenhuma chance de competir com ela tomando o rumo oeste. Para que a empresa ocidental continuasse a contar com financiamento e voluntários, seus partidários tinham de recomendá-la por suas próprias vantagens.

O ENCONTRO COM OS POVOS

Todos os primeiros visitantes do Novo Mundo dedicaram mais tempo a descrever os habitantes que os animais, as plantas e a paisagem. Isso é compreensível. Os europeus da época mal tinham descoberto a natureza. Eles não reconheciam nenhuma categoria intermediária entre a civilização e as regiões absolutamente incultas. Até 1523, nenhum europeu pintara uma paisagem sem figuras.

A princípio, porém, quando Vespúcio se aproximava de suas costas, os povos do Novo Mundo se mantinham na retaguarda, dando sinais de sua presença apenas pela fumaça das fogueiras, que os exploradores avistavam de seus navios.[31] Em seguida os índios apareceram, como a indicar a inteligência de Vespúcio — ele se contrapusera, segundo seu próprio depoimento, ao erro dos antigos: a zona tórrida não era inabitável. Colombo se atribuíra essa mesma constatação; mais uma vez, a dependência de Vespúcio de seu predecessor parece inelutável. Apesar de suas afirmativas da superioridade da experiência sobre a tradição, os textos de Vespúcio sobre as terras e habitantes por eles visitados deviam mais à literatura do que à observação.

Embora muito tivesse a dizer sobre o assunto, suas observações são de uma exiguidade desanimadora. Ele não distinguia os diferentes tipos de comunidades, embora as terras que viu abrigassem diferentes culturas. Em termos gerais, Vespúcio andou por terras habitadas por povos pertencentes a três grandes grupos linguísticos. Nas costas mais setentrionais que ele perlongou, quando acompanhava Hojeda, havia os aruaques e os caribes. Ao sul do Amazonas, onde passou bastante tempo em sua primeira viagem e a maior parte do tempo na segunda, predominavam os falantes de tupi. Os aruaques — especificamente os guayquieris, do lugar que hoje é a costa venezuelana — eram um povo marítimo: pescadores de pérolas e comerciantes, caçadores de tartarugas e piscicultores, peritos na construção de canoas que se distribuíam por boa parte do Caribe e de suas costas meridionais. Os caribes também praticavam o comércio, principalmente de brincos de ouro e de cobre que vinham por via terrestre do norte andino até seus portos na costa caribenha.[32] Mas eram especialistas também nas artes bélicas e faziam incursões contra seus vizinhos. A hostilidade entre caribes e aruaques gerou lendas de canibalismo, que Colombo foi o primeiro a pôr em dúvida. Os aruaques faziam esforços evidentes para conquistar a simpatia dos espanhóis. Quando encontrou restos de corpos humanos chacinados nos campos dos caribes, rendeu-se à crença de que encontrara a terra dos legendários antropófagos.

As incursões dos tupis agravavam as tensões causadas pela violência que campeava na região. Muito provavelmente, havia gerações que esse povo pressionava na direção norte, forçando seus predecessores a internar-se na floresta à medida que avançava pela linha da costa. Eles tinham uma economia que combinava agricultura sazonal com forrageio. A caça na floresta lhes fornecia parte essencial de sua dieta. Desde a visita de Vespúcio, a mudança obscureceu as realidades de seu modo de vida, e ele estava por demais assombrado ou com ideias preconcebidas para nos dar uma visão clara a esse respeito. Mas com a ajuda de outras fontes — relatos de exploradores chegados depois dele e indícios antropológicos e arqueológicos — podemos ter uma visão aproximada daquilo que ele contemplou em sua chegada. Por exemplo, em um mapa de 1541 de Jean Rotz, membro de uma esplêndida escola cartográfica que atuou em Dieppe, uma ilustração mostra uma aldeia tupi de forma bastante realista.[33] Àquela altura, muitas fontes já tinham discorrido sobre os tupis com detalhes e certa precisão, especialmente, é de se supor, os madeireiros e comerciantes franceses que frequentavam a costa brasileira em princípios do século XVI em busca de madeira corante. Na representação de Rotz, grandes ocas cercadas de paliçadas circundavam uma praça cerimonial numa clareira destituída de folhagens mas cheia de toros de madeira: tratava-se de uma representação realista do aspecto da terra quando os tupis a limpavam para o cultivo. Para derrubar as árvores, eles queimavam o tronco a partir de uma incisão em forma de anel, feita na altura adequada. Na ilustração, veem-se índios lutando contra os vizinhos; outros estavam deitados em redes; outros se reuniam para uma dança ritual. Ainda outros, a serviço do comércio europeu, ainda inexistente à época de Vespúcio, cortavam árvores para tintura e as levavam para canoas que se encontravam na costa. Algumas aves domésticas bicavam vigorosamente. Apenas três partes da cena correspondiam às observações de Américo: as redes, as habitações comunais "de construção deveras maravilhosa, considerando-se que eles não dispunham de ferro nem de nenhum outro metal", e uma mulher assando uma perna humana numa fogueira.

    Não chamo a atenção para as falhas nas observações de Vespúcio para denegri-lo, mas para ressaltar as circunstâncias desfavoráveis em que ele trabalhava. Outros observadores de primeira hora tiveram de enfrentar as mesmas dificuldades, com iguais consequências. Excetuando-se os escritos de Colombo, o relato mais próximo, no tempo e no espaço, foi o de Pero Vaz de Caminha,[34] escrivão da frota de Cabral que primeiro enviou a seu país notícias sobre o desembarque no Brasil. O encontro de Caminha com os nativos se deu numa praia habitada por falantes de tupi, numa região que Vespúcio só viria a alcançar na segunda viagem. As semelhanças entre os escritos de Colombo, Vespúcio e Caminha — o primeiro falando do povo de ilhas caribenhas; o segundo, de uma mistura de comunidades da Venezuela e do Brasil; o terceiro, de um encontro com tupis — são tão notáveis que só podem ser explicadas de duas maneiras. Elas podem ter resultado de uma espécie de conluio: Vespúcio com certeza conhecia os textos dos outros e pode ter seguido o de Colombo por uma questão de hábito, pois ele estava sempre à sombra do almirante. À época de sua segunda viagem, ele tivera tempo e oportunidade de conhecer também as ideias de Caminha, que por seu lado podia ter se baseado em conhecimentos hauridos nos escritos de Colombo e Vespúcio. Outra possibilidade é que as semelhanças dos três relatos derivem das mesmas dificuldades enfrentadas pelos três. Todos eles tiveram de lutar para compreender uma experiência perturbadoramente nova, e todos tinham em mente os mesmos modelos literários.

As primeiras descrições que Vespúcio fez dos nativos seguiam de perto o modelo estabelecido por Colombo. A primeira coisa que Colombo registrou sobre os nativos do Novo Mundo — a primeira coisa que, pelo que sabemos, foi assinalada por um europeu — foi o fato de que eles estavam, como disse ele, "nus como suas mães os puseram no mundo, e as mulheres também".[35] A versão de Vespúcio é similar: os homens e as mulheres estavam todos nus "como saíram do ventre de suas mães" e, acrescentou, não tinham nenhuma vergonha.[36] A observação inicial de Caminha sobre os nativos segue a mesma linha: "pardos, nus, sem coisa alguma que lhes cobrisse suas vergonhas". Sua nudez, enfatizava o autor, não lhes causava vergonha, não mais do que "mostrar a cara". "A inocência desta gente é tal que a de Adão não seria maior, com respeito ao pudor."[37]

Apesar desse consenso, os sábios florentinos que leram os relatos de Vespúcio em manuscrito se mostraram céticos. Será que aquela gente podia ficar o tempo todo nua? Em resposta, Vespúcio socorreu-se da autoridade da experiência. Com cólera exaltada e mal contida, ele relembrou a magnitude de suas viagens e insistiu que "na maior parte de 2 mil léguas de costas e 5 mil ilhas, nunca vi ninguém vestido".[38] Mas por que era tão polêmico afirmar que os índios andavam nus?

Em parte, porque era o tipo de tema literário que parecia calculado para inspirar ceticismo. Mandeville incluiu descrições de povos que não usavam roupas entre os *mirabilia* que situou num lugar do mundo impensavelmente remoto — a ilha no hemisfério sul que ele chamou de Lamory, identificada em alguns outros textos como Sumatra. Ali, ele dizia, "os homens e as mulheres andavam completamente nus [...] porque dizem que Deus fez Adão e Eva nus e que os homens não deviam envergonhar-se do que Deus fez, pois nada que seja natural é feio".[39] O capítulo de Mandeville sobre Lamory é de longe a principal fonte das alusões não confessadas de Vespúcio ao autor de literatura de viagens, e com certeza ele devia ter essa passagem em mente quando se viu diante de interlocutores nus.

E, o que é mais importante, a nudez era muito carregada em termos ideológicos. O suposto encontro de Mandeville com gente nua era obviamente irônico. Implicitamente, ele estava censurando os eruditos de sua época por seu preconceito irracional em favor das roupas. Seu argumento causava um calafrio quase herético, pois na Europa considerava-se o nudismo uma prática de adamitas heréticos, que se acreditavam predestinados à salvação e, portanto, incapazes de pecar. Se praticada sem concupiscência, a nudez parecia ser um estado moralmente superior. Ela remetia à inocência edênica e lembrava o mito clássico da Idade de Ouro de idílica virtude, anterior ao momento em que a guerra e a avareza perturbaram a harmonia da terra. E era um sinal de como era bom abandonar-se a Deus, tal como são Francisco demonstrou de forma tão espetacular quando se despiu em público na praça principal de sua cidade natal.

Vespúcio não escondia os modelos que tinha em mente quando tentou interpretar o sentido da nudez desembaraçada dos índios. Eles viviam, disse Vespúcio, num Éden ou numa Idade de Ouro. Assim também pensava Pedro Mártir de Angleria, humanista da corte de Castela. Divulgando os descobrimentos numa obra publicada em 1500, ele afirmou que nas ilhas de Colombo "a terra pertencia a todos, da mesma forma que o sol e a água. O meu e o teu, as sementes de todos os males, não existem para aquele povo [...]. Eles vivem numa idade de ouro [...] em jardins abertos, sem leis nem livros, sem juízes, e naturalmente seguem a bondade e consideram odioso quem quer que se corrompa pela prática do mal". Em sua segunda viagem, depois que esse trabalho foi publicado, Vespúcio aplicou ao Brasil o julgamento de Pedro Mártir, quase palavra a palavra, afirmando que os nativos praticavam uma espécie de comunismo primitivo. Não era verdade. Segundo um observador de meados do século XVI que viveu muito tempo entre os tupis e que em outros sentidos era bastante confiável, todo casal tinha sua própria horta, onde as mulheres cultivavam alimentos para sua família.[40] Mais uma vez, Vespúcio permitia que modelos literários substituíssem a observação direta. Mandeville, com seu costumeiro tom radical, já levantara a possibilidade de os exploradores encontrarem nos confins do mundo sociedades que partilhavam a propriedade. Em seu relato ficcional sobre a ilha de Lamory, ele escreveu: "A terra é de propriedade comum [...] cada homem pega o que lhe agrada, ora aqui, ora ali. Pois todas as coisas são comuns, como eu disse, o milho e outros bens também; nada fica trancado, e cada homem é tão rico quanto outro".[41]

Isso era matéria subversiva. As consequências ideológicas eram por demais devastadoras para serem admitidas: teria um estado de inocência de antes da Queda sobrevivido ao pecado original num Paraíso até então não visitado? Qualquer insinuação de que havia povos isentos do pecado original constituía um desafio a toda a base da moralidade cristã. Para os perplexos humanistas, compreender o mito da Idade de Ouro era uma questão candente. Teria realmente existido no passado uma era com um povo moralmente superior, como cantam os poetas clássicos? E, caso tenha existido, sobreviveriam vestígios dela, fora do alcance do corrosivo contato com o comércio? Caso se tratasse apenas de um mito sobre o passado, a Idade de Ouro poderia se tornar uma utopia programática — uma visão de um futuro possível no qual a desigualdade e a injustiça desapareceriam.

Logo em seguida ao tema da nudez, ou concomitante a ele, o que chamava a atenção dos primeiros observadores era a pigmentação da pele dos nativos. A pigmentação era importante não por causa do racismo — a ciência medieval não considerava a pele escura em si mesma como prova de uma natural inferioridade —, mas porque ela levantava questões sobre a ortodoxia geográfica derivada de Aristóteles e, portanto, lançava luz sobre os métodos adotados por epistemologias rivais: observação contra autoridade tradicional. Aristóteles predisse que latitudes similares dariam origem a ambientes semelhantes e, em consequência, produtos e populações similares. Como se supunha que a pele negra era um efeito do clima tropical, imaginava-se que quem vivesse nessas regiões teria a pele negra. Mas Aristóteles tinha razão? Acaso a experiência e a observação confirmavam suas afirmações? Essas eram questões enervantes, pois Aristóteles, segundo se pensava na época de Vespúcio, era "O Filósofo" — o árbitro supremo do conhecimento. Para a ciência da época, duvidar de sua autoridade era tão inquietante quanto duvidar da veracidade da Bíblia. Além disso, caso se pudesse determinar a cor da pele dos povos do Novo Mundo, isso ajudaria a situar os nativos no panorama que a Bíblia e a tradição clássica tinham esboçado para a humanidade.

Colombo insistia que o povo que ele descobrira "não era nem branco nem preto, mas semelhante aos habitantes das ilhas Canárias".[42] Isso era inegável, porque Colombo estava — ou pensava estar — na mesma latitude das Canárias quando chegou ao Caribe. Infelizmente, não sabemos que aspecto tinham os nativos das Canárias, visto que a devastação da conquista e os estragos do colonialismo os varreram do mapa, salvo na imaginação romântica.[43] Muitos relatos da época da conquista afirmavam serem eles brancos. A rigor, segundo os princípios de Aristóteles, os nativos das latitudes exploradas por Vespúcio e Caminha deviam ser pretos, pois assim eram os povos das latitudes correspondentes do Velho Mundo. Caminha ora os descrevia como tendo pele escura, ora como tendo pele vermelha. Os pigmentos com os quais se pintavam, pensava ele, acentuavam sua vermelhidão. Para Vespúcio, que como sempre se pautava por Colombo, eles não eram nem pretos nem brancos, mas "bege, por assim dizer, ou pardos [*come bigio o lionato*]". Essa imagem que, pelo menos nesse caso, não fora tomada de empréstimo a Colombo, era do próprio Vespúcio. Mas seus críticos consideraram essa cor clara demais.

Quando seu correspondente florentino o questionou sobre esse assunto, ele repetiu que o povo do Novo Mundo tinha uma pele de cor muito parecida com a dos leões. Mais uma vez, ele se reportou à experiência. Ele vira o que vira. Mas, para fazê-lo crível aos seus leitores instruídos, tinha de improvisar uma teoria em que esse dado se ajustasse. Ele levantou três hipóteses. A primeira era de que a pele negra resultava da "compressão do ar e da natureza da terra". A África era vítima de solos pobres e de ventos quentes, ao passo que as terras por ele visitadas eram "muito mais amenas e temperadas e de melhor compressão, fazendo com que os povos fossem brancos".[44] Sua segunda hipótese era de que a pigmentação da pele negra era hereditária (embora isso em nada contribua para explicar como surgiram as diferenças de pigmentação). Finalmente, ele afirmou que, se tivesse tempo, poderia desenvolver mais uma hipótese: a de que as influências astrais, por serem diferentes nas Américas, tinham efeitos diferentes. Lá a seu modo, tratava-se de uma afirmação notável, não porque contivesse qualquer sinal de conhecimento científico, mas porque antecipava um dos temas da "Polêmica do Novo Mundo" do século XVIII, que dividiu em campos opostos os detratores do clima e do ambiente físico do Novo Mundo, de um lado, e, de outro, seus defensores, que consideravam o Novo Mundo capaz de produzir frutas, fauna e homens superiores — em parte com base na crença de que as estrelas que lá brilhavam eram mais propícias.[45]

Confrontados com a questão de falar da cor da pele dos nativos, os primeiros observadores procuravam termos com os quais pudessem descrever rostos e corpos. Como vimos, os exploradores esperavam encontrar monstros, e o público leitor exigia monstros. Os observadores encontravam-se em regiões que eles supunham ficar nas fímbrias do mundo habitado, onde as lendas clássicas e medievais espalharam os ciápodes, que descansavam à sombra de seu único pé enorme; os cinocéfalos, com cabeça de cachorro; o povo sem boca, que se alimentava inalando; as amazonas, os gigantes peludos e os homens selvagens; "antropófagos e homens cuja cabeça cresce abaixo do ombro" — isto é, a hoste de monstros com que Otelo se defrontou. Na versão impressa do primeiro relato de Colombo, ele se diz surpreso por não ter encontrado nenhum monstro em suas ilhas. Mas não era apenas o desejo de causar sensação que estava em jogo. Os monstros também traziam consigo o peso deformante da controvérsia ideológica. Santo Agostinho negara a existência de monstruosidades. Segundo ele, são nossas percepções distorcidas da beleza que nos fazem negar a perfeição de seres diferentes de nós.[46] Depois de um período de ceticismo, porém, os monstros acharam seu caminho de volta para as geografias, etnografias e bestiários medievais, em número cada vez maior, do século XII em diante. Como vimos, isso se deve, em parte, à redescoberta de textos clássicos em que se enumeram monstros. O que estava em discussão era antes seu significado que sua existência. Segundo um princípio da psicologia da Idade Média tardia, havia muito tempo aceito, mas expresso no século XIII de forma autoritária por Alberto Magno, uma razão perfeita só poderia existir num corpo perfeito. Assim sendo, a monstruosidade traía uma condição subumana. Os *similitudines hominis* — monstros assemelhados a nós, mas grotescos — não eram verdadeira e totalmente humanos, mas apenas eles inferiores na cadeia do ser que unia animais e homens.

Era por isso que os primeiros observadores do Novo Mundo insistiam tanto em afirmar que os nativos tinham um físico normal. "Eles são gente de boa disposição e de boa estatura", insistia Colombo. "De bom físico e de coração grande", afirmou Vespúcio. Segundo Caminha, eles eram "bem-feitos" e tinham "rostos e narizes bem-feitos [...]. O Senhor lhes deu bons corpos e bons rostos, como a homens bons".[47] Mas ele acrescentou longas e repetidas reflexões sobre o costume que tinham de deformar os próprios lábios pela introdução de pedras em orifícios feitos especialmente para isso. O compilador de *Mundus Novus* acrescentou esse detalhe ao relato de Vespúcio. Havia mais que mera lascívia, havia um projeto político, social e sexual na insistência na perfeição física das mulheres. Caminha foi o mais eloquente quanto a esse ponto. "E uma daquelas moças era toda tingida de baixo a cima daquela tintura deles, e certamente era tão bem-feita e tão arredondada, e suas vergonhas (que ela não escondia) tão graciosas que a muitas mulheres de nossa terra, vendo-lhe tais perfeições, se envergonhariam, por não terem as suas como ela. Nenhum dos homens era circuncidado, mas todos assim como nós."[48]

Tendo descrito a aparência dos nativos, os observadores tentaram dar aos leitores uma ideia de como eles eram: seu comportamento, suas maneiras, seus hábitos, seu grau de civilização, seu desejo de confraternizar como os recém-chegados. A forma como os nativos reagiam aos seus visitantes europeus era crucial. Ela determinaria se eles eram dóceis, passíveis de ser explorados, ou hostis e intratáveis. Neste último caso, que se poderia fazer com relação a isso? Poderiam os nativos ser legitimamente conquistados ou escravizados, ou suas terras serem apropriadas por colonos? Questões desse tipo havia muito vinham sendo debatidas por filósofos e juristas, que tinham estabelecido ou esboçado alguns princípios, embora sem muita segurança. Correndo o risco de excessiva simplificação, eles podem ser assim resumidos: a lei natural garantia a soberania de todas as comunidades políticas, mas o povo que atentasse contra a lei natural perdia o direito à proteção.[49] Nos anos anteriores aos encontros com povos do Novo Mundo, as questões relativas ao *status* jurídico dos povos recém-descobertos tornaram-se cada vez mais prementes. Na década de 1430, o príncipe português dom Henrique — erroneamente chamado de "Henrique, o Navegador" pelos escritores anglófonos — estabeleceu o direito de conquista, reconhecido por sucessivos papas, contra povos nativos de partes da África Ocidental, com base no fato de que se tratava de "brutos selvagens", indomáveis por meios pacíficos. Estava implícito que o direito de conquista (em que Henrique na verdade não estava interessado) acarretava o direito de escravizar (que o interessava), porque a lei da época definia escravos como cativos de uma guerra justa. Era um costume consagrado pela Antiguidade e justificado pelo direito à represália.

À época dos encontros com povos do Novo Mundo, essas questões eram candentes nas mentes dos exploradores e de seus leitores, pois saltava à vista o exemplo dos nativos das ilhas Canárias. Também esse povo impressionara os europeus com sua cultura material rudimentar — sua pobreza nua, sua vida pastoril, sua tecnologia da Idade da Pedra — e suscitara especulações humanistas sobre a sobrevivência da Idade de Ouro. Mas eles se mostraram ferozes e tenazes na resistência. Foi preciso quase uma centena de anos de guerra para submeter todas as ilhas. A última campanha sangrenta só terminou em 1496. Durante todo o conflito, os teólogos questionaram sua justiça e intervieram para prevenir ou reverter a escravização dos ilhéus.[50]

Colombo apressou-se em afirmar que o povo que ele encontrara nas ilhas era do tipo com quem se podia negociar pacificamente. "Eles nos obsequiavam tanto que era uma maravilha [...]. Trouxeram e nos deram de tudo o que tinham com boa vontade [...]. Devem dar bons servos, de boa agilidade mental, pois vejo que eles repetem muito inteligentemente tudo o que lhes é dito."[51] No relato de Vespúcio, os nativos conversaram com os recém-chegados e os acolheram generosamente — Américo não especifica o que se serviu na refeição — "e tudo que se lhes pedia eles davam de imediato — acho que mais por medo que por amor".[52] Ambos os autores, ansiosos por retratar os nativos como povos dóceis que não representavam nenhuma ameaça, disseram que eles eram tímidos e que fugiam à aproximação dos exploradores. Essa cena foi representada nas gravuras que acompanhavam as primeiras edições do primeiro relato publicado de Colombo sobre suas descobertas. Em primeiro plano, vê-se o rei da Espanha entronizado junto à costa, apontando para o outro lado do oceano, para além do qual se vê uma flotilha que, comandada por um explorador de cabeça coberta por um chapéu, aportava numa costa cheia de palmeiras em que selvagens nus, de cabelos longos, munidos apenas de bastões, se precipitam para fora da cena. Vê-se no céu algo que se parece com uma nuvem, mas na verdade trata-se da silhueta de são Nicolau, patrono dos marinheiros, que com frequência aparece como o protetor celeste dos aventureiros da água salgada na iconografia da época. A imagem era tão adequada à recapitulação dos feitos de Vespúcio que os editores da versão florentina da *Carta a Soderini* a reproduziram, sem modificações, como frontispício da obra.

A experiência de Caminha, tal como ele a relatou, foi ligeiramente diferente da dos outros dois exploradores. Mais tarde ele daria outra visão dos nativos, classificando-os como tímidos, mas essa não foi sua primeira impressão. "Eles traziam nas mãos arcos e flechas", da primeira vez em que os viu.

> Vinham todos rijamente em direção ao barco. E Nicolau Coelho lhes fez sinal que pousassem os arcos. E eles os depuseram. Mas não pôde deles haver fala nem entendimento que aproveitasse, por o mar quebrar na costa. Somente arremessou-lhe um barrete vermelho e uma carapuça de linho que levava na cabeça, e um sombreiro preto. E um deles lhe arremessou um sombreiro de penas de ave, compridas, com uma copazinha de penas vermelhas e pardas, como de papagaio. E outro lhe deu um ramal grande de continhas brancas, miúdas que querem parecer de aljôfar, as quais peças creio que o capitão manda a Vossa Alteza. E com isto se volveu às naus por ser tarde e não poder haver deles mais fala, por causa do mar.[53]

Embora aqueles nativos não fossem as criaturas tímidas retratadas nas gravuras de Colombo, tudo no encontro parece auspicioso. Caminha encontrara um povo franco, amável e dado ao comércio. O fato de que não pudessem compreender-se mutuamente não era uma consequência inevitável da disparidade cultural, mas apenas um efeito secundário do bramido do mar. Um encontro mais de perto com dois nativos um pouco mais ao sul confirmou as impressões iniciais. "Um deles fez gestos que pareciam indicar a existência de ouro e prata na terra e que ele queria trocar contas de rosário brancas por ouro." Pelo menos, "isto tomávamos nós nesse sentido, por assim o desejarmos! Mas se ele queria dizer que levaria as contas e mais o colar, isso não queríamos nós entender, porque lho não havíamos de dar!".[54]

As circunstâncias obrigaram os exploradores a mudar seu ponto de vista e a reconhecer que a natureza dos nativos era mais complexa do que pareceu à primeira vista. Algumas comunidades nativas reagiram com desconfiança ou hostilidade à chegada de forasteiros. Povos que inicialmente tinham se mostrado dóceis podiam tornar-se hostis quando sabiam mais a respeito dos objetivos predatórios e gananciosos de seus visitantes. Quando os homens de Cabral começaram a encontrar nativos às centenas, continuou-se a respeitar as convenções de paz, mas Caminha os observava com uma ansiedade crescente. Quando se pedia que os nativos se retirassem, eles não iam muito longe. Sua fala era ininteligível porque era "rude". Seu hábito de desaparecer depois das trocas comerciais foi se tornando cada vez mais inquietante: "deduzo desses fatos", escreveu Caminha,

> que é gente bestial e de pouco saber, e por isso tão esquiva. Mas apesar de tudo isso são bem saudáveis e muito limpos. E naquilo ainda mais me convenço que são como aves, ou alimárias montesinhas, as quais o ar faz melhores penas e melhor cabelo que às mansas, porque os seus corpos são tão limpos e tão gordos e tão formosos que não pode ser mais! E isso me faz presumir que não têm casas nem moradias em que se recolham; e o ar em que se criam os faz tais. Nós pelo menos não vimos até agora nenhumas casas, nem coisa que se pareça com elas.[55]

Quando se distanciavam dos portugueses, parecia a Caminha que os nativos se aproximavam mais dos pássaros e dos animais: bordejavam as margens da humanidade para cair num monstruoso *demi-monde* bestial e selvagem, do qual seria justo tirá-los à força.

Depois dos primeiros encontros pacíficos, Vespúcio logo deu com nativos que lhe opunham resistência. Desesperando de suas vidas no calor da luta, os exploradores tiveram de rechaçá-los, inspirados pelas orações e pelo grito de guerra de um audaz mas anônimo companheiro. O episódio dá a impressão de ser uma interpolação heroica. Mais séria em suas implicações para as futuras relações entre nativos e recém-chegados foi a descoberta dos canibais. Colombo já tocara no assunto em sua primeira viagem, mas só se permitiu acreditar na existência deles quando, em sua segunda viagem, encontrou provas inequívocas de canibalismo nas Pequenas Antilhas: gente que fugira para não servir de pasto em festins canibais e corpos despedaçados para ir para a panela. Não obstante, Colombo sabia distinguir nativos bons de nativos maus. Os aruaques eram bons, os caribes, maus. Os caribes comiam os aruaques, mas os aruaques não comiam os caribes. A situação encontrada por Vespúcio era mais complexa. Seu Éden tinha serpentes humanas. A Idade de Ouro cobria-se de manchas sombrias. O mesmo povo era simultaneamente exemplo moral e a encarnação do vício bestial. "E descobrimos que eles eram de uma raça chamada de canibais, e praticamente a maior parte dessa geração vive de carne humana; e disso Vossa Magnificência pode ter certeza." Mais uma vez, pode-se ver claramente a influência de Colombo nos comentários que Vespúcio faz em seguida. Alguns dos detalhes que o florentino acrescentou podem ter sido garimpados dos relatos de Colombo — os canibais, por exemplo, que faziam incursões em canoas contra os vizinhos; corpos despedaçados pendurados para serem comidos. Outros talvez fossem meras invenções, talvez observações genuínas. "Eles não comem mulheres, apenas as escravizam."[56] Essa parece ter sido a prática normal dos tupis, cujos festins canibais eram formas de sacrifício ritual de prisioneiros de guerra. Eles comiam os guerreiros inimigos para simbolizar sua vitória e talvez também para apropriar-se de sua força, ingerindo-a literalmente. Em sua segunda viagem, Vespúcio deu mais detalhes. Os canibais, explicou ele, alimentavam-se de mulheres cativas, "e depois de algum tempo, quando tomados de fúria diabólica, massacram mulheres e bebês e os comem".[57] O vívido episódio passou às versões impressas e incendiou a imaginação dos gravuristas. Uma testemunha com quem Vespúcio diz ter conversado comera mais de duzentas vítimas, "algo que tenho como certo, e que isso baste".[58]

Mais uma vez, a influência de Mandeville parece estar por trás da tradição a que se filia o relato de Vespúcio. Na sua ilha de Lamory, ele afirmou: "eles têm um costume perverso, pois se comprazem mais em comer carne humana que qualquer outra [...]. Comerciantes trazem crianças para vender, e a gente da região as compra. As crianças gordas, eles as comem. As magras eles alimentam e engordam, depois as matam e comem. E eles dizem que é a carne mais deliciosa do mundo".[59] Os leitores haverão de lembrar que, em outros aspectos, na imaginação de Mandeville, Lamory era uma ilha moralmente exemplar, na qual, como no Novo Mundo de Vespúcio, a inocência e a selvageria pareciam coexistir.

Por que esses equívocos ou, pelo menos, essas incongruências? Por que descrever os nativos como simultaneamente bons e maus? Por que essa estranha síntese dos nativos que Colombo encontrou na primeira viagem — tímidos, pacíficos, sugestionáveis — e os ferozes canibais que encontrou na segunda? As percepções de Vespúcio — assim como as de Colombo — foram mudando à medida que ele prosseguiu suas explorações, visitando uma série de diferentes povos com culturas um tanto díspares.

No caso de Colombo, duas mudanças ocorreram enquanto ele navegava pelo mar das Antilhas em sua primeira viagem. Primeiro, foi ficando cada vez mais decepcionado e desesperado com a escassez de produtos passíveis de exploração e de oportunidades de comércio. Isso o fez pensar cada vez mais nos nativos como escravos potenciais. As ilhas tinham muito pouco mais a oferecer. Por outro lado, quando passou das ilhas menores e periféricas para a grande ilha central de Hispaniola, ele observou uma maior riqueza e sofisticação política no povo que lá encontrou. Também Vespúcio foi modificando suas percepções concomitantemente à mudança de suas expectativas. Ele chegou como comerciante em busca de gente ingênua que lhe vendesse pérolas baratas e de povos como os descritos por Colombo, com seu ambiente edênico e seus modos inocentes. Quando deixou o Novo Mundo para nunca mais voltar, tornara-se um escritor que precisava de um bom manuscrito. Daí sua crescente atração por histórias bizarras e sensacionais. Canibalismo vendia. Ele podia evocar horrores confortáveis num público leitor europeu bem acomodado e autoindulgente. De todos os comentários de Vespúcio sobre os nativos, o tema do canibalismo era, de longe, o que causava maior impacto — era algo que chamava a atenção dos leitores e que eles não esqueciam. Todas as gravuras das primeiras edições de seus escritos mostravam cenas de canibalismo, com representações plausíveis de tupis enfeitados de penas preparando tranquilamente a refeição com carne humana.

    Além disso, Vespúcio tinha objetivos conflitantes. Ele queria os nativos dóceis — habitantes apropriados do *locus amoenus* — ou que evocassem a visão que os humanistas tinham da Idade de Ouro. Estava fadado, também, a refletir a tradição literária do "bom pagão" — o modelo moral que constituía uma censura aos cristãos pecadores. Mas ele tinha também de ganhar dinheiro. A experiência de Colombo mostra que a única maneira de fazê-lo era pela escravização dos nativos. O mesmo ensinava a experiência do próprio Vespúcio como empregado de Gianotto Berardi. Por razões que já discutimos, era necessário atribuir crimes contra a lei natural às potenciais vítimas da escravização. Tais crimes os privavam da proteção da lei e os tornavam alvos legítimos da coerção e da violência.

Finalmente, vale insistir que Vespúcio nunca conseguiu se furtar a percepções matizadas por suas leituras. A dependência de fontes literárias não implica que seus relatos nada devessem a uma observação real, apenas que ele selecionava, entre suas observações, aquelas que mais serviam a seus objetivos. Ao escrever, a maioria dos observadores apoia-se na lembrança de suas leituras para representar o que viram — no que tange à linguagem, às imagens e ao brilho intelectual. De todas as passagens de Vespúcio dedicadas aos nativos, a de maior pretensão literária é a do episódio que se situa em certa aldeia a quinze léguas da costa, na "ilha dos gigantes": uma imagem que, embora provavelmente tomada de empréstimo a Dante, era bastante frequente nos romances de cavalaria da baixa Idade Média. Como vimos, muitos precursores de dom Quixote fizeram-se ao mar para lutar contra gigantes, ganhar um reino numa ilha, num desfecho em que normalmente havia um casamento com uma princesa. Quando Mandeville situou sua mixórdia de maravilhas em ilhas oceânicas a leste da China, uma terra de gigantes era, de todas, a menos incrível, comparada com ilhas habitadas por basiliscos cujos olhos eram pedras preciosas ou por mulheres que se deleitavam com a morte dos próprios filhos. Os gigantes de Mandeville prefiguram muito de perto os de Vespúcio. Seus trajes se limitam a peles de animais. Eles comem carne crua, tomam leite e não têm casas. "Preferem comer carne humana a qualquer outra." Mais que depressa agarram e matam quem quer que seja imprudente o bastante para desembarcar.[60]

Vespúcio conseguiu combinar todas essas tradições em seu relato. Segundo ele, as mulheres gigantes se pareciam com Pentesileia, e os homens, com Anteu. As mulheres receberam os exploradores com modéstia ou timidez, mas uma delas — "certamente", diz Vespúcio, "uma dama de destaque" — convidou-os a fazer uma refeição. O primeiro impulso dos visitantes foi o de raptar um casal daqueles prodígios, "e presenteá-lo ao nosso rei", mas a chegada de um grupo de homens gigantes frustrou seus planos. Seguiu-se então uma civilizada troca de cumprimentos: "Nós lhes respondemos, por meio de sinais, que éramos homens de paz e que estávamos viajando para ver o mundo". Embora os gigantes sejam um artifício literário, eles exemplificam a forma como os temas literários vão e vêm, cruzando a fronteira que separa as leituras da experiência real, pois os visitantes posteriores da costa atlântica da América do Sul, devido ao poder da sugestão, continuaram por séculos a buscar e a esperar encontrar os gigantes de Américo — a ponto de a Patagônia receber um nome que significa literalmente "terra dos homens de pés grandes", e de seus nativos, embora não particularmente altos, serem sempre vistos pelos visitantes europeus como gigantes.

Em sua segunda visita, Américo afirmou ter tido um contato mais próximo com os nativos. Ele passou 27 dias "comendo e dormindo entre eles" e "esforçando-se para entender suas vidas e costumes". Em muitos aspectos, a experiência confirmou as impressões que tivera em sua visita anterior às regiões mais ao norte. Eles viviam nus, repetiu ele, e eram bem-proporcionados e canibais. Seu desprezo pelos bens materiais continuava a dar uma impressão de inocência, intocada pela raiz do mal. "Eles não têm propriedade pessoal, pois tudo é de todos", e "não dão valor a nada, nem a ouro nem a prata, nem a outras joias, apenas a coisas de penas ou osso". A inquietação que esses assuntos despertavam aumentou ainda mais a incredulidade dos leitores de Vespúcio.

Ele respondia a suas dúvidas acrescentando detalhes interessantes sobre o tema do desprezo pelo ouro e pela prata. Os céticos lembraram ter ele falado da compra de escravos dos nativos, o que indica que algum interesse comercial deviam ter. Mas nisso não havia nenhuma contradição, retrucava Américo. "No momento em que respondo", principia ele, "lamento a perda de tempo e o desperdício de papel e de tinta."[61] Os compradores, explicou ele, pagavam pelos escravos com "um pentinho de madeira ou um espelho de quatro quartos [*quattrini*]" por cabeça, e daí por diante os nativos "não se separariam do pente ou do espelho nem por todo o ouro do mundo". Seu estilo de vida, insistia ele, "é mais epicurista que estoico ou acadêmico". Seus únicos bens pessoais eram os enfeites para folguedos e para a guerra, feitos de "penas e espinha de peixe ou outro material desse tipo". Nas ostreiras de pérolas — como Vespúcio lembraria alguns anos depois — os exploradores recolheram pérolas cujo valor alcançaria 15 mil ducados em Castela, e por elas pagaram o equivalente a menos de quatro ducados. O próprio Vespúcio conseguiu pérolas no valor de mil ducados, em troca de um simples guizo de falcoaria. Quanto ao ingênuo vendedor, "tão logo se viu com o guizo, ele o pôs na boca, se internou na mata, e não o vi mais". Américo também desenvolveu algumas reflexões sobre as razões que levavam um povo sem nenhuma motivação política ou econômica fazer a guerra. "Acho que eles a fazem para comerem uns aos outros."[62]

Das novas observações de Américo, algumas eram moralmente neutras e feitas com critério. Inspirado com certeza por Caminha, ele ressaltou a importância da ausência da tecnologia que permitia forjar o ferro. Isso era um traço positivo — porque a Idade do Ferro seguia-se à Idade de Ouro no modelo clássico — e ao mesmo tempo negativo, porque indicava serem eles inferiores, do ponto de vista do conhecimento, aos povos de sociedades mais ambiciosas em termos de tecnologia. Feitas as contas, as conotações positivas e negativas se anulavam mutuamente. Vespúcio aproveitou a oportunidade para apresentar a utilização de instrumentos de pedra como uma prova da inventividade técnica dos nativos. Apesar de não terem instrumentos de metal, eles construíam casas admiráveis, grandes o bastante para acomodar quinhentas ou seiscentas almas, que levavam todas uma vida em comum. Outros detalhes novos no relato de Vespúcio aprofundavam seu realismo, sem lhe alterar a mensagem. Os nativos, agora ele observava, usavam redes para dormir. Eles se sentavam no chão para comer refeições compostas de frutas, ervas e peixe, embora "seu principal alimento seja a carne humana". Por causa das ferozes criaturas da floresta, "eles só se aventuram a entrar na mata em grande número".

Alguns dos novos elementos revelados pela segunda viagem de Vespúcio refletiam um inequívoco reconhecimento das qualidades dos nativos. Suas mulheres dão à luz sem grande agitação e, "ao contrário de nossas mulheres", comem de tudo e voltam ao trabalho no mesmo dia. Isso soa como uma variante do tema dos pagãos como um exemplo moral, e também um exemplo instrutivo da insensibilidade masculina às dores da maternidade. Os homens viviam muito. O homem mais velho que Vespúcio encontrou tinha 132 anos (elevados para 150 na *Carta a Soderini*). Este era com certeza um detalhe acrescentado para reforçar a concepção vespuciana de que o Novo Mundo era um lugar salubre. Isso fundou uma tradição. A longevidade dos tupis tornou-se um lugar comum entre os autores do século XVI, que afirmavam repetidas vezes terem encontrado pessoas com mais de cem anos.[63]

Mas Vespúcio acrescentou material novo que, se não produto da experiência direta, era o resultado de reflexões e leituras. O impacto de tudo isso foi decisivo: os nativos eram vistos de uma perspectiva sombria e negativa. Anteriormente, Vespúcio destacara sua generosidade e hospitalidade espontâneas, mas agora os apresentava como "belicosos e cruéis". Ele acrescentou, de forma bem pouco plausível, que eles só usavam armas de arremesso (*comessi al vento*). Isso fazia eco a seu bem lembrado Petrarca (referido na p. 148).[64] Eles não tinham nenhum traço de soberania — nenhuma ordem política discernível, nenhum órgão de governo, nenhuma instituição jurídica. Assim sendo, eram alvos legítimos para os conquistadores europeus. "Eles não têm fronteiras de reinos ou de províncias; eles não têm rei nem ninguém a quem obedeçam: cada um é seu próprio senhor. Não administram a justiça, porque entre eles não existe cobiça." E, o que era mais importante, "eles não têm leis" e, assim sendo, não têm conhecimento de lei natural, o que os fazia passíveis de escravização. Dizer, como o fez Vespúcio, que "eles vivem de acordo com a natureza" era ambíguo. Era possível interpretar que eles observavam a lei natural, mas no contexto de um inventário das deficiências morais dos nativos em que figura a afirmação, esta significa claramente que os nativos viviam instintivamente, ao modo dos animais selvagens, e não guiados pela razão. Daí se podia depreender que homens racionais tinham o direito, por licença divina, de dominá-los. Caminha também achava que os nativos da terra descoberta por Cabral não tinham noção de hierarquia. Essa ideia não era partilhada por Colombo — pelo menos não nas versões de suas observações que chegaram até nós, que, quase todas, passaram pelo crivo editorial de Bartolomeu de Las Casas, o "apóstolo" e "protetor" dos índios, o qual devotou a maior parte de sua vida a tentar convencer os compatriotas espanhóis da legitimidade e ordem natural dos sistemas indígenas do Novo Mundo.

Detalhes da vida sexual dos nativos observados por Vespúcio em sua segunda viagem aumentaram o peso de suas críticas. Eles não tinham apenas uma esposa, "mas tantas quantas quisessem, e sem muita cerimônia".[65] Talvez a poligamia fosse contrária à lei natural, na avaliação dos especialistas do assunto na época, embora as opiniões divergissem. Mandeville, com seu característico espírito satírico, apresentou uma engenhosa defesa da poligamia em sua descrição da ilha de Lamory: "Nessa terra [...] todas as mulheres são consideradas comuns de todos os homens. Eles dizem que se agissem de forma diferente cometeriam um grande pecado porque Deus disse a Adão e Eva *crecite et multiplicamini et replete terram*, isto é, crescei e multiplicai-vos e enchei a Terra. Portanto, nenhum homem diz 'Esta é minha mulher', e nenhuma mulher diz 'Este é meu marido'".[66] A poligamia não era a pior das transgressões sexuais observadas por Vespúcio em sua segunda viagem. Ele afirmou também que entre os nativos o incesto era institucionalizado.[67] Isso, pelo consenso geral da jurisprudência cristã, era uma terrível violação da lei natural.

A última deficiência listada por Vespúcio era a pretensa falta de religião dos nativos. Isso não era necessariamente algo que pesasse contra eles. Colombo afirmou ter notado esse mesmo fenômeno, mas considerou-o uma virtude. Uma de suas primeiras observações foi: "Acredito que será bastante fácil torná-los cristãos, pois me pareceu que não tinham religião". "Eles não têm", ecoou Vespúcio, "fé" e "nenhum conhecimento da imortalidade da alma".[68] Essa não era uma opinião desinteressada. O papa Eugênio IV proibira a escravização, sob quaisquer circunstâncias, de cristãos e também de "povos em vias de conversão". Durante a conquista das ilhas Canárias, tornou-se comum, entre os missionários que queriam proteger suas potenciais congregações, afirmar que, por revelação direta, elas tinham certa intuição da existência de Deus, e que a piedade pagã constituía uma prova de uma potencial piedade cristã. É significativo que Caminha tenha observado os tupis dançando e saltando, ao que parece em resposta à missa que eles viram os exploradores celebrar.[69] "Parece-me gente de tal inocência", acrescentou ele com palavras que repetiam quase exatamente uma opinião já expressa por Colombo, "que, se nós entendêssemos a sua fala e eles a nossa, se tornariam logo cristãos, visto que não têm nem entendem crença alguma, segundo as aparências [...]. E imprimir-se-á facilmente neles qualquer cunho que lhe quiserem dar."[70] Eles viviam numa terra de muito bons ares, "frescos e temperados como os de Entre-Douro-e-Minho",[71] mas o principal fruto que poderia dar seria a salvação de seus habitantes. Em uma representação pictórica de uma epifania do século XVI, normalmente atribuída a Fernão Vasco, podemos ver como uma mente da época lidava com essa questão. De acordo com a tradição, dos três Reis Magos que oferecem presentes ao Menino Jesus, um é branco e outro é negro. O terceiro, de tez moreno-clara, com um toucado de plumas e roupa escassa, é facilmente reconhecível como um tupi — que talvez tenha tido como modelo um dos espécimes levado para Portugal pela expedição de Vespúcio.

No final, o próprio Américo percebeu que suas percepções contraditórias eram irreconciliáveis. "E não consegui saber deles por que fazem guerra uns contra os outros: pois eles não têm propriedade privada, nem senhores, impérios ou reinos, e não sabem o que é cobiça — isto é, roubo ou sede de poder, que me parecem ser a causa das guerras e de todas as desordens."[72] Essa observação soa como uma intelectualização pretensiosa, mas mostra que Américo abandonou ou engavetou — talvez como muito simplista, talvez considerando-a falsa — sua suposição de que os nativos faziam guerra "para comer uns aos outros".

Os nativos motivavam reflexões morais e suscitavam grandes questões filosóficas. Seu *status* moral era um problema fundamental que levantava questões sobre o valor da civilização, em oposição à selvageria: questões que haveriam de ocupar filósofos pelos dois séculos seguintes, à medida que as explorações se expandiam ainda mais e os novos encontros de culturas se multiplicavam. Infelizmente, as imagens mais influentes não foram as que Vespúcio registrou em suas cartas manuscritas, mas as invenções destinadas às versões publicadas de sua viagem: a afirmação de que ele viu um pai alimentando-se da carne da própria esposa e dos filhos; seu encontro com um canibal que comera trezentas pessoas; sua vívida descrição de "carne humana salgada pendurada em caibros do telhado, da mesma forma que penduramos toucinho e carne de porco";[73] seu horror ao ver mulheres canibais banqueteando-se com as partes do corpo de um dos companheiros dele.

A primeira imagem conhecida baseada em sua descrição apareceu no mapa conhecido como Kunstman II, da Biblioteca Pública Bávara, de Munique. Num espeto acima de um fogo abrasador, um canibal ajoelhado faz girar uma figura cuja cabeça pende sobre as chamas. É evidente que a cena se baseia nos escritos de Vespúcio, porém, a data é incerta. O mapa pode ter derivado de um manuscrito, no entanto é mais provável que se baseie em uma das versões impressas das experiências de Vespúcio.[74] Uma gravura de 1505, provavelmente impressa em Augsburgo, mostra a vida tupi tal como descrita na *Carta a Soderini*: postas de carne penduradas e mulheres nuas, com toucados de penas, distribuindo membros. Uma delas rói um braço humano cuja mão e dedos pendem. Versões alemãs e flamengas ou excertos do mesmo texto, publicados em 1509, são ilustrados com cenas de canibalismo. A primeira mostra o assassinato de um dos companheiros de viagem de Vespúcio; a segunda, uma família canibal assando uma cabeça humana. Passados alguns anos, pintores passaram até a basear-se nos canibais de Vespúcio para representar demônios no inferno.[75]

6. A fase do mago
Sevilha e o mundo, 1502-2005
Morte e fama

Logo depois do regresso de sua segunda viagem, Vespúcio estava em Sevilha queixando-se da sorte e do tratamento recebido do rei de Portugal. Como a onda de xenofobia amainara na Espanha, Américo estava livre para voltar quando quisesse, mas não se sabe ao certo a data de sua volta à cidade onde havia morado. Numa carta de Sevilha de outubro de 1502, seu amigo e sócio florentino Piero Rondinelli esperava que ele chegasse "dentro de alguns dias". Nenhum outro documento dá conta de seu paradeiro até fevereiro de 1505, quando ele se encontrava em companhia de Colombo, ainda — ou novamente — em Sevilha. O que ele teria feito nesse meio-tempo?

"COISAS DE NAVEGAÇÃO"

Ainda que fosse o autor de *Mundus Novus* e da *Carta a Soderini*, é improvável que esses trabalhos lhe tivessem tomado muito tempo. Teria Américo voltado para o mar? A *Carta a Soderini* inclui um breve e reconhecível — embora não muito preciso — relato de uma viagem feita em 1503-4, partindo de Portugal, sob o comando de Gonçalo Coelho, um respeitado e experiente navegante. Segundo o relato, aquela era a quarta viagem de Vespúcio.

Podemos fazer um resumo do relato da viagem que encontramos na *Carta a Soderini*, se é que isso tem alguma serventia. A expedição partiu de Lisboa em 10 de maio de 1503. O destino era Malaca, "o empório de todos os navios procedentes do mar Gangético e do oceano Índico".[1] É bastante provável que Malaca fosse o destino de uma frota portuguesa. Vespúcio tinha isso sempre em mente, desde sua conversa sobre o oceano Índico com o misterioso Guaspare, que lá estivera. Esse porto dominava uma decisiva rota marítima para o comércio entre a Índia e a China, à época o mais próspero comércio do mundo, fazendo a ligação entre as duas economias mais produtivas então existentes. Pelos padrões lusitanos, porém, a *Carta a Soderini* não parece muito bem informada sobre o assunto: diz que Malaca fica a oeste de Calicute, o que os portugueses já sabiam ser falso.

Outros detalhes da narrativa são igualmente pouco confiáveis. Vespúcio é apresentado como o capitão de um dos seis navios, sob o comando de um almirante intratável e anônimo cuja incompetência é ressaltada desde as primeiras linhas da narrativa. Trezentas léguas para além de Serra Leoa, e cerca de mil de distância de Lisboa, depois das tempestades de praxe, os exploradores avistaram uma ilha inabitada, medindo duas léguas por uma, onde a nau capitânia fundeou e a frota se dividiu. Não existe nenhuma ilha nessa posição, mas isso não impediu os entusiastas do texto de considerá-lo um relato do descobrimento da ilha de Ascensão. O navio de Vespúcio, junto com outro da frota, seguiu rumo ao Brasil e ancorou em Todos os Santos, que Vespúcio já conhecia de sua viagem anterior. Desistindo de reunir-se aos outros navios, Vespúcio e sua tripulação seguiram margeando a costa até um ponto situado dezoito graus sul e 35 graus oeste de Lisboa, onde "pacificaram todos os nativos" e guarneceram um forte com 24 portugueses. Se esse relato tivesse sido mesmo escrito por Vespúcio, a longitude com certeza teria sido muito exagerada, como era o caso em todas as estimativas comprovadamente suas. Os exploradores chegaram de volta a Lisboa em 28 de junho de 1504 e souberam que seu almirante não sobrevivera; "essa é a paga", acrescenta o sentencioso autor, "que Deus dá à soberba".[2]

A viagem — ou algo parecido — aconteceu; outras fontes portuguesas confirmam que mais ou menos à mesma época Coelho comandou uma expedição frustrada por um desastre. Mas não há provas de que Vespúcio dela participou e tampouco um registro independente de seu itinerário. A explicação mais plausível para o fato de a viagem figurar na *Carta a Soderini* é que o compilador apropriou-se da viagem de Coelho para aumentar para quatro o número de viagens de Vespúcio — em parte porque as quatro viagens de Colombo tornaram esse número canônico, em parte porque *Mundus Novus* prometera ao público de Vespúcio o relato de uma quarta viagem. Mais uma vez Colombo parece ter sido o exemplo e a inspiração de Vespúcio. É possível que a *Carta a Soderini* seja idônea no que diz respeito a isso e que Vespúcio tenha viajado com Coelho. Mas, como vimos, a carta é uma falsificação que pouco deve à participação de Vespúcio e contém muitos empréstimos e invenções. Seria imprudente confiar em sua autoridade, não corroborada por outras fontes.

Em fins de 1504 e início de 1505, Vespúcio estava morando na casa de Colombo, os dois compadecendo-se mutuamente, e Vespúcio com certeza aconselhando-se com o almirante. Em fevereiro de 1505, segundo Colombo, Vespúcio deixou Sevilha e foi apresentar-se ao rei "chamado por este para tratar de coisas ligadas à navegação".[3] Nos meses seguintes, ele recebeu reembolsos da Coroa pelas despesas que teria feito a seu serviço. Além disso, por decreto real, ele se tornou um castelhano naturalizado.[4] Assim, Américo fora bem-sucedido onde Colombo falhara: gozava da confiança da corte. Evidentemente, seus dotes comerciais não o haviam abandonado. Dali em diante, e mais ou menos até o fim de sua vida, uma série de documentos mostra-o desempenhando funções de responsabilidade a serviço da Coroa.

Para começar, encarregaram-no de equipar a frota que Vicente Yáñez Pinzón, antigo companheiro de bordo de Colombo, estava preparando para as Índias, com o objetivo de chegar à fonte das "especiarias".[5] Isso pode nos levar a duas conclusões: primeiro, que uma vez dispensado de seu serviço como explorador em Portugal, Américo dispunha-se a voltar ao trabalho relativamente insípido de equipar e aprovisionar navios. Segundo, que naquela fase de sua vida, Vespúcio com certeza continuava a acreditar num globo terrestre em escala reduzida e ainda esperava — a menos que o rei e outros interlocutores o tenham interpretado mal — realizar o projeto de encontrar um caminho marítimo ocidental para a Ásia. Em abril de 1506, um informante veneziano de Sevilha chegou a pensar que Vespúcio tomaria parte na viagem, que tinha o objetivo de encontrar Malaca.[6] Como vimos, Gonçalo Coelho se frustrou em sua busca do mesmo objetivo, e pelo menos a *Carta a Soderini* associava o nome de Vespúcio às iniciativas do navegante luso.

Não obstante, o fato de Pinzón ir em busca de "especiarias" indica que, naquela ocasião, Malaca não estava nos planos. Malaca era um empório. O centro da produção de especiarias — especialmente as pouco volumosas e de grande valor como noz-moscada, cravo, macis, muito procuradas pelos comerciantes — estava mais a leste, nas Molucas, ou Maluco, como se costumava dizer à época. Era comum confundir "Malaca" com "Maluco". A *Carta a Soderini* parece confundi-las, visto que nela se lê que Malaca é "uma ilha [...] que dizem ser muito rica" — descrição que evoca as Molucas, mas que não se aplica a Malaca. Fosse qual fosse o destino da expedição, parece mesmo que Vespúcio queria participar dela. Ele conseguiu ser nomeado capitão de uma das embarcações, com um salário de 30 mil maravedis. Ironicamente, essa frota — a única em que, com certeza, se confiou um navio a Vespúcio — nunca chegou a fazer-se ao mar. Não obstante, é provável que Vespúcio tenha tido grandes ganhos nas transações com navios e suprimentos que precederam o abandono da missão.

As "coisas de navegação" que Vespúcio apresentou como pretexto para ir à corte podem ter sido invenção sua, mas havia grande demanda por conhecimentos nessa área. Em primeiro lugar, havia a aborrecida questão de saber onde passava a "linha de Tordesilhas". Em 1494, no Tratado de Tordesilhas, os negociadores portugueses e castelhanos fixaram os limites de suas zonas de navegação no Atlântico. Traçou-se, literalmente, uma linha imaginária no mapa: em muitos mapas de princípios do século XVI se vê essa linha. Ela vai de um polo a outro, 370 léguas a oeste dos Açores. Tudo que se encontrasse a oeste da linha podia ser explorado por Castela; tudo que se encontrasse a leste, seria de Portugal. Como a ciência da época não dispunha de meios seguros de medir distâncias no mar, a localização da linha era vaga e motivo de atritos mais ou menos constantes entre as duas potências. Ainda mais vaga era a localização do antimeridiano: o prolongamento da linha de Tordesilhas no outro extremo do globo. Visto que normalmente as pessoas instruídas consideravam o planeta uma esfera perfeita, esse antimeridiano devia existir. Mas não havia acordo quanto ao tamanho do globo, não havia meio de estabelecer a sua localização. Essa era uma questão de importância crucial e de incalculável valor pecuniário, visto ter o potencial para determinar se as "Ilhas das Especiarias" ficavam na zona portuguesa ou na castelhana.

O problema se agravava por uma tendência que os cosmógrafos da época achavam difícil evitar: exagerar longitudes e, implicitamente, subestimar o tamanho do globo terrestre. Isso é bem visível nos esforços canhestros de Colombo e de Vespúcio para calcular a longitude de suas descobertas.[7] O interesse político também teria seu papel, pois, se o antimeridiano da linha de Tordesilhas era aceito como linha divisória entre as zonas de Portugal e de Castela do outro lado do mundo, exagerar as longitudes beneficiaria enormemente esta última. Quanto maior o mundo, menor seria a probabilidade de as legendárias Molucas, Malaca, Taprobana ou o Quersoneso Dourado estarem na esfera de Castela. Quanto menor o mundo, maior a fatia, falando em termos relativos, que caberia a Castela. Pouco depois da morte de Vespúcio, um comitê de especialistas indicados pelos monarcas de Castela para supervisionar as negociações relativas a essa questão com os portugueses escreveu candidamente sobre a conveniência de manipular as cifras: "Devemos ser parcimoniosos em nossas medidas de distância e atribuir a menor distância possível a um grau de longitude na superfície da Terra, porque quanto menor a distância, menor será o mundo, o que conviria muito bem a Vossas Majestades".[8]

Não se sabe ao certo quando o antimeridiano de Tordesilhas foi aceito como a base das negociações entre Espanha e Portugal. O Tratado de Tordesilhas limita-se explicitamente ao hemisfério ocidental. À época, o principal cosmógrafo dos monarcas castelhanos, o especialista maiorquino Jaume Ferrer, considerava que a zona castelhana estendia-se para oeste, a partir da linha de Tordesilhas, até "o extremo leste do mar da Arábia".[9] O autor anônimo de um memorando castelhano de 1497, que alguns estudiosos identificam como Colombo, afirmava que o tratado dava a Castela direitos exclusivos "até o ponto onde haja ou vá haver um príncipe cristão" — um ponto que, na opinião do autor, podia ser identificado com o cabo da Boa Esperança, considerando-se que então o cabo era o limite da autoridade do rei de Portugal.[10] Tanto quanto sei, nenhum documento menciona o antimeridiano até logo depois da morte de Vespúcio, quando a Coroa instruiu seu sucessor para que determinasse se o Sri Lanka "situava-se na parte pertencente à Espanha", e depois navegasse "para as Molucas [*Maluco*] que ficam dentro dos limites das terras que nos pertencem".[11] Ao que parece, os portugueses, pelo menos entre si e a portas fechadas, pensavam da mesma forma. Uma carta de 30 de agosto do principal negociador do rei situa "Maluca" "no lado de Castela, a quatrocentas léguas da linha de demarcação".[12]

É de supor que o antimeridiano vinha sendo discutido por algum tempo antes de ser mencionado explicitamente nos documentos que chegaram até nós. Segundo a tradição histórica portuguesa, o rei João II já o tinha em mente no próprio momento da assinatura do tratado original.[13] É difícil acreditar que Vasco da Gama pudesse ter voltado da Índia em 1499 sem que os diplomatas levantassem a questão de onde ficava o antimeridiano. E as frequentes negociações para estabelecer a localização da linha de demarcação no hemisfério ocidental devem ter trazido o assunto à baila.[14]

Em segundo lugar, havia o problema de instruir os pilotos para a viagem às Índias. Quando os monarcas espanhóis respondiam a um requerimento, normalmente repetiam as palavras dos requerentes. É possível reconstruir os argumentos que Américo usou relativamente a esse assunto examinando-se a linguagem que o secretariado da rainha usou ao confirmar sua nova nomeação e explicar seus deveres, no documento que lhe foi endereçado em 6 de agosto de 1508. "Sabemos por experiência", principia o documento, evocando imediatamente a típica epistemologia de Vespúcio, que, por não serem os pilotos tão hábeis quanto deveriam ser, nem suficientemente bem instruídos no que eles deviam saber para conduzir os navios em que navegam nas viagens que fazem no mar oceano para as ilhas e para os territórios continentais que possuímos na região das Índias, e por causa de sua deficiência no conhecimento de como conduzir os navios e também de conhecimento básico de como usar o quadrante e o astrolábio para medir latitude e de como fazer os cálculos apropriados, eles cometeram erros, e os homens que navegam sob suas ordens correram grande risco, motivo pelo qual nosso Senhor esteve muito mal servido, e muitas perdas e danos resultaram para nosso tesouro e para os comerciantes que aí tinham negócios.

Todos os pilotos que queriam navegar para as Índias deviam "saber o que é preciso conhecer do quadrante e do astrolábio, de forma que, combinando a prática com a teoria, possam usá-los nas ditas viagens".[15] Obviamente, essa linguagem veio de Vespúcio. Suas frases coincidem quase exatamente com as que Vespúcio usava em suas cartas.

A superioridade da navegação com instrumentos era uma obsessão sua, precisamente porque tinha pouca experiência em pilotagem. Ele era bom em teoria, mas não fora educado no ofício, como a maioria dos pilotos profissionais. Para aqueles que tinham uma longa experiência do mar, não era necessário brincar com instrumentos para saber a latitude. Podia-se conhecê-la calculando a altura do sol ou, no hemisfério norte, a da Estrela Polar, a olho nu. Técnicas desse tipo — de "primitiva navegação celeste" — parecem quase incríveis a marinheiros que utilizam bugigangas tecnológicas. Na era da navegação por GPS, elas praticamente desapareceram, sendo usadas apenas por alguns navegantes tradicionais em regiões remotas do Pacífico. Mesmo os navegadores com pouca experiência podiam navegar perfeitamente bem no hemisfério norte — onde ficavam circunscritas quase todas as viagens feitas pelos espanhóis — usando uma técnica alternativa: verificar quanto tempo as estrelas guardiãs levavam para dar a volta à Estrela Polar e subtrair o resultado de 24 para obter as horas de luz solar. Então era possível usar essa informação para ler as latitudes em tábuas impressas. Colombo utilizava essa técnica — embora, como vimos, ele também se comprouvesse em manejar quadrantes diante de seus homens na tentativa de convencê-los de seu domínio dos arcanos. Desconfio que Vespúcio recorria ao mesmo método, visto que sua mania de alardear a própria perícia com o manejo de instrumentos de navegação cheirava a afetação. Os instrumentos faziam parte da imagem que buscava projetar de mago da Renascença com acesso a uma arte secreta, inalcançável para navegantes comuns, e com um poder sobre as forças da natureza que lhe permitia enfrentar o mar.

Finalmente, havia o problema da elaboração de cartas de navegação. Naquela época, as cartas eram um luxo de marinheiros de água doce ou uma excentricidade de semiamadores, como Colombo. Navegadores experientes em rotas conhecidas simplesmente memorizavam o caminho ou então se fiavam nas explicações náuticas transmitidas de viva voz ou por meio de textos escritos. Quando levavam cartas, faziam-no principalmente para mostrar a rota aos passageiros ou para servirem de guia, no caso de se tratar de caminhos ainda não trilhados. As cartas de navegação só se tornaram parte do equipamento normal de bordo quando o século XVII já ia bem avançado. Na verdade, até então havia poucas cartas confiáveis o bastante para servir de guia de navegação.[16] Não obstante, Vespúcio convenceu os marinheiros de água doce do conselho real de que as cartas eram de importância fundamental no mar.

Vespúcio também persuadiu pelo menos alguns de seus contemporâneos de que ele era um hábil cartógrafo, embora nenhum mapa de sua autoria tenha chegado até nós — nem mesmo o globo que anunciou estar fazendo para Lorenzo di Pierfrancesco de Medici, que ele prometeu enviar ao seu protetor por um mensageiro florentino. Colombo também prometeu fazer mapas e globos para ilustrar suas viagens, mas nenhum dos exploradores parece ter cumprido a afirmação. No entanto, por mais que sua perícia fosse duvidosa, Vespúcio defendeu a aprovação de um "mapa-modelo", que seria atualizado à medida que se tivessem novas informações. Então o mapa seria posto à disposição de todos os pilotos que navegassem para as Índias. "Há mapas que seguem muitos padrões", declarou o documento de 1508, repetindo os argumentos dele, "feitos por vários mestres que estabeleceram e localizaram as terras e ilhas das Índias que pertencem a nós e que até hoje vêm sendo descobertas; e esses mapas são muito diferentes uns dos outros, tanto na indicação das rotas quanto na localização das terras, o que pode causar muitos transtornos."

Os marinheiros profissionais não tinham muito tempo para esse tipo de conversa e tampouco inclinação pelos arcanos da nova tecnologia náutica. Mas a corte castelhana era o mundo dos marinheiros de água doce. Para estabelecer suas políticas, os monarcas recorriam aos cientistas e não a navegantes de pouca instrução. Eles já tinham confiado a responsabilidade pela exploração do Novo Mundo a um órgão da burocracia, criado especialmente para esse propósito. Um decreto real fundou a Casa de Contratación, ou Casa de Comércio, em 20 de janeiro de 1502. Era uma instituição ímpar (embora tenha havido precedentes em Portugal e nas cidades comerciais italianas no que diz respeito a algumas de suas funções). A partir de 1503, tendo todas suas funções bem explicitadas, fez-se suprema no Novo Mundo — um órgão do governo encarregado de lá administrar a justiça e que, na prática, exercia a soberania em nome da Coroa. Nas terras conquistadas e colonizadas pelos espanhóis, a administração logo passou para tribunais especializados e para o conselho real, deixando à Casa o controle do mar. A Casa continuou sendo, essencialmente, um comitê encarregado de regular o comércio das possessões espanholas da América e com estas, além de supervisionar as expedições de exploração. Ambas as funções fizeram com que a Casa agisse como um repositório de dados sobre geografia, hidrografia, cartografia e navegação. A segurança das embarcações que navegavam enfrentando os azares do vento, das correntes e de costas perigosas exigia a coordenação da informação que os exploradores registravam e o treinamento dos navegadores, que deviam estar informados de tudo o que se sabia do Novo Mundo e de suas rotas.[17] Para Vespúcio, a Casa era um ambiente perfeito. Eu o imagino cruzando incessantemente os seus umbrais e transitando por seus corredores.

VIDA E MORTE DE UM PILOTO-MOR

No verão de 1506, Vespúcio já havia convencido os funcionários da Casa de Contratación de que era indispensável. Ele organizava suas expedições, negociava com o rei, e é possível que desse informes sobre a situação da corte durante um período difícil, em que a política castelhana se caracterizava pela tensão entre o marido e o pai da rainha.[18] O outrora factótum da Florença dos Medici agora fazia o mesmo para a Casa de Contratación. Em 1506 e 1507, grande parte do trabalho de Américo de que temos notícia coincidia com suas antigas funções de comerciante e aprovisionador de navios: ele comprava cereais e os transformava em biscoitos para navios, comprava e mandava transportar banha para os estaleiros. Informantes venezianos continuavam a acreditar que o próprio Vespúcio pilotaria as embarcações na travessia do Atlântico, mas ao que parece isso não se deu. Ele ficou em Sevilha tentando fazer fortuna. A partir de março de 1508, quando foi nomeado piloto-mor da Casa de Contratación, passou a receber um salário de 50 mil maravedis, mais 25 mil anuais para despesas funcionais.[19] Continuava a ganhar dinheiro aprovisionando navios com destino às Índias, ao qual se somavam, pelo que se dizia, os negócios que fazia por conta própria.

É possível fazer uma reconstituição em algum detalhe de seus movimentos.[20] Em julho de 1508 era voz corrente que o rei lhe ordenara que reforçasse com chumbo os cascos de bons navios biscainhos para os proteger das térmitas dos trópicos "e que seguisse em direção oeste para achar as terras que Portugal descobrira navegando para o leste".[21] Como se vê, a opinião pública ainda associava Vespúcio a uma imagem do mundo e a um projeto essencialmente similares aos de Colombo: uma rota ocidental para a Ásia.

A oportunidade de fazer a viagem nunca surgiu. Em princípios de 1508, ele participou de uma importante missão para a Casa de Contratación. Era um dos responsáveis por fazer algumas remessas de ouro para o tesouro real. Os outros três consignatários eram pilotos chefes. Juan de la Cosa e Vicente Yáñez Pinzón tinham sido companheiros de bordo de Colombo antes de comandarem suas próprias expedições transatlânticas. Juan Díaz de Solís, o quarto membro do quadrunvirato, navegara com Alonso de Hojeda. Para Vespúcio, a viagem à corte era uma chance de defender os próprios interesses e conseguir uma nomeação.

Ele aproveitou a oportunidade. "É meu desejo e vontade", anunciou o rei à Casa, "que se tome e receba como nosso piloto-mor Américo Vespúcio, residente em Sevilha."[22] Além disso, Américo teria o monopólio da instrução na arte da navegação oceânica, cobrando aos pilotos por seus serviços. Ele teria o direito exclusivo de examinar os pilotos antes de eles poderem empreender qualquer viagem para as Índias ou receber qualquer salário;

só Vespúcio podia dar garantias de que eles tinham conhecimentos suficientes de navegação com quadrante e astrolábio. Se algum dia ele fez isso, foi em sua própria casa. Não há nenhum registro de instrução ou exame de pilotos antes de 1527.[23] Dado que o conhecimento que Vespúcio tinha para oferecer era essencialmente inútil, é de surpreender que tenha conseguido convencer a Coroa a lhe outorgar semelhantes poderes e privilégios, pensados para fomentar a inimizade dos profissionais humilhados. É improvável que os pilotos se submetessem em algum momento às lições de Vespúcio.

E como se isso não bastasse, Vespúcio também estava autorizado a supervisionar a compilação do "mapa-modelo" que ele tanto defendera e a cobrar multas dos pilotos que não o utilizassem. Com efeito, ele agora detinha um outro valioso monopólio, pois se a norma se aplicasse com rigor, nenhum barco poderia partir para o Novo Mundo sem que se emitisse um dispendioso documento sob seu controle. Todos os pilotos de regresso das Índias deviam apresentar-lhe um relatório para que o mapa fosse atualizado.

É evidente que tal sistema não poderia funcionar. Nenhum mapa-modelo chegou até nós.[24] Nenhuma iniciativa no sentido de elaborar um mapa nesses moldes contou com a aprovação geral; nenhuma versão poderia manter-se sempre atualizada.[25] Em 1512, pouco depois da morte de Américo, a tarefa de elaborar um *padrón* passou para o sucessor de Américo no cargo de piloto-mor, Juan Díaz de Solís, e ao herdeiro e sobrinho florentino, Giovanni Vespúcio. Este último era o único com direito a fazer cópias — o que era um aspecto decisivo, pois era com isso que se ganhava dinheiro. As ordens reais eram para "reunir todos os pilotos que puder" e "discutir extensamente como fazer um mapa-modelo real para navegação em todas as regiões até agora descobertas que pertençam à Coroa real" e "depois que todos tenham dado a sua opinião, vocês dois devem, de comum acordo, produzir um mapa-modelo em pergaminho".[26] É evidente, pois, que Vespúcio morreu sem ter cumprido essa missão. Em vez disso, tentou ganhar dinheiro, sorrateiramente, vendendo mapas por sua própria conta. Em 15 de junho de 1510, o rei ordenou que funcionários de Sevilha o fizessem jurar que, "daqui por diante ele não haverá de cometer nem permitir que cometam um ato tão irresponsável e tão impensado, mas fornecerá mapas apenas para pessoas indicadas pelo monarca ou pela Casa de Contratación".[27]

O outro conselho dado por Vespúcio em sua qualidade de piloto-mor era de conveniência duvidosa, exceto, talvez, para ele próprio e para seus sócios. Pouco depois de sua nomeação, o conselho real debateu sobre a conveniência de centralizar as exportações para a Índia por meio de uma câmara de compensação ou, em vez disso, abrir a área para o livre comércio. Indagado sobre sua opinião, Vespúcio apresentou uma sólida defesa da liberdade comercial. Havia muitos locais de destino na Índia, uma grande variedade de produtos, uma diversidade de pontos de origem dos possíveis empreendimentos comerciais, e mar demais para fiscalizar. Ele concluiu que a Coroa devia regular o comércio aplicando-lhe taxas — o que, em vista dos argumentos por ele apresentados, só faria aumentar o contrabando — ou concentrando-o nas mãos de um grupo seleto e privilegiado de comerciantes, o que, pelas mesmas razões, seria impossível.

Seus dias de explorador tinham ficado para trás. Mais uma perspectiva de realizar uma viagem deu em nada. No dia seguinte àquele em que foi nomeado piloto-mor, Vespúcio recebeu mais uma tarefa, que devia ser realizada com a colaboração de Pinzón e Solís: fazer uma viagem "com a ajuda de Nosso Senhor, para a região do Norte rumo ao Ocidente [*a la parte del norte hacia occidente*] [...] para descobrir que estreito ou mar aberto é preferível ser buscado".[28] Assim, o "novo Ptolomeu", que pretensamente adivinhou a verdadeira natureza da América, continuava engajado na mesma busca de Colombo e, essencialmente, ainda partilhava com ele a mesma ideia de como era o mundo. O "estreito [...] a ser buscado" era o putativo estreito que iria levar, através ou em volta do Novo Mundo, para o velho mar das ilusões de Vespúcio — o "mar Gangético", onde o esperavam a Índia, a Taprobana, as especiarias e todo o Oriente deslumbrante. Colombo procurara o estreito na América Central, onde muitos cartógrafos continuavam a situá-lo. Em busca dele, Vespúcio vasculhara a costa atlântica da América do Sul. Agora ele teria de ser procurado no noroeste, onde João Caboto morrera o buscando. Por razões não sabidas, talvez relacionadas aos novos deveres de Vespúcio na qualidade de piloto-mor, a viagem pretendida foi cancelada. Solís fez uma nova tentativa em 1516, seguindo a antiga trajetória de Vespúcio. Ele falhou, mas descobriu o rio da Prata. Finalmente, em 1520, Fernão de Magalhães descobriu o estreito que agora tem o seu nome, mas ele era muito longe e difícil demais de navegar para, nos cem anos seguintes, ser passível de exploração comercial.

O trabalho de piloto-mor fez com que Vespúcio de fato voltasse a uma vida de marinheiro de água doce. Ele sempre ansiara por um papel de navegador; agora esse papel o havia lançado à praia. Seus deveres não o impediam de dedicar-se a especulações às furtadelas. Ele continuava a organizar o aprovisionamento de expedições "para a fonte das especiarias" — clara evidência de que não abandonara a esperança de que os navios espanhóis alcançassem a Ásia. Em 1509, entrou como sócio num empreendimento para colonizar a inóspita costa de Veragua, onde Colombo dissera haver ouro. O empreendimento fracassou. Em seu testamento, Vespúcio afirmou que o idealizador do empreendimento lhe devia 27 ducados de ouro.

Ele ditou esse testamento em 9 de abril de 1511. Não foi seu testamento final, mas a última versão, ditada alguns meses depois, não chegou até nós. O documento remanescente contém os únicos indícios disponíveis sobre o estilo de vida de Vespúcio em Sevilha. Em vista de seus negócios com pérolas, mapas e aprovisionamento, era de esperar que fosse rico. Seu lar, porém, era modesto. Ele tinha dois servos brancos. De cinco escravos, quatro eram mulheres: duas da África Ocidental, uma das Canárias e uma de procedência não especificada. A escrava canarina tinha dois filhos, um menino e uma menina, chamados de Juanica e Juanico. Quem seria o pai? O especialista que encontrou o testamento sugere a tentadora possibilidade de que fosse Vespúcio. Mas há possibilidades demais e provas de menos.[29]

O testamento tem traços curiosos. O testador chamava a si mesmo de "messer" ou "micer", na caligrafia do notário, o título a que tinha direito um cavaleiro florentino (título de que havia desfrutado seu primo assassinado, Piero); mas Américo nunca fora sagrado cavaleiro, e os documentos espanhóis nunca chegam a referir-se a ele como *don*. Ele queria ser enterrado num hábito franciscano, o que era uma forma rotineira de piedade, mas, por alguma razão desconhecida, parece ter achado que o pedido seria negado. Ele determinou que se as autoridades da Igreja fizessem alguma objeção, preferia ser enterrado na igreja franciscana, num túmulo qualquer, e não no lugar de sua primeira escolha, o mausoléu da família de sua esposa. Com os dados de que dispomos, não consigo imaginar nenhuma explicação satisfatória para isso. As objeções que ele antevira deviam ser ao túmulo, e não ao hábito. Se, como parece provável, Maria era filha ilegítima, e alguém da família envergonhava-se disso, é provável que os aristocráticos parentes por afinidade de Américo tivessem querido manter Maria e Américo fora do sepulcro particular. Se esse raciocínio é correto, o contrassenso do hábito devia ser uma cortina de fumaça para esconder a verdadeira razão para a exclusão de Américo do círculo familiar de sua esposa.

Ele deixou boa parte de sua fortuna para a esposa, inclusive a propriedade vitalícia dos escravos da casa; todas as suas roupas, livros e instrumentos de navegação ele os legou ao seu sobrinho e colega Giovanni, que logo seria inscrito como piloto nos livros da Casa de Contratación. Nos anos subsequentes, Giovanni dedicou quase todas as suas energias a espionar para o Estado florentino, reportando, em código, mesmo as mínimas informações que pudesse recolher sobre os negócios espanhóis.[30]

Américo dizia ignorar se sua mãe, irmãos e primos de Florença ainda estavam vivos. Ele legou aos parentes ainda vivos quaisquer bens que pudesse possuir ou a que tivesse direito naquela cidade. Mona Lisa morrera em 1507, mas Antonio e Bernardo ainda viviam, e Américo com certeza comunicava-se periodicamente com o notário, pois era evidente que tratara de muitos negócios na Espanha seguindo sua orientação. Durante os anos que Américo passou em Sevilha, Antonio especializou-se em agenciar negócios com a Espanha, e sua carteira de clientes expandiu-se nas mais importantes cidades daquele país.[31] Girolamo, não mencionado no testamento, àquela altura encontrava-se recolhido no famoso convento dominicano de São Marcos, em Florença, onde morreu em 1525.

Américo morreu em 22 de fevereiro de 1512. Entre seus credores estavam os herdeiros de Gianotto Berardi, que lhe deviam 144 mil maravedis. O desastroso engano de investir em Colombo perseguiu Américo até o túmulo.

Ele deixou uma boa fama. Poucos anos depois de sua morte, Pedro Mártir de Angleria o classificava como um homem entendido em cartografia "que navegou muitos graus ao sul do equador sob os auspícios e patrocínio do rei de Portugal". Como vimos, Sebastião Caboto louvava sua perícia no uso do astrolábio e, da mesma forma que Giovanni Vespúcio, outros especialistas citavam as ideias de Américo e baseavam-se em seus conhecimentos.[32]

O mais espetacular é que legara seu nome à América. Como isso aconteceu?

O QUE HÁ NUM NOME?

O sucesso de *Mundus Novus* foi crucial para a fama de Vespúcio. Foi um campeão de vendas. Nos dois primeiros anos, as edições se sucederam rapidamente em Florença, Augsburgo (a primeira edição é de 1504), Veneza, Paris, Antuérpia, Colônia, Nuremberg, Estrasburgo, Milão, Roma e Rostock. No mesmo período, publicaram-se traduções para o alemão, flamengo e tcheco. A obra se difundiu ainda mais graças à compilação popular editada por um humanista de Vicenza em 1507, *Paesi novemente retrovati et Novo Mondo da Alberico Vesputio Florentino intitulato* (Terras recém-descobertas e o Novo Mundo, assim chamado pelo florentino Alberic [sic] Vespúcio). Essa foi a primeira publicação a dar a Vespúcio o crédito por ter cunhado o nome "Novo Mundo", embora Pedro Mártir o tivesse precedido nisso em pelo menos três anos, e antes disso Colombo houvesse chamado a América de um "outro mundo". Giovanni Battista Ramusio incluiu *Mundus Novus* no primeiro volume de sua compilação que fez muito sucesso, *Navigationi et viaggi* (Navegações e viagens), publicada em Veneza em 1550. Ao lado da *Carta a Soderini*, o livrinho proporcionou a Vespúcio, como disse Stefan Zweig, "a imortalidade a partir de 32 páginas".[33] Não obstante, *Mundus Novus*, por si só, não poderia levar o mundo a chamar o continente recém-descoberto por um nome em homenagem a Vespúcio. Pelo contrário, ele estabeleceu um outro nome que muitas pessoas ainda preferem. O batismo da América se deu fora do controle de Américo e sem que ele soubesse.

Saint Dié fica nas montanhas dos Vosges, a oitocentos quilômetros (quinhentas milhas) do mar. Não é necessário ser um aficcionado do mar para interessar-se por assuntos marítimos. Tampouco é necessário fazer-se ao mar para sentir a chamada "febre do mar". Em 1992, eu estava ministrando um curso de verão sobre história marítima para professores universitários na John Carter Brown Library, em Providence, Rhode Island. Um dos participantes do curso era do Kansas — o que, na América do Norte, é um dos lugares mais distantes do mar. Fiz a brincadeira óbvia, mas o estudante me garantiu, com toda seriedade, que seu interesse pela história marítima só começara a partir da sua mudança para o Kansas. Do ponto de vista psicológico, a explicação fazia sentido. As pessoas que moram longe do mar — tão longe quanto Saint Dié e mais longe ainda — podem sentir o seu chamado.

O soberano do principado a que pertencia Saint Dié era Renato II, duque da Lorena. Ele herdou enormes pretensões de seus antepassados. Seus ancestrais chamavam a si mesmos de reis da Sicília e de Jerusalém. Seus grandes adversários, no que se refere ao gozo desses títulos e ao real controle da Sicília, eram os reis de Aragão. Colombo afirmou ter lutado em nome de um dos predecessores de Renato numa guerra contra os aragoneses em princípios da década de 1470.[34]

Saint Dié tinha características de uma comunidade acadêmica: um capítulo diocesano e um monastério beneditino. Sob o entusiástico patrocínio de Renato, a corte da Lorena atraía um grande contingente de eruditos de fortes interesses cosmográficos. O principal projeto em que os eruditos trabalhavam era uma nova edição da *Geografia* de Ptolomeu — a mesma obra que inspirara Vespúcio, baseada no original grego. Entre os especialistas que contribuíram para o trabalho sobre Ptolomeu, o mais importante era Martin Waldseemüller. Ele se unira ao grupo de Saint Dié em 1505 ou 1506, convidado pelo duque, ao que parece devido a suas realizações no campo da cartografia. Provavelmente teria pouco mais de trinta anos. Antes vivera na Basileia, onde aprendera um pouco da técnica da gravura, para complementar os estudos humanistas realizados em Friburgo. Em consonância com o humor humanista, deu a si mesmo um pseudônimo de som grego: Hylacomylus, uma tradução debochada do sentido de seu sobrenome alemão "moleiro do lago da floresta". Seu principal talento, no qual mostrava grande originalidade e perícia, era o de desenhar e gravar mapas; as ilustrações cartográficas haveriam de ser sua responsabilidade principal na edição do Ptolomeu de Saint Dié.

Ao que parece, o texto resulta da cooperação entre Waldseemüller e seu mais destacado colega, Matthias Ringmann. Apesar de jovem, tendo nascido provavelmente em 1482, Matthias já era um renomado poeta. O sobrenome grego que adotou foi Philesius Vosevigena, provável alusão a uma das denominações de Apolo, mas "nascido em Vosges". Como Waldseemüller, era licenciado em Friburgo, formado no mesmo espírito humanista autoindulgente, conhecedor do grego e dono de um humor mordaz. Ele já admirava Vespúcio. Em 1505 supervisionara pessoalmente a impressão de *Mundus Novus*.

Em princípios de 1507, Gauthier Lud (ou, segundo uma outra tradução de seu nome, Vautrin Lud), o decano *de facto* da comunidade de eruditos, anunciou a chegada de uma carta de Vespúcio para o duque, escrita em francês, trazendo como anexo uma cópia do texto agora conhecido como a *Carta a Soderini*. Nenhuma outra fonte confirma a existência da carta, que pode ter sido uma ficção conveniente para justificar a incorporação de uma obra admirada pelo círculo de Saint Dié. Quando se publicou uma versão da *Carta a Soderini* em Saint Dié, os editores apenas acrescentaram o nome do duque à dedicatória existente, sem modificar as passagens dirigidas especificamente a Soderini. Isso sugere uma atitude lamentavelmente displicente para com um texto e lança dúvidas a respeito da explicação de Lud sobre como chegaram a Saint Dié as informações relativas à carreira de Vespúcio.

Evidentemente, a comunidade de Saint Dié foi enganada. Eles acreditaram ser a *Carta a Soderini* de autoria exclusiva de Vespúcio; e, o que é pior, acreditaram que o conteúdo era verdadeiro. O projeto de usar os dados de Vespúcio para completar a visão de Ptolomeu da geografia do mundo logo tomou forma. A decisão foi um tanto precipitada, mas perdoável nas circunstâncias. Ptolomeu ainda tinha muito a oferecer aos seus leitores, especialmente sua súmula do conhecimento geográfico dos antigos, sua orientação para o traçado de mapas e seu projeto de usar uma grade de linhas de longitude e latitude para mapear o mundo. Mas seu mapa-múndi estava obviamente desatualizado, tornado obsoleto pelas recentes descobertas no oceano Índico e no Novo Mundo. O texto de Vespúcio — ou melhor, o texto publicado sob o nome de Vespúcio — parecia ser uma correção já pronta. Aqui existe uma ironia saborosa demais para deixar de comentar. A fama e a honra por que Vespúcio ansiava terminaram por lhe chegar por meio de uma falsificação — a *Carta a Soderini* — fabricada por mãos que não as suas. O grande vendedor nunca teve muito êxito em vender a si mesmo. E, como acontece com tantos autores, foi preciso que editores e publicistas o fizessem para ele. A *Carta a Soderini* o projetou em Saint Dié, e daí para o mundo.

Já naquela data o projeto Ptolomeu parecia caro demais para que o duque Renato pudesse levá-lo a termo. A tarefa de traduzir o texto estava se revelando bastante trabalhosa e dispendiosa. Os idealizadores temiam que outros lhes tomassem a dianteira: o texto de Ptolomeu continuava sendo muito apreciado, muito vendido, e a necessidade de uma edição atualizada era consenso geral. Ringmann e Waldseemüller resolveram, portanto, pegar um atalho. Eles publicariam sua introdução a Ptolomeu imediatamente, junto com o mapa elaborado por Waldseemüller para ilustrar o impacto das descobertas recentes.

O resultado foi a obra *Cosmographiae Introductio* (Introdução à cosmografia), publicada em 1507, com autoria ostensivamente atribuída a Waldseemüller, com algumas contribuições de Ringmann. O gigantesco mapa de Waldseemüller a acompanhava: *Universalis Cosmographia Secundum Ptholoemaei Traditionem et Americi Vespucii Aliorumque Lustrationes* (Geografia universal segundo a tradição de Ptolomeu e as contribuições de Américo Vespúcio e outros). Ele media quase três metros quadrados. Tratava-se de um novo conceito: um mapa papel de parede.

Para os dados sobre o que hoje consideramos o Velho Mundo, Waldseemüller baseou-se, em larga medida, no mapa de Martellus — o mesmo mapa que Américo conhecia quando ainda em Florença e que provavelmente lhe serviu de base para sua própria imagem do mundo. A representação de Waldseemüller do Novo Mundo era original e constituía uma tentativa de interpretar da melhor maneira possível os dados da *Carta a Soderini*, com a ajuda de materiais de outras fontes: as viagens de Cabral e de Pinzón, talvez, e mapas ou rotas de navegação ou fragmentos de comentários neles baseados. A característica mais original de todas é o nome de América, estampado sobre a parte do continente que hoje chamamos Brasil.

Retratos de Ptolomeu e de Vespúcio coroam toda a majestosa composição, dispostos simetricamente, olhando um para o outro por sobre toda a extensão do mundo, como figuras de igual estatura. Vespúcio empunha um compasso. Ptolomeu, uma régua ou um esquadro. Juntos eles guardam cartuchos em que se veem os mapas do Novo e do Velho Mundo. Há algumas diferenças curiosas entre o mapa principal e os cartuchos. No mapa principal, por exemplo, há um estreito entre a América do Norte e a América do Sul — o estreito que Colombo procurou em vão e que Vespúcio em 1508 ainda sonhava encontrar. No cartucho que mostra a América, a costa da América do Sul não se estende além do Trópico de Capricórnio, como se Waldseemüller não tivesse bem certeza de que Vespúcio avançara tanto ao sul.

O mapa impresso serviu de modelo aos segmentos impressos do globo publicados por Waldseemüller no mesmo ano, que deviam ser colados numa esfera de madeira e coloridos à mão: o primeiro globo terrestre impresso. Também aqui Waldseemüller usou o nome América para rotular o que hoje chamamos de Brasil. Imprimiram-se mais de mil cópias desse trabalho excepcionalmente frágil, embora só uma tenha chegado até nós.[35] Ambos os mapas — os segmentos do globo e o grande mapa de parede — segundo uma anotação feita orgulhosamente por Waldseemüller em 1508, foram "distribuídos em todo o mundo, não sem elogios e glória".[36] É de se pensar o que teria acontecido com todas essas cópias. É difícil imaginar que alguém os utilizasse tal como se pretendia. Ambos constituíam experimentos pouco práticos e por demais ambiciosos.

Em certo sentido, o texto da *Cosmographiae Introductio* era um extenso comentário sobre os mapas. A versão gigante certamente haveria de dominar o escritório de todo estudioso insensato o bastante para cobrir a parede com ele. O mapa motivaria muitos comentários dos visitantes. A versão feita para cobrir uma esfera constituiria uma novidade em qualquer ambiente. Seria o que os decoradores chamam de *conversation piece*. O proprietário teria necessidade de um papelzinho com uma "cola" para conseguir responder às perguntas dos curiosos.

Em seu texto, Waldseemüller e Ringmann foram bastante explícitos quanto ao motivo de imaginar o nome América. Eles prestavam uma homenagem a Vespúcio, propondo para o novo continente uma versão feminina do nome de Americus — o nome cristão de Vespúcio na linguagem culta da época — por analogia com as formas femininas África, Ásia e a forma latina Europa. Eles descreveram os três continentes conhecidos de Ptolomeu, e continuaram:

> Essas regiões são bem conhecidas, e Américo Vespúcio encontrou uma quarta parte, para a qual não vejo motivo para que alguém pudesse desaprovar que se lhe dê o nome de Américo, o descobridor, um homem de grande sagacidade. Uma forma adequada seria Amerige, que significa [em grego] Terra de Américo, ou América, visto que Europa e Ásia receberam nomes femininos.

Como vimos, o uso de Vespúcio do termo "quarta parte" era diferente da forma como Waldseemüller e Ringmann a interpretaram. De todo modo, Colombo o precedera tanto na descoberta de uma massa continental quanto na sua identificação como um novo continente. Mas o impacto combinado de *Mundus Novus* e da *Carta a Soderini* convenceu os autores da *Introductio* do contrário. É evidente que eles nunca pensaram em aplicar o nome a todo o continente das Américas, apenas à porção ao sul do equador, onde a tradição situava os antípodas e onde Vespúcio pensou tê-los encontrado.

Por mais radicais e pouco práticos que fossem os mapas que a acompanhavam, a *Introductio* teve um sucesso estrondoso. Em 1507 publicaram-se quatro edições. E as publicações se sucederam. Os mapas de Waldseemüller eram por demais extraordinários — triunfos das artes tanto do cartógrafo quanto da imprensa — para deixarem de ser notados e admirados pelos outros cartógrafos. O nome América pegou. Alguns autores preferiram "Terra Sanctae Crucis" ou variantes de "Brazil" ou "Novo Mundo". Mas mesmo estes frequentemente incorporavam "América". Em 1510 Heinrich Glarean, professor em Friburgo, fez esboços do mapa de Waldseemüller de 1507, incluindo o nome América.[37] Um globo de madeira pintada de 1513-5, conhecido como o Globo Vert, agora na Biblioteca Nacional de Paris, usou o nome duas vezes, uma na metade norte do novo hemisfério, outra na sul. Em 1515 Johann Schöner escreveu uma *Descrição do mundo* (*Luculentissima quaeda[m] terrae totius descriptio*), publicada em Nuremberg. Baseava-se amplamente na obra de Waldseemüller, mas, partindo do conhecimento de *Mundus Novus* em primeira mão, referia-se ao hemisfério ocidental como "América ou Amerige", embora usasse "Novo Mundo" como uma designação secundária. Os gigantes de Vespúcio, os canibais e a ênfase que ele dava à nudez dos nativos americanos eram todos tratados com destaque no relato de Schöner. Como Waldseemüller, mais tarde Schöner fez uma retratação: seu *Opusculum Geographicum* de 1533 acusa Vespúcio de aspirar injustamente ao título de descobridor da América.

Em 1520, o nome América apareceu num livro publicado em Salamanca,[38] embora os espanhóis em geral continuassem refratários ao nome, preferindo, até o século XVIII, falar de Índias ou de Novo Mundo. Em 1520, o mapa-múndi de Pedro Apiano impresso em Viena mostrava só a América do Sul como "America Provincia", separada das terras setentrionais do hemisfério por um estreito. Em 1525, um folheto que acompanhava um mapa publicado em Estrasburgo[39] apresentava a América como uma das regiões do mundo; a pretensa "explanação" concentra-se principalmente nos canibais, dos quais se diz terem cabeça de cachorro e portarem cutelos. Em 1528, Heinrich Glarean, que, como já vimos, foi um dos primeiros e mais atentos leitores de Waldseemüller, conservou o nome de América em sua *De Geographia* (Sobre geografia), publicada na Basileia e muitas vezes republicada nos anos seguintes. Em 1532, o renomado editor Simon Grinaeus publicou um mapa-múndi na mesma cidade, com a contribuição de Hans Holbein e também de Sebastian Münster, que havia feito esboços do mapa de Waldseemüller já em 1515.[40] Eles optaram por America Terra Nova como nome do continente. América — pura e simplesmente — foi a escolha de Joachim von Watt, erudito da corte de Maximiliano I, num mapa impresso em 1534. Em 1538, Mercator deu o nome de América às duas partes do hemisfério ocidental (norte e sul) em seu influente mapa-múndi. A tradição havia se consolidado, a decisão era irreversível.[41]

Ironicamente, o próprio Martin Waldseemüller tentou reverter a situação. Enquanto o nome que ele havia proposto se difundia, ele próprio perdia confiança nele. Ele e Ringmann mudaram-se para Estrasburgo para terminar a edição de Ptolomeu, em parte porque as finanças se tornaram escassas em Saint Dié, em parte porque o mercado editorial era pequeno e ineficiente demais para comportar um projeto tão ambicioso quanto a nova edição de Ptolomeu. Ringmann morreu por volta de 1511. Waldseemüller desanimou e abandonou o projeto. Mas ele continuou produzindo o que pensava serem mapas-múndi aperfeiçoados. No próximo mapa que produziu e que chegou até nós, publicado em 1513, não muito depois da morte de Vespúcio, ele fez uma revisão crítica. A terra que ele outrora batizara de América agora tinha o nome menos atraente de Terra Incógnita, com uma anotação dando a Colombo a precedência da descoberta: *hec terra cum adiacentibus insulis inventa est per Columbum Ianuenensem ex mandato regis castellae* ("esta terra e as ilhas adjacentes foram descobertas por Colombo, de Gênova, sob as ordens do rei de Castela").

Martin percebera que a afirmação de precedência feita por Vespúcio era falsa. Evidentemente, ele agora via na *Carta a Soderini* a falsificação que de fato era, ao mesmo tempo que aceitava

Mundus Novus — de forma igualmente correta, se nossa análise do texto estiver certa — como uma obra essencialmente autêntica. Em seu mapa de 1516, ele dizia ser Colombo o primeiro descobridor, Pedro Álvares Cabral o segundo, e Vespúcio o terceiro[42] — o que não era inteiramente correto, visto que a viagem de Vespúcio com Hojeda precedeu a de Cabral. A América do Sul tornou-se "Prisilia" — presumivelmente uma corruptela de Brasília ou Brasil — ou "Terra Papagalli" (Terra dos Papagaios). Ao mesmo tempo, Waldseemüller fez um novo recuo intelectual: a América do Norte agora aparecia com a inscrição "*terra de Cuba, Asiae partis*". Procurando corrigir a excessiva euforia com os feitos de Vespúcio, Martin errou passando para o outro extremo, aceitando a crença descabida (e provavelmente desonesta) de Colombo de que Cuba fazia parte do continente asiático. Waldseemüller, que começara por acreditar demais em Vespúcio, terminou por confiar em Colombo de forma bastante acrítica. Ele agora unia os dois nomes, considerando-os navegadores que modificaram a visão ptolemaica do mundo. De forma estranha, referiu-se a eles como "capitães lusitanos", ainda que soubesse serem italianos de nascimento e naturalizados castelhanos; provavelmente, essa foi a última de suas pedanterias clássicas, visto que o termo "lusitano" por vezes era usado num sentido lato por autores romanos para significar "ibérico".[43]

VESPÚCIO E COLOMBO

É tempo de abordar uma das questões mais discutidas da vida de Vespúcio: a de saber se ele espoliou deliberadamente Colombo da honra de suas descobertas. Os escritos de Colombo ecoam na obra de Vespúcio; tivemos muitas evidências disso. A trajetória da vida de Américo não apenas se entremeou com a de

Colombo, mas também a seguiu em grande medida, da Itália para a Espanha e para além do oceano. Durante boa parte de sua vida, Américo esteve subordinado ao almirante.

O relacionamento entre os dois era complexo. Em 1510, numa audiência diante de um notário relacionada à autenticação de uma assinatura de Colombo, Vespúcio afirmou ter conhecido bem Colombo durante 25 anos, um exagero evidente, mas perdoável. Ele também afirmou conhecer muito bem a caligrafia do almirante "porque esta testemunha o viu escrever e assinar em muitas ocasiões e porque era funcionário do dito senhor don Cristóbal Colón e lhe servia de guarda-livros". Não existe outra fonte que confirme essa afirmação, mas a ligação de Vespúcio com Colombo foi longa e muito próxima. Vespúcio passava períodos na casa de Colombo. Ele dependia de Colombo, às vezes em questões de trabalho, de ideias e informação, às vezes — somos tentados a imaginar — para receber apoio emocional.

De sua parte, Colombo precisava dos serviços de Vespúcio, empregado de Gianotto Berardi, como armador e aprovisionador de suas frotas atlânticas. O empreendimento de Colombo foi, por assim dizer, a sereia que atraiu os negócios de Gianotto para os rochedos, o que quase resultou na ruína de Vespúcio. Por outro lado, o pioneirismo de Colombo deu a Vespúcio a inspiração para uma nova carreira quando seus negócios em Sevilha fracassaram, e abriu-lhe a possibilidade de ganhar dinheiro com pérolas do Atlântico. Quando a carreira atlântica de Vespúcio começou, a má sorte de Colombo deu ao seu antigo aprovisionador a chance de navegar com Alonso de Hojeda, quebrando o monopólio do almirante. Assim, Colombo e Vespúcio estavam ligados por dependência mútua. Cada um se beneficiou das desventuras do outro. Cada um sofreu com o êxito do outro. A semelhança os ligou. Colombo notou isso, reconhecendo no florentino um companheiro de sofrimento pela causa das explorações marítimas. Relações tão comuns e tão profundas tendem a levar a conflitos do tipo que opunha Tweedledee a Tweedledum.

Seus caracteres e opiniões tinham muito em comum. Vespúcio não partilhava a religiosidade messiânica de Colombo e era menos envolvido em assuntos de cavalaria e hagiografia, mas ambos tendiam à idealização romântica — especialmente à autoidealização. Ambos eram dados ao exagero, que muitas vezes descambava para a mentira. Eles partilhavam uma mesma força motivadora básica: ambição social, concentrada, no caso de Colombo, na busca de ascensão à nobreza; no caso de Vespúcio, na ânsia por fama e glória. Eles dedicaram boa parte da vida ao mesmo projeto: procurar um caminho para o Oriente via Ocidente. Embora Vespúcio não endossasse a avaliação de Colombo do tamanho do globo terrestre, suas concepções geográficas, em essência, coincidiam: um mundo relativamente pequeno, que facilitava uma rota ocidental para a Ásia e permitia a existência de um novo continente nos antípodas, no mar oceano, ao sul do equador. Colombo fraquejou, mas ambos concordavam em que o haviam encontrado — ou antes, eles concordaram na identificação do que hoje chamamos de América do Sul como um "novo" ou "outro" continente. Mas será que eles estavam de acordo quanto a quem o alcançara primeiro?

A única referência feita por Colombo ao seu rival foi numa carta a seu filho, datada de Sevilha, 5 de fevereiro de 1505, quando o almirante, envelhecido demais para a sua idade, doente, abatido pelas contrariedades, concentrava suas parcas forças em litígios que tinha pendentes com a Coroa de Castela. Vespúcio levou a carta ao seu destino. A descrição que fez dele é semelhante à que fizera em documentos anteriores. Por um lado, Américo aparecia como um afável quebra-galho, um homem de negócios idôneo, em quem Colombo confiava. Por outro, ele era um sujeito sem sorte, honesta vítima das pilhagens de outros homens — alguém de quem Colombo se compadecia.

Ambas as imagens se originaram do próprio Vespúcio, que parece não ter perdido nada da credibilidade que já enganara tantos de seus admiradores e que continua enganando. "Ele sempre procurou me agradar", escreveu Colombo, e quase podemos ouvir as palavras melífluas de Vespúcio. "Ele é um verdadeiro homem de bem, mas a fortuna lhe foi contrária, como a muitos outros." Aqui podemos detectar o tom usado por Vespúcio para conquistar o apoio dos interlocutores: Colombo achava ter sido injustiçado; Américo alimentava essa sensação, ganhando a aprovação que costumamos conceder a quem confirma a imagem que temos de nós mesmos. "Ele vai decidido a fazer tudo o que puder por mim", Colombo continuava, ainda dirigindo-se a seu filho para recomendar Vespúcio. "Descubra na corte o que ele pode fazer de útil e trabalhe nesse sentido. Ele fará tudo, falará em meu favor e tudo realizará — e que tudo isso seja feito secretamente para que ninguém desconfie dele." Esse gosto pelo secreto é algo comum àqueles que muito prometem e pouco se dispõem a cumprir. Tanto quanto sabemos, Vespúcio nunca intercedeu na corte em favor de Colombo, mas ao comprometer-se a fazê-lo conseguia aliados úteis aos seus próprios fins. Colombo acrescentou que contara a Vespúcio tudo o que pôde sobre seus próprios negócios. O convidado sabia muito dos negócios de Colombo e, ao que parece, nada disse sobre os seus. Com base nessa carta, podemos afirmar com certa segurança que Américo exagerava o grau em que se dispunha a ajudar Colombo, mas isso é muito diferente de supor que ele planejasse ativamente enganar o velho almirante ou privá-lo de seu bom nome.

O batismo do continente começou com um erro inocente. Como vimos, à época Waldseemüller acreditava realmente que Vespúcio descobrira o continente para os europeus. Vespúcio não foi o responsável direto pelo engano. Ele derivou da *Carta a Soderini*. A América era um pouco como a *Carta*: não foi um trabalho cuja autoria Vespúcio reivindicou, mas lhe foi atribuída por outros. Quando revisou seu trabalho sete anos depois, Waldseemüller reconheceu o próprio erro. Não obstante, o nome de Américo pegou e foi se espalhando como uma mancha de óleo, estendendo-se sobre todo o hemisfério ocidental e fixando-se nas mentes do Velho Mundo. A princípio, percebia-se nele algo de vulgar, mas era sonoro, e a história da América desde então deu-lhe ressonância.

Talvez tenha sido por isso que os partidários de Vespúcio nunca aceitaram a retratação de Waldseemüller e vindicam tenazmente as afirmações de Américo — ou feitas em seu nome com ele ainda vivo — de ter sido o verdadeiro descobridor do Novo Mundo. Sua defesa baseia-se em quatro argumentos principais. Primeiro, o fato de Américo, segundo seus defensores, ter sido o primeiro a pisar em terras continentais do Novo Mundo. Isso é simplesmente falso. Em seguida vêm as assertivas de que ele foi o primeiro a identificar aquilo que veio a ser a América como uma terra de dimensões continentais e o primeiro a classificá-la como um novo mundo. Trata-se de ideias questionáveis, e Colombo está em posição de vantagem sobre Vespúcio no que tange a ambas as afirmações de precedência. Em terceiro lugar, afirma-se que o nome América é bastante adequado, visto que Américo a explorou extensamente — o que é um argumento razoável mas difícil de justificar, dado o caráter frágil das provas. Foi muito difícil estabelecer quanto da América Vespúcio explorou, e não podemos tomar como certo boa parte do que ele se atribui. Finalmente, mais do que ninguém, ele divulgou o Novo Mundo. Isso, pelo menos, é incontestável, embora mesmo nesse caso ele tenha recebido uma ajuda não solicitada dos que forjaram a *Carta a Soderini* e dos autores da *Cosmographiae Introductio*.

O fato de ser partidário de alguém supõe polarização: tem de haver um partido contrário do qual discordar. No caso de Américo, os oponentes são os partidários de Colombo, os quais, com razão, afirmam a precedência de seu herói na exploração; afirmam também, com menos contundência, que suas ideias sobre a natureza de suas descobertas não eram muito inferiores às de seu rival. Os partidos começaram a se formar no século XVI. Pouco depois da morte de Vespúcio, Sebastião Caboto, cujo pai, João Caboto, precedera Américo na travessia do Atlântico e que também fazia afirmações improváveis sobre seu papel como explorador, acusou Vespúcio de mentir para roubar a glória do descobridor do Novo Mundo. A instituição com mais motivos para despojar Colombo da glória da descoberta da América era a Coroa castelhana, que passou boa parte do século XVI em litígio com os herdeiros do almirante por causa da divisão dos lucros. No curso do processo, os detratores de Colombo encontraram alento, mas o Estado tampouco tinha interesse em defender os interesses de Vespúcio. Por isso, ele não recebeu apoio desse lado. Francisco López de Gómara — secretário e celebrador de Cortés — referiu-se às pretensões de Vespúcio num tom descompromissado e muito esquivo: "Ele diz ter descoberto as Índias para Castela". Bartolomeu de Las Casas, o dedicado primeiro editor de Colombo, abriu o verbo. Acusou Vespúcio de ser um grande mentiroso e se dizia atônito ao ver que outros estudiosos, inclusive o próprio filho de Colombo, não tinham notado esse fato. Vespúcio "usurpou a glória devida ao almirante". O continente não devia se chamar América, mas "Columba".[44] "E cabe aqui considerar", escreveu Las Casas,

> o agravo e a injustiça que parecem ter sido feitos ao almirante por Américo Vespúcio, ou por aqueles que publicaram suas Quatro Navegações, atribuindo-se a descoberta desse continente, sem mencionar mais ninguém além dele próprio. Em vista disso, os estrangeiros que escrevem sobre essas Índias em latim e em sua própria língua materna ou que elaboram cartas e mapas chamam a esse continente de América, como se Américo tivesse sido seu primeiro descobridor.[45]

Essa versão dos acontecimentos nunca foi aceita em Florença.[46] Em 1598, quando a cidade celebrava solenes e esplêndidas exéquias por Felipe II da Espanha, a imagem de Vespúcio, com a inscrição "Descobridor do Novo Mundo em 1497", foi afixada na fachada da igreja de São Lourenço, como para contemplar e zombar do cortejo que passava. Tornou-se uma questão de honra para os florentinos defender a integridade de Vespúcio. Em todos os outros lugares sua fama se esvaneceu. O próprio historiógrafo de Felipe II, Antonio de Herrera, estabeleceu, com erudição irrefutável, as falsidades da *Carta a Soderini* e culpou Vespúcio por isso. A maioria dos leitores seguiu-o. Durante 150 anos, considerou-se em geral o nome América como resultado de uma impostura. Os estudiosos mais críticos da era do Iluminismo, inclusive Voltaire e Robertson, referendaram essa ortodoxia.

Em 1745, porém, um adolescente-prodígio, Angelo Maria Bandini, questionou-a num livro de profunda erudição. *Vita di Amerigo Vespucci gentiluomo fiorentino* (Vida de Américo Vespúcio, fidalgo florentino) é ainda uma obra crucial para o estudo de Vespúcio, dada a insuperável pesquisa feita por Bandini na árvore genealógica do navegador. Ela representou um grande avanço em outro campo também: Bandini encontrou não apenas a única carta remanescente de Vespúcio a seu pai, mas também a primeira versão manuscrita de autoria de Vespúcio dos relatos de sua viagem. Porém, seu evidente compromisso com o patriotismo cívico florentino solapou sua objetividade aos olhos dos leitores. Além disso, sua defesa da pretensão de Vespúcio de ser o descobridor da América baseava-se num engano: a crença de que Colombo nunca pisara o solo do Novo Mundo continental.

Bandini se tornou bibliotecário dos duques da Toscana. Isso não significa, porém, que tenha sido relegado à obscuridade. Ao contrário, ele foi uma figura que contribuiu para o triunfo do Iluminismo em Florença. Os americófilos florentinos empenharam-se cada vez mais em apresentar Vespúcio como um herói pré-encarnado dos cultos setecentistas da razão e da ciência. Não fosse pela cruel intervenção de Colombo, continuavam os ditos americófilos, os nativos do Novo Mundo teriam sido regulados pelos padrões da república florentina e poupados do massacre que se seguiu. Depois de uma longa gestação, essas ideias se combinaram em Florença em fins do século XVIII, numa torrente de novos estudos sobre Vespúcio. Três circunstâncias caracterizaram esse momento.

Primeiro, os intelectuais do Ocidente estavam engajados no que hoje chamamos de "a polêmica do Novo Mundo": um debate iniciado por gente de ideias pseudocientíficas que desprezava tudo o que fosse americano e dizia que todo o continente tinha um ambiente físico particularmente hostil à vida, o que condenava todas as espécies que lá viviam — inclusive os seres humanos — a uma inescapável inferioridade, comparadas a suas correspondentes no Velho Mundo. Eruditos e cientistas da América espanhola contra-argumentaram afirmando que seu continente era propício a todo tipo de progresso e desfrutava de todas as vantagens naturais — até mesmo as influências astrais oriundas dos céus americanos eram especialmente benignas. Thomas Jefferson refutou as afirmações dos detratores de forma mais simples num jantar em Paris, chamando a atenção para o fato de que ele — o único conviva americano — era a pessoa mais alta entre os presentes.[47]

Em segundo lugar, o mundo intelectual estava engajado num debate igualmente feroz sobre as consequências da descoberta, conquista e colonização das Américas pela Europa. Denis Diderot, que dirigiu o projeto da *Encyclopédie* — compêndio definitivo do pensamento iluminista — denunciou o imperialismo: "Toda colônia em que o governo fica num país e o dever de obediência em outro é, em princípio, uma instituição perversa".[48] Rousseau estava de acordo: longe de beneficiar a humanidade, a descoberta da América estimulara os vícios da ganância, da exploração e da violência. O contato com os europeus corrompera a pureza do "bom selvagem". Embora o próprio Rousseau nunca tenha usado a expressão e provavelmente não concordasse com a ideia, essa foi uma simplificação que se enraizou e se difundiu.[49] Em 1782 o abade Raynal — que colaborou com Diderot e Rousseau — promoveu em Lyon um famoso concurso de ensaios sobre as consequências, boas e más, da descoberta da América.

Finalmente, uma nova república estava em gestação na América, no bojo de uma guerra revolucionária. Os Estados Unidos reviviam as supostas virtudes da Roma antiga — virtudes que, como o leitor haverá de lembrar, a tradição florentina encarnou em outros tempos. Para seus admiradores, o resultado da luta dos colonos pela independência parecia pôr fim à polêmica sobre o Novo Mundo. A Declaração de Independência e a Constituição dos Estados Unidos realizavam na prática os princípios políticos do Iluminismo: soberania popular, o império da razão, a igualdade — excetuando-se, naturalmente, mulheres e escravos — do homem.

Pouco mais de um ano depois de consolidada a independência dos Estados Unidos, o embaixador do rei da França na corte da Toscana concebeu uma nova forma de conquistar as boas graças da elite florentina. Em 1785 ele ofereceu um prêmio pelo melhor panegírico de Vespúcio apresentado à Academia Toscana.[50] Isso provocou uma onda de interesse, uma torrente de estudos. Em 1787 Marco Lastri produziu o mais abrangente e representativo dos panegíricos motivados pela iniciativa do embaixador: nele Vespúcio aparecia como "o mais glorioso dos heróis do Arno" — o que era dizer muito, considerando-se as manifestações do gênio florentino que vinham desde a Idade Média — por ser "o descobridor de metade do mundo". Vespúcio criara um reino de possibilidades: "Quem sabe os progressos do espírito humano que esperam para ser realizados pelos povos daquelas regiões?". Lastri citou Benjamin Franklin e os trabalhos da Sociedade Filosófica Americana da Filadélfia como prova.[51] "Surge uma nova ordem de coisas", concluiu ele, "e a ela devemos as origens do iluminismo de nossa atual filosofia."[52] No ano seguinte, Adamo e Giovanni Fabbrioni publicaram um ensaio que apresentava Vespúcio como uma pré-encarnação do espírito da América revolucionária, numa obra repleta de louvores à independência dos Estados Unidos e eriçada de ódio contra o colonialismo e a intolerância religiosa.

Do ponto de vista acadêmico, o ensaio mais importante era também o mais aborrecido. Francesco Bartolozzi começou seu texto com bastante brio, com um comentário impressionantemente sagaz que prenunciava a opinião agora desposada por todos os liberais bem-informados e bem-pensantes. A descoberta da América constituía, dizia ele, "um momento crucial e para sempre memorável da história dos povos do mundo", em parte em função "da revolução que se seguiu em termos de costumes, estilos de vida, alimentos", em parte por ter sido "fatal para a raça humana", com "o barbarismo europeu" tendo matado muitos milhões de "silvícolas inocentes e inofensivos"; desencadearam-se guerras motivadas pela ganância e ambição, e a transmissão de varíola, com efeitos devastadores para povos não imunizados, somou-se aos outros males.[53] Depois desse comovente exórdio, Bartolozzi pôs-se a refutar um por um, com base em tediosas trivialidades, aqueles que tinham antes escrito sobre o assunto. Não obstante, ele apresentou algumas das mais apaixonantes descobertas da historiografia de Vespúcio: não apenas uma série de cartas endereçadas a ele, em que se baseia boa parte do primeiro capítulo do livro, mas também — o que é mais significativo no presente momento — as cartas até então inéditas que Américo escreveu para Lorenzo di Pierfrancesco de Medici quando voltou do Brasil em 1502. Além disso, Bartolozzi observou que na carta Vespúcio aludira a "minhas outras viagens", no plural.[54]

Assim, por inferência, a viagem ao Brasil de 1501-2 deve ter sido precedida de pelo menos duas outras. Para Bartolozzi e para os que o seguiram, o fato de esse texto de autoria aparentemente inquestionável confirmar uma terceira viagem constituía uma prova de que Vespúcio chegara antes de Colombo ao continente do Novo Mundo. Para os detratores de Vespúcio, isso era uma prova ainda mais incontestável de suas mentiras. "Audaciosamente, ele proclamou a si mesmo, para toda a Europa, o primeiro descobridor do continente do Novo Mundo", replicou Claret de Fleurieu, o grande propagandista da exploração científica francesa da época, "e a Europa, iludida, deu crédito a sua afirmação sem examiná-la!"[55]

O maior erudito da época, Alexander von Humboldt, fez uma análise mais equilibrada, insistindo na precedência de Colombo, mas evitando acusar Vespúcio de má-fé. Agudamente, Humboldt considerou o *Mundus Novus* e a *Carta a Soderini* como resultado de "um trabalho de edição confuso", talvez obra de "amigos ineptos e pouco confiáveis".[56] Thomas Jefferson deu espaço em seu museu particular em Monticello para efígies de Colombo e de Vespúcio.

A rivalidade de seus respectivos defensores, porém, tornou difícil a aceitação de ambos os exploradores. Os críticos de Vespúcio do século xix mostraram tanta inventividade em "desimaginar" as viagens de Vespúcio quanto atribuíram ao florentino em seus relatos. A história e a ficção estão cheias de viagens imaginárias e façanhas marinhas exageradas ou atribuídas à pessoa errada. O gênero nunca foi tão popular como no próprio meio de Vespúcio. Viajantes de gabinete inventavam viagens. Muitos escritores viajavam apenas na imaginação, e os que realmente viajavam tendiam a exagerar a extensão das viagens. Para agradar o público, eles acrescentavam *mirabilia* — histórias maravilhosas, aberrações da natureza, monstros, riquezas inauditas e inversões da ordem natural. As realizações efetivas dos exploradores emulavam — e talvez imitassem conscientemente — a ficção.[57] Não é de surpreender, considerando-se o ambiente, que alguns leitores de Vespúcio pusessem em dúvida ou não acreditassem em nada do que ele escreveu. Para eles, Vespúcio era um marinheiro de água doce cujas viagens tendiam mais para a fábula do que para a realidade; ele se parecia com o "Comandante da Marinha da Rainha", da ópera cômica *H. M. S. Pinafore*, que ascendeu ao comando dos marinheiros reais pela prudência de sua regra de ouro: "Mantenha-se próximo à sua escrivaninha e nunca se faça ao mar". Sua fama derivou de mera trapaça, sem nada de experiência real. O visconde de Santarém rejeitou tudo o que se referia às atividades de explorador de Vespúcio. Emerson, numa tirada famosa, acusou-o de ser um mero "vendedor de picles".[58] Em 1894, sir Clements Markham — ele próprio um erudito medíocre, mas que como presidente da Hakluyt Society constituía uma força poderosa no mundo acadêmico — reduziu-o a um simples "corretor de gado bovino", negando que houvesse algo que qualificasse Vespúcio como navegante.[59]

Assim, de um modo ou de outro, Vespúcio fazia o papel de herói de seus próprios defensores, e de vilão para todos os demais. Ele inspirou extremos de ódios e lisonjas. Ambos eram justificados, mas não pelas razões comumente alegadas.

Vespúcio era um herói e, como a maioria dos heróis, também um vilão. Mas seu heroísmo e vilania não eram do tipo comum. As virtudes convencionais de heroísmo são de caráter partidário. É isso que as distingue das virtudes da santidade, que são universais. Portanto, o herói para uns é o vilão para outros. Hoje, em um mundo de culturas plurais e de múltiplas civilizações, o heroísmo é subversivo. Procurando nos mostrar imparciais, nós nos esquivamos dos heróis convencionais e não gostamos de admitir que os temos, ao passo que os vilões, pelo menos, normalmente são capazes de nos despertar certa simpatia.

Não obstante, não se pode classificar Américo facilmente em termos partidários. Naturalmente, ele foi o herói de Florença, sua cidade natal, onde se iluminavam as ruas quando chegavam notícias de seus feitos e onde seus concidadãos trabalhavam para reavivar sua memória sempre que os fatos pareciam obscurecê-la. Mas ele nunca conseguiu se tornar um herói dos patriotas italianos em geral. Isso não pode se dever apenas ao fato de ter emigrado ainda jovem e nunca ter retornado. Colombo fez o mesmo, mas isso não impede os ítalo-americanos de acorrerem às centenas de milhares para identificar-se com ele no Dia de Colombo. Vespúcio era um homem de lealdades muito volúveis para se tornar um herói de algum grupo nacional, pois oscilava entre a Espanha e Portugal, sem nunca se comprometer totalmente com nenhum dos dois países.

As qualidades que em geral associamos ao heroísmo são, de todo modo, moralmente equívocas. Coragem, intrepidez, perseverança, são virtudes próprias para o conflito. Às vezes elas o geram. Elas precisam dele para vicejar. As mesmas virtudes são em geral associadas à obsessão. Os heróis normalmente têm as mãos sujas de sangue. Mas Vespúcio nunca foi um herói de guerra ou de um império. Ao contrário de Colombo, nunca fez uma guerra continuada contra os nativos do Novo Mundo; ele não fundou nenhuma colônia, não capitaneou nenhuma expedição nem comandou frotas. Tampouco poderia encarnar um herói de um revisionismo pós-colonial ou anticolonialista. Ele estava envolvido profundamente com o tráfico de escravos e participou de pequenas escaramuças, bastante desagradáveis e sangrentas, com as quais se iniciou a história europeia nas Américas.

Por vezes os heróis surgem porque comunidades precisam deles como exemplos em tempo de guerra ou como modelos de patriotismo. Vasari transformou pintores em heróis, e Samuel Smiles fez o mesmo com engenheiros; mas esses eram heróis metafóricos, heróis por analogia. Vespúcio podia, por analogia, ser classificado como herói das explorações marítimas. Além de suas peregrinações pelas costas do Novo Mundo, suas duas principais alegações em defesa desse título são ter sido o precursor a realizar, com espantoso êxito, deslumbrantes façanhas de navegação celeste, entre as quais a navegação sem ver a Estrela Polar e a leitura da longitude mediante distâncias lunares, e o fato de o próprio alcance de sua viagem eclipsar o de qualquer rival de sua época, sobretudo por ter avançado cinquenta graus ou mais ao sul do equador. Essas seriam reivindicações impressionantes, mas, como vimos, são falsas.

Assim, à margem de sua própria causa, não existe nenhuma outra, boa ou má, a que se possa associar Vespúcio. Os partidários de Vespúcio são partidários apenas dele, unidos que são na admiração que lhe devotam. A defesa de Vespúcio, e, com ela, sua elevação ao status de herói, começou ainda em vida dele, entre o grupo de estudiosos que promoveram o nome América e o saudaram como o maior dos geógrafos. Agora sua causa é defendida por excêntricos extravagantes que se comprazem em contestar as evidências. É difícil entender o que ainda motiva os partidários de Vespúcio: perversidade intelectual, talvez; ressentimento pelo status alcançado por Colombo, provavelmente; envolvimento emocional com o nome América, com certeza. É compreensível que o nome desperte a ira dos admiradores de Colombo. Assim como a inveja dos inimigos de Vespúcio.

No momento em que escrevo, aproxima-se o quingentésimo aniversário do batismo da América. Velhas polêmicas sobre a adequação do nome certamente serão retomadas. Essas polêmicas dizem respeito a várias questões: se Vespúcio merece a honra que lhe foi dada pelos geógrafos que batizaram o continente com seu nome; se os cidadãos dos Estados Unidos dele se apropriaram injustamente; se americanos de outras partes do hemisfério, ou os que pertencem a minorias étnicas conscientes de sua própria identidade — como, por exemplo, as que se autodenominam nativos americanos e afro-americanos —, querem continuar usando-o ou preferem descartá-lo, motivados por uma indignação pós-colonial, considerando-o um odioso legado da dominação branca. É provável que nos defrontemos com uma repetição do quingentésimo aniversário do descobrimento de Colombo, que foi dominado por um debate — sem comparação desde que Rousseau condenou os efeitos da obra de Colombo — sobre a moralidade dos danos causados pelo homem branco nas Américas.

Muitas vezes se diz que o ato de dar nomes é uma espécie de magia. Os nomes mudam as naturezas, forjam comunidades, geram mitos, consolidam relações, põem em pauta reivindicações, especialmente em matéria de paternidade e de propriedade. Eles afetam a forma como percebemos as coisas nomeadas, criam atrações e repulsões, e não é fácil livrar-se deles. Seus efeitos são quase indeléveis. E como as pessoas procuram estar à sua altura, eles influenciam o comportamento. Ao deixar sua marca no mapa, Américo, o velho mago, continua realizando sua mágica. Dar nome ao continente definiu-o, da perspectiva de um olhar estrangeiro, como uma simples massa continental, a despeito da diversidade que ele encerra. O fato de ter recebido o nome de um explorador florentino ainda influencia a forma como pensamos sua história — como uma pretensa ruptura, um novo começo, para o bem ou para o mal, que ocorreu com a chegada dos europeus.

Não obstante, duvido que hoje alguém pense em Vespúcio quando pronuncia o nome América. Não desperta nenhuma reminiscência do homem, precisamente por ele ter sido uma figura obscura, com uma vida oculta e não relatada. Não se faz nenhuma associação que o nome possa ter com Florença ou com os florentinos, com a prática de um comércio ladino, com aprovisionamento de navios, explorações marítimas, cosmografia, mágicas astrais, elaboração de mapas, sortilégios canhestros com instrumentos de navegação ou quaisquer das outras atividades a que Vespúcio se entregou no curso de sua vida agitada, porque as pessoas nada sabem delas. Quão diferentes seriam as reações se os partidários de Colombo tivessem levado a melhor, e em vez disso falássemos de, digamos, Cristoferia! Colombo tem uma presença tão inescapável na história que um continente batizado com seu nome nunca deixaria de evocá-lo. A cada vez que o nome fosse pronunciado, logo surgiriam na mente imagens de imperialismo, evangelização, colonização, massacres e intercâmbio ecológico. As controvérsias seriam constantes, e a rejeição, intolerável.

Em comparação, América parece um termo neutro. E ao mesmo tempo que Vespúcio desapareceu da aura do nome, novas associações lhe deram outras cores. A maioria dessas associações deriva da história do país que chama a si mesmo de América, uma redução de Estados Unidos da América. Trata-se de associações de longa data com grandes virtudes americanas: democracia, liberdade, republicanismo e a oportunidade de lutar pelos próprios sonhos. Graças a elas, a palavra América traz consigo uma carga positiva capaz de evocar um justo orgulho, e ninguém mais se lembra automaticamente da forma como o nome derivou de um erro induzido pela fraude — nem de que o país nasceu na rebelião, depois somou o imperialismo, e durante muito tempo foi sustentado pela escravidão. Mais recentemente, por causa da arrogância de superpotência, da ganância corporativa, dos políticos corruptos, do belicismo que se compraz em apertar o gatilho, da irresponsabilidade ecológica e do obtuso consumismo, o nome América, desafortunadamente, desperta outras — menos felizes — associações. Mas a maldição não vem de Américo. A história tornou-o irrelevante no que tange às principais ressonâncias de seu nome.

Se ele contribuiu tão pouco para a história subsequente e pode ser eximido de qualquer participação nas associações despertadas pelo nome América, por que ler sobre ele? Pode ser tarde demais para propor essa questão a qualquer leitor que tenha tido a gentileza de ler o livro até aqui. Mas acho que tenho uma boa resposta.

O PALADINO REPRESENTATIVO

Em minha opinião, Vespúcio tem interesse e relevância histórica pelo fato de ser um representante de uma raça que conformou o mundo: homens mediterrâneos que se lançaram ao Atlântico, habitantes de um calmo mar interior que cruzaram o imenso oceano. Ao longo de gerações, eles ficaram na vanguarda das travessias atlânticas, assumindo a dianteira, como se os europeus das proximidades do oceano não pudessem explorá-lo sem a ajuda daqueles forasteiros. Acho difícil acreditar que sem a iniciativa dos participantes mediterrâneos, o Atlântico que hoje habitamos — o mar em que se assenta a civilização ocidental, através do qual intercambiamos mercadorias e ideias e em torno do qual ainda tendemos a nos congregar por motivos defensivos — chegasse a ser o que é.

Lanço um olhar sobre a vida de Vespúcio daqui de minhas pequenas terras situadas nas fímbrias do Atlântico: de Massachusetts, onde trabalho, e da terra de meus ancestrais na Galícia, no noroeste da Espanha — postos avançados de uma vida que se estende pelo Atlântico. Como sou, de origem, total e inquestionavelmente europeu ocidental, ninguém vai me acusar de partidarismo hostil se eu disser que os europeus ocidentais constituem a escória da história euro-asiática e que nossa parte do mundo é a fossa que serviu de desaguadouro à história da Eurásia. Gostamos de nos felicitar do muito que o oeste europeu contribuiu para o desenvolvimento da civilização ocidental e, portanto, do mundo, visto que os horizontes deste se ampliaram e as tradições ocidentais foram partilhadas, quando não impostas, com o resto do mundo. Nesse sentido poderíamos mencionar as Revoluções Científica e Industrial, o Iluminismo, o romantismo e outros movimentos de procedência mais incerta ou de mérito mais questionável, inclusive o imperialismo global que Vespúcio e seus companheiros exploradores tanto contribuíram para iniciar. Mas todos esses processos são bastante recentes. Se adotarmos uma perspectiva mais ampla, que se estenda ao longo de milênios, poderemos ver que a maioria dos grandes movimentos que deram forma à Europa veio de fora — da Ásia — e se espalharam do Oriente para o Ocidente: o surgimento da agricultura, da metalurgia e das línguas indo-europeias; as migrações de fenícios, judeus e, mais tarde, dos povos das estepes e de ciganos; a transmissão de ideias e tecnologias, inclusive os raios procedentes da Ásia que, incidindo sobre "a face ocidental de Hélicon", acenderam o fogo heleno na Antiguidade. Seguiu-se então a influência do Islã no pensamento medieval e também a da China dos períodos Song e Yuan na tecnologia ocidental.

Todos esses movimentos varreram resíduos, detritos e refugiados para a Europa ocidental. Ali meus ancestrais contemplaram o oceano durante centenas, talvez milhares, de anos sem nem ao menos tentar aventurar-se nele. Eles o usaram para a pesca e para a navegação de cabotagem. Sua falta de iniciativa parece assombrosa se comparada à intrepidez dos habitantes dos oceanos Índico e Pacífico. No primeiro, as monções facilitaram as travessias de ida e volta e de longa distância por toda a sua extensão, e pelas costas marítimas da Ásia e da África Oriental, séculos antes que se desenvolvesse uma rota atlântica viável. No Pacífico, há cerca de um milênio, viajantes polinésios, os mais hábeis do mundo, levaram sua tecnologia ao grau máximo de desenvolvimento, cruzando o mar aberto para colonizar o arquipélago havaiano, a ilha de Páscoa, a Nova Zelândia e as ilhas Chatham — destinos milhares de milhas distantes do local de origem dos navegantes que os descobriram. Entrementes, as únicas exceções à inércia dos povos das costas atlânticas foram os navegantes da Escandinávia e da Irlanda que, aproveitando, para ida, as correntes rumo oeste que banham o Ártico e, para volta, os ventos que sopram do oeste, predominantes no Atlântico Norte, colonizaram a Islândia a partir do século VIII, estendendo seu raio de ação até a Groenlândia e a Terra Nova no início do segundo milênio.

Muitas vezes se diz que a "ascensão do Ocidente" é o grande problema central da história moderna do mundo. Analisada de uma perspectiva de longo prazo, a inércia do Ocidente parece mais evidente e ainda mais problemática. Por que os povos da Europa atlântica fizeram tão pouco durante tanto tempo?

Quando por fim as comunidades de outras regiões do litoral atlântico — principalmente na Espanha e em Portugal — começaram a lançar-se em ambiciosas aventuras no século XIV, eles se apoiaram na liderança, no investimento e no *savoir-faire* do Mediterrâneo profundo. Os homens que colaboraram eram de Maiorca e, em número cada vez maior, quando a contribuição maiorquina diminuiu, da Itália. Essas terras forneceram navegadores, carpinteiros navais, cartógrafos e financistas que ajudaram a explorar os arquipélagos dos Açores, Madeira e Canárias no século XIV e a colonizá-los no XV. Até a segunda metade do século XV, sua contribuição foi vital para as navegações portuguesas no Atlântico africano, que continuaram a depender de investidores italianos na década de 1490, quando os lusos avançaram pelo Atlântico Sul, em direção ao Brasil, e aos ventos ocidentais, que os levaram para o oceano Índico.

Com muito poucas exceções, quase nada sabemos sobre a maioria desses construtores mediterrâneos do moderno Atlântico, salvo seus nomes. Não obstante, no momento em que essa etapa chegava ao fim — quando a Espanha e Portugal estavam produzindo navegadores em número suficiente para dispensar a ajuda italiana de primeiro time — os casos de Colombo e Vespúcio nos dão os meios para conhecer ou inferir por que os italianos buscavam o caminho do Ocidente, em vez de se deixarem ficar no conforto de sua velha região mediterrânea, relativamente rica e estável. Eles eram praticamente os últimos de uma longa sucessão de italianos que contribuíram para a expansão além-mar da Ibéria de fins da Idade Média. Antes de passar a servir a Espanha, Sebastião, o filho de João Caboto, acompanhou o pai à Inglaterra e na travessia do Atlântico Norte. Um irmão de Colombo e dois ou três primos ou sobrinhos seus o acompanharam em suas aventuras. Giovanni Vespúcio sucedeu seu tio no serviço da Coroa da Espanha. Mas os tempos estavam mudando. Na Espanha e em Portugal, a ambição e o talento nativos substituíram os italianos nas viagens de exploração. Mesmo quanto às finanças, os banqueiros alemães e, mais tarde, os banqueiros franceses, começaram a competir com os italianos, sem chegar, porém, a substituí-los.

Assim, se quisermos entender a origem do mundo atlântico, é de importância crucial saber o que atraiu ou impeliu Vespúcio a tomar parte nesse processo. Mas a legenda de Américo obscureceu a verdade. Ele não era como a tradição o apresenta: alguém senhor do próprio destino, que pode ou não ter sido capitão de navios, mas sempre conduziu a própria vida. Na realidade, ele nunca foi abastado ou talentoso o suficiente para fazer escolhas independentes. A cada etapa de sua vida, a cada mudança de trajetória, a cada movimento de reinvenção do próprio eu, ele estava fugindo da pobreza e do fracasso. Essa, suponho, era a circunstância em que se encontrava a maioria dos aventureiros de fins da Idade Média que trocaram o Mediterrâneo pelo Atlântico. Para trocar um mar calmo e familiar por um oceano de perigos incertos, a ambição pode constituir um bom motivo, mas o desespero certamente impele. Só quando sua vida aproximava-se do fim, Vespúcio conseguiu alcançar a segurança e algo que lembrava a fama e a honra que seu pai lhe ensinara a buscar. A fama continuou precária, a honra manchada de suspeitas e censuras. Em retrospecto, sua vida parece uma longa sucessão de escolhas equivocadas.

Vespúcio não estava à altura de nenhum dos ambiciosos papéis que assumiu. Ele não era aplicado o bastante para ser um diplomata, era imprudente demais para ser um grande comerciante, incompetente demais para navegar, ignorante demais para ser um cosmógrafo. Quando se arvorou em mago, teve de recorrer à prestidigitação. Parecia encarnar perfeitamente o papel de bufão que lhe atribuiu Sebastian Brant. Para Alexander Barclay, o autor escocês dos versos burlescos inspirados pela obra de Brant, toda exploração era loucura, porque cada nova descoberta demonstrava a imperfeição das realizações anteriores. Sua lógica era bizarra, mas, no caso de Vespúcio, que se esforçou para produzir um mapa definitivo do oceano para a Casa de Contratación quando o conhecimento encontrava-se em contínuo e exasperante processo de mudança, a sátira de Barclay de 1509 era pertinente e oportuna. Como se lê no *Mundus Novus*, "pretender discernir os céus e sua majestade e saber mais do que é legítimo saber" era uma "temeridade [...] quando, em todo o longo tempo que transcorreu desde o começo do mundo, a vastidão da Terra e das coisas que nela existem permaneceu desconhecida". Iniciamos este livro com versos de Barclay sobre a obra de Colombo, Vespúcio, seus colegas e companheiros, e sua "vã geometria" — ou como hoje diríamos, "geografia". Podemos encerrá-lo com uma última verdade incômoda e incontestável deste McGonagall medieval: "Assim, é insensato ocupar-se do saber/ e da ciência incerta da vã geometria/ pois a ninguém o mundo inteiro é dado conhecer".

Notas e referências

PREFÁCIO (pp. 9-14)

1. L. Formisano et al., *Amerigo Vespucci: La vita e i viaggi* (Florença, 1991), pp. 69-201. Embora eu respeite e, em alguns pontos, confie na erudição de Formisano, discordo dele radicalmente em muitas questões de interpretação.
2. R. Levillier, *Américo Vespucio* (Madri, 1966), exibe um formidável conhecimento, que é inutilizado pela imperícia técnica do autor. Levillier pensou que poderia reconstituir os itinerários dos exploradores a partir de mapas — uma fantasia que nenhum estudioso sério dessa área aprovou, nem mesmo à época de Vespúcio. G. Arciniegas, *Amerigo and the New World: the Life and Times of Amerigo Vespucci* (Nova York, 1955), republicado sob o título *Why America?: 500 Years of a Name* (Bogotá, 2002), tem virtudes de elegância de estilo e força evocativa, mas as faculdades críticas do autor se perdem quando ele se concentra nas fontes mais delicadas e dúbias. F. Pohl, *Amerigo Vespucci, Pilot Major* (Nova York, 1944), é o trabalho de um entusiasta amador, cuja compreensão de muitos dos documentos que tentou utilizar foi superficial ou equivocada.
3. Nem sempre foi assim: A. Varnhagen, *Amerigo Vespucci, son caractère, ses écrits (même les moins authentiques), sa vie et ses navigations* (Lima, 1865), argumentava contra as cartas manuscritas e em favor da autenticidade dos trabalhos impressos com tal ingenuidade que alguns leitores desconfiaram que ele estava de brincadeira.
4. A. Magnaghi, *Amerigo Vespucci: Studio critico* (Roma, 1926).

5. Por exemplo, Magnaghi; G. Caraci, *Questioni e polemiche vespucciani*, 2 vols. (Roma, 1955-6); T. O. Marcondes de Souza, *Amerigo Vespucci e as suas viagens* (São Paulo, 1954).

6. Visconde de Santarém, *Researches Respecting Americus Vespucius and His Voyages* (Boston, 1850), p. 67.

7. Por exemplo, H. Vignaud, *Améric Vespuce* (Paris, 1917); R. Levillier, *América la bien llamada*, 2 vols. (Buenos Aires, 1948); *Américo Vespucio* (Madri, 1966). G. Arciniegas, *Amerigo and the New World*, apoiando-se em declarações e não em argumentos, concluiu pela autenticidade das cartas publicadas. A única outra biografia popular nesse campo, de autoria de F. Pohl, seguiu o exemplo de Magnaghi e as rejeitou inteiramente. No entanto, ambos os livros adotaram um tom encomiástico e chegaram a conclusões acríticas. Nas duas, Vespúcio desempenha o papel de um heroi sem máculas, cujas credenciais como descobridor da América são impecáveis.

8. I. Luzzana Caraci, *Amerigo Vespucci*, Nuova raccolta colombiana, 21, 2 vols. (Roma, 2000).

9. L. D'Arienzo, "Nuovi documenti su Amerigo Vespucci", in *Scritti in onore del profesore P. E. Taviani*, 3 vols. (Gênova, 1983-6), III, pp. 121-73.

10. L. Formisano, *Amerigo Vespucci: Lettere di viaggio* (Milão, 1985); "Vespucci in America: Recuperi testimoniali per una edizione", *Studi di filologia italiana*, 41 (1983), pp. 37-43.

11. M. Pozzi, ed., *Il mondo nuovo di Amerigo Vespucci: Vespucci autentico e apocrifo* (Milão, 1984).

12. C. Varela, *Colón y los florentinos* (Madri, 1988).

13. Florença, Biblioteca Riccardiana, MS 2649.

PRÓLOGO (pp. 15-20)

1. M. P. d'Avezac, *Martin Hylacomylus Waltzemüller. Ses ouvrages et ses collaborateurs* (Paris, 1867), p. 40.

2. J. Fiske, *The Discovery of America*, 2 vols. (Boston, 1892), I, p. 132. O acadêmico era Pico della Mirandola.

3. Id., ibid., p. 134; D'Avezac, op. cit., p. 258.

4. Id., ibid., p. 91.

5. Id., ibid., pp. 40-1.

1. O APRENDIZADO DO MAGO (pp. 23-66)

1. D. E. Bornstein, ed., *Dino Compagni's Chronicle of Florence* (Filadélfia, 1986), p. 3; L. Bruni, *History of the Florentine People*, ed. J. Hankins, 2 vols.

(Cambridge, MA, e Londres, 2001), I, pp. 8-19, 109; G. Villani, *Croniche*, ed. G. E. Sansone e G. Gura Curà (Roma, 2001).

2. A. Della Torre, *Storia dell'Accademia platonica di Firenze* (Florença, 1907), pp. 772-4.

3. *Letters of Marsilio Ficino*, II (Londres, 1978), pp. 28-30.

4. Riccardiana, MS 2649, f. 7.

5. E. R. Dodds, *The Greeks and the Irrational* (Berkeley, 1951); K. Dover, *Greek Popular Morality in the Time of Plato and Aristotle* (Berkeley, 1974).

6. L. Martines, *April Blood: Florence and the Plot Against the Medici* (Oxford, 2003), pp. 130-1.

7. F. Yates, *Giordano Bruno and the Hermetic Tradition in the Renaissance* (Londres, 1964), pp. 12-3.

8. W. Shumaker, *The Occult Sciences in the Renaissance: A Study in Intellectual Patterns* (1972), pp. 18-9.

9. E. H. Gombrich, "Botticelli's Mythologies: A Study in the Neoplatonic Symbolism of His Circle", *Journal of the Warburg and Courtauld Institutes*, 8 (1945), p. 18; *Letters of Marsilio Ficino*, IV (Londres, 1988), p. 61.

10. Citado em E. H. Gombrich, *Symbolic Images: Studies in the Art of Renaissance* (Londres, 1972), pp. 41, 43; *Letters of Marsilio Ficino*, IV, p. 63.

11. G. Fossi, "Capolavori all'insegna delle vespe: grandi artisti per i Vespucci", in L. Formisano et al., *Amerigo Vespucci: La vita e i viaggi*, pp. 230-41.

12. G. Uzielli, *Paolo dal Pozzo Toscanelli* (Florença, 1892), pp. 367-70.

13. B. Toscani, "Lorenzo, the religious poet", in B. Toscani, ed., *Lorenzo de Medici: New Perspectives* (Nova York, 1993), p. 89.

14. Luzzana Caraci, I, p. 13.

15. N. Rubinstein, *The Government of Florence Under the Medici (1434 to 1494)* (Oxford, 1997), p. 142.

16. G. Arciniegas, *El embajador: Vida de Guido Antonio, tío de Amerigo Vespucci* (Bogotá, 1990), p. 23.

17. Arciniegas, *Amerigo and the New World*, p. 56.

18. Luzzana Caraci, I, p. 23.

19. Id., ibid.

20. Riccardiana, MS 2649, f. 92.

21. Id., ibid., f. 25.

22. Luzzana Caraci, I, p. 20.

23. Id., ibid., p. 269.

24. K. Lippincott, "The Art of Cartography in Fifteenth-Century Florence", in M. Mallett e N. S. Mann, eds., *Lorenzo the Magnificent: Culture and Politics* (Londres, 1996), pp. 131-49 (p. 132); ver, para linhas gerais, T. Goldstein, "Geo-

graphy in xv[th] C Florence", in J. Parker, ed., *Merchants and Scholars: Essays in the History of Exploration and Trade* (Minneapolis, 1965), pp. 11-32.

25. A. C. de la Mare, *The Handwriting of the Italian Humanists*, I (Oxford, 1973), pp. 106-38.

26. S. Gentile, "L'ambiente umanistico fiorentino e lo studio della geografia nel secolo xv", in L. Formisano et al., *Amerigo Vespucci: La vita e i viaggi*, pp. 11-45.

27. Todas as medidas da época eram aproximadas, e não havia um padrão consensual de comparação. É de se supor que Ptolomeu pensasse em termos de milhas romanas, que nunca foram padronizadas; tanto quanto se pode dizer comparando-se cálculos contemporâneos para as mesmas distâncias em diferentes sistemas de medida, a milha romana era um pouco maior do que a dos castelhanos e muito menor que a dos portugueses — aproximadamente 1500, 1400 e 2 mil metros, respectivamente. Ver A. Szászdi Nagy, *La legua y la milla de Colón* (Valladolid, 1991).

28. Gentile, p. 41.
29. Riccardiana, MS 2649.
30. Luzzana Caraci, I, p. 20.
31. Riccardiana, MS 2649, f. 3.
32. Id., ibid., ff. 12-3, 54, 62, 161.
33. Id., ibid., f. 64.
34. Id., ibid., f. 20.
35. Id., ibid., f. 19.
36. Id., ibid., f. 145.
37. Id., ibid., f. 54.
38. Luzzana Caraci, I, pp. 22-3.
39. Id., ibid., I, p. 23.
40. Arciniegas, *El embajador*, p. 55.
41. J. Coubet, *Louis XI et le Saint-siège, 1461-83* (Paris, 1903), p. 163.
42. Id., ibid., p. 156.
43. Id., ibid., p. 164.
44. Id., ibid., p. 28.
45. Lorenzo de Medici, *Lettere*, VI, ed. M. Mallett (Florença, 1990), p. 100.
46. Martines, pp. 214-20.
47. Id., ibid., pp. 221-3.
48. E. B. Fryde, "Lorenzo de Medici's Finances and Their Influence on His Patronage of Art", in E. B. Fryde, ed., *Humanism and Renaissance Historiography* (Londres, 1983), pp. 145-57.
49. B. Toscani, ed., *Lorenzo de' Medici: Laude* (Florença, 1994), especialmente pp. 63-6.

50. L. Polizzotto, "Lorenzo il Magnifico, Savonarola and Medicean Dynasticism", in Toscani, *Lorenzo*, pp. 331-55.

51. F. W. Kent, *Lorenzo de Medici and the Art of Magnificence* (Baltimore, 2004), principalmente p. 91.

52. J. Beck, "Lorenzo il Magnifico and His Cultural Possessions", in Toscani, p. 138.

53. Riccardiana, MS 2649, f. 36.

54. A. Brown, *The Medici in Florence: The Exercise and Language of Power* (Florença, 1993), p. 78.

55. Id., ibid., pp. 92-6.

56. E. Jayne, "A Choreography by Lorenzo in Botticelli's *Primavera*", in Toscani, pp. 163-77, principalmente p. 170.

57. Fryde, op. cit., p. 152.

58. Brown, op. cit., p. 97.

59. J. R. Hale, *Florence and the Medici: The Pattern of Control* (Londres, 1977), p. 120.

60. Arciniegas, *Amerigo and the New World*, p. 56.

61. F. Gasparolo, *Pietro Vespucci, Podestà di Alessandria* (Alessandria, 1892); Arciniegas, *Amerigo and the New World*, pp. 107-8.

62. Arciniegas, *El embajador*, p. 22.

63. *Silvae*, F. Bausi, ed. (Florença, 1996), p. 101.

64. Gombrich, *Symbolic Images*, pp. 80-1.

65. Riccardiana, MS 2649, f. 22.

66. I. Masetti-Bencini e M. Howard Smith, *La vita di Amerigo Vespucci a Firenze da lettere inedite a lui dirette* (Florença, 1903), pp. 9-11.

67. Id., ibid., p. 86.

68. Id., ibid., p. 63.

69. Id., ibid., p. 44.

70. Varela, *Colón y los florentinos*, pp. 142-6.

71. Riccardiana, MS 2649, f. 69.

72. Masetti-Bencini e Howard Smith, p. 85.

2. A PERSPECTIVA DO EXÍLIO (pp. 67-97)

1. R. Feuer-Toth, *Art and Humanism in Hungary in the Age of Matthias Corvinus* (1990), pp. 68-97.

2. Luzzana Caraci, I, p. 34.

3. Varela, *Colón y los florentinos*, p. 17.

4. Id., ibid., p. 33.
5. A. Collantes de Terán, *Sevilla en la baja edad media* (Madri, 1977), p. 216.
6. Varela, *Colón y los florentinos*, p. 23.
7. F. Morales Padrón, *La ciudad del quinientos: Historia de Sevilla* (Sevilha, 1977), pp. 54-5.
8. Collantes de Terán, pp. 78-9.
9. F. Morales Padrón, p. 19.
10. Collantes de Terán, pp. 103-6.
11. E. Otte, "Los instrumentos financieros", in A. Collantes de Terán Sánchez e A. García-Baquero González, eds., *Andalucía 1492: Razones de un protagonismo* (1992), p. 159.
12. M. A. Ladero Quesada, *Andalucía en torno a 1492: Estructuras, valores, sucesos* (1992), p. 53.
13. E. Otte, *Sevilla y sus mercaderes a fines de la edad media* (1996), p. 67.
14. Collantes de Terán, op. cit., p. 139.
15. Ladero Quesada, op. cit., p. 154.
16. Id., ibid., p. 162.
17. Varela, *Colón y los florentinos*, p. 25.
18. G. Caraci, *Problemi vespucciani* (Roma, 1987), p. 152.
19. Luzzana Caraci, I, pp. 31-2.
20. Caraci, *Problemi vespucciani*, p. 164; Luzanna Caraci, I, p. 42.
21. F. Fernández-Armesto, "La financiación de la conquista de Canarias durante el reinado de los Reyes Católicos", *Anuario de estudios atlánticos*, XXVIII (1982), pp. 343-78.
22. Varela, *Colón y los florentinos*, pp. 44-5, 96.
23. Id., ibid., pp. 95-107.
24. L. D'Arienzo, "Un documento sul primo arrivo di Amerigo Vespucci a Siviglia", *Columbeis*, 3 (1988), pp. 19-37.
25. J. Gil e C. Varela, eds., *Cartas de particulares a Colón y relaciones coetáneas* (Madri, 1984), p. 66.
26. Varela, *Colón y los florentinos*, p. 78.
27. Id., ibid., p. 77.
28. Id., ibid., p. 60.
29. D'Arienzo, "Nuovi documenti su Amerigo Vespucci".
30. À época, um ducado de 375 maravedis valia 4/7 ducados em moeda inglesa, de modo que, sem muito rigor, podemos dizer que 1600 maravedis correspondiam a uma libra esterlina.
31. Luzzana Caraci, I, p. 95.
32. J. Pérez de Tudela et al., eds., *Colección documental del descubrimiento*, 3 vols. (Madri, 1995-6) II, pp. 873-4.

33. Luzzana Caraci, I, p. 163; M. Fernández de Navarrete, *Obras*, C. Seco Serrrano, ed., 3 vols. (Madri, 1954-5) I, p. 181.
34. R. Pike, *Aristocrats and Traders: The Genoese of Seville and the Opening of the New World* (Ithaca, NY, 1966), pp. 1-19.
35. L. A. Vigneras, *The Discovery of South America and the Andalusian Voyages* (Chicago, 1976), p. 20.
36. D. Ramos, *Las capitulaciones de descubrimiento y rescate* (Valladolid, 1981), pp. 13-52.
37. Riccardiana, MS 2649, f. 67.

3. O OBSERVADOR DE ESTRELAS NO MAR (pp. 98-137)

1. *Colleción documental del descubrimiento*, II, pp. 1179-89.
2. Para um exemplo, que pode servir de advertência, de abuso de prova cartográfica, ver R. Levillier, *América la bien llamada*, I, pp. 93-107, em que ele busca provar, para sua própria satisfação, que Vespúcio não apenas fez sua primeira viagem ao Novo Mundo em 1497, mas também que nessa ocasião explorou a costa leste do continente desde a Virgínia até a Costa Rica — embora todos os mapas que o autor usa incluam dados reunidos muito depois.
3. Luzzana Caraci, I, p. 133.
4. Id., ibid., p. 268.
5. Id., ibid., p. 279.
6. L. Casson, ed., *The Periplus Maris Erythraei* (Princeton, 1974).
7. R. S. Lopez, "European Merchants in the Medieval Indies", *Journal of Economic History*, III (1943), pp. 164-84.
8. Luzzana Caraci, I, p. 284.
9. Gentile, pp. 37-9.
10. Id., ibid., p. 41.
11. Gil e Varela, *Cartas de particulares*, p. 145.
12. M. Clagett, *Archimedes in the Middle Ages*, 3 vols. (Madison, 1964-78).
13. C. Varela, ed., *Cristóbal Colón: Textos y documentos* (Madri, 1984), p. 217; G. E. Nunn, *The Geographical Conceptions of Columbus* (Nova York, 1924), pp. 1-30.
14. P. E. Taviani, *Christopher Columbus: The Grand Design* (Londres, 1985), pp. 413-27; J. K. W. Willers, ed., *Focus Behaim Globus*, 2 vols. (Nuremberg, 1992), I, pp. 143-66, 217-22, 239-72.
15. Luzzana Caraci, I, p. 269.
16. C. Moseley, ed., *Mandeville's Travels* (Harmondsworth, 1984), pp. 127-8.

17. Luzzana Caraci, I, p. 20.
18. Id., ibid., pp. 270-1.
19. Gentile, op. cit., p. 34.
20. Luzzana Caraci, I, p. 271.
21. Varela, *Cristóbal Colón*, pp. 311, 319-20.
22. R. Laguarda Trías, *El hallazgo del Río de la Plata por Amerigo Vespucci en 1502* (Montevidéu, 1982), pp. 197-204; J. Gil, *Mitos y utopias del descubrimiento, I: Colón y su tiempo* (Madri, 1989), pp. 150-1.
23. J. W. Stein, "Esame critico intorno all scoperta di Vespucci circa la determinazione della longitudine in mare mediante le distanze lunari", *Memorie della Società Astronomica Italiana*, 21 (1950), pp. 345-53.
24. Sebastian Brant, *The Ship of Fools*, trad. Edwin H. Zeydel (Nova York, 1944), p. 220.
25. Id., ibid., p. 221.
26. L. Avonti, *Operación nuevo mundo: Amerigo Vespucci y el enigma de América* (Caracas, 1999), p. 192.
27. Luzzana Caraci, I, pp. 260-1.
28. Id., ibid., p. 283.
29. P. L. Rambaldi, *Amerigo Vespucci* (Florença, 1898), p. 22.
30. Luzzana Caraci, I, p. 278.
31. Id., ibid., II, p. 173.
32. Id., ibid., I, p. 278.
33. F. Fernández-Armesto, *The Canary Islands After the Conquest* (Oxford, 1982), pp. 19-20.
34. J. F. Gil, "El rol del tercer viaje colombino", *Historiografía y bibliografía americanistas*, 79 (1985), pp. 83-110; *El libro de Marco Polo* (1986), pp. 146-7; Fernández de Navarrete, II, p. 247.
35. M. Soares Pereira, *A navegação de 1501 e Américo Vespúcio* (Rio de Janeiro, 1984), p. 23.
36. Luzzana Caraci, I, p. 282.
37. Soares Pereira, op. cit., p. 25.
38. Luzzana Caraci, II, pp. 212-3.
39. Id., ibid., I, p. 289.
40. Id., ibid., p. 296.
41. Segundo Laguarda Trías, Vespúcio baseou-se em tábuas incorretas para calcular sua latitude; isso explicaria a diferença entre a latitude correta, de 25 graus, e os 32 graus de que fala Vespúcio.
42. Para Levillier, *América la bien llamada*, II, pp. 273-343, os dados cartográficos — que são na maioria tardios demais, mesmo para dar alguma ideia da

rota de Vespúcio — indicam que ele deve ter navegado ao longo da costa, partindo do equador, até "cerca de cinquenta graus sul".

43. *Mundus Novus*, G. T. Northrup, ed. (Princeton, 1916), p. 11.
44. Moseley, op. cit., p. 128 (tradução modificada).
45. Luzzana Caraci, op. cit., I, p. 295.
46. Id., ibid., II, p. 549.
47. G. T. Northrup, ed., *The Soderini Letter* (Princeton, 1916), p. 18.
48. *Inferno*, XXVI, 97-8.
49. Luzzana Caraci, I, p. 276.
50. Id., ibid., p. 293.
51. Id., ibid., p. 279.
52. Id., ibid., p. 132.

4. OS LIVROS DO ENCANTADOR (pp. 138-85)

1. R. G. Adams, *The Case of the Columbus Letter* (Nova York, 1939), pp. 7-8.
2. M. Waldman, *Americana: The Literature of American History* (Nova York, 1925), p. 7.
3. Plínio, *Natural History*, VII, 7:6, ed. C. Mayhoff (Leipzig, 1885), p. 2.
4. F. Fernández-Armesto, "Inglaterra y el Atlántico en la baja edad media", in A. Bethencourt et al., *Canarias e Inglaterra a través de la historia* (Las Palmas, 1995), pp. 11-28.
5. D. L. Schacter, ed., *Memory Distortion: How Minds, Brains and Societies Reconstruct the Past* (Cambridge, Massachusetts, 1995).
6. E. Calderón de Cuervo, *El discurso del Nuevo Mundo: Entre el mito y la historia* (Mendoza, 1990), pp. 23, 95.
7. *Inferno*, XXXI, 112-45.
8. *Mandeville's Travels*, ed. Moseley, p. 117.
9. *Inferno*, XXVI, 90-142; Calderón de Cuervo, p. 99.
10. *Inferno*, XXVI, 137-38.
11. Id., ibid., pp. 127-29.
12. Petrarca, *Epistolae Familiares*, I, 1.21.
13. T. J. Cachey, "From Shipwreck to Port: Rvf 189 and the Making of the Canzoniere", *Modern Language Notes*, 120 (2005), pp. 30-49.
14. Tácito, *Germania*, cap. 46.
15. Adão de Bremen, *History of the Archbishops of Hamburg-Bremen*, ed. F. J. Tschan (Nova York, 1959), pp. 186-229.
16. T. Severin, *The Brendan Voyage* (Londres, 1978).

17. V. Flint, *The Imaginative Landscape of Christopher Columbus* (Princeton, 1992), pp. 91, 164, 168.

18. E. Benito Ruano, *San Borondón: Octava isla canaria* (Valladolid, 1978).

19. F. Fernández-Armesto, *Before Columbus* (Londres e Filadélfia, 1986), p. 184: "Colón y caballerías", in C. Martínez Shaw, ed., *Cristóbal Colón* (Valladolid, 2007).

20. L. Formisano, ed., *Letters from a New World: Amerigo Vespucci's Discovery of America* (Nova York, 1992), pp. xxiv.

21. D. Ramos, *La primera notícia de America* (Valladolid, 1986).

22. Luzzana Caraci, I, p. 290.

23. Id., ibid., p. 299.

24. Id., ibid., p. 297.

25. Id., ibid., p. 296.

26. Id., ibid., p. 300.

27. Id., ibid., p. 309.

28. Id., ibid., p. 317-8.

29. *Mundus Novus*, ed. G. Tyler Northrup (Princeton, 1916), pp. 2-3.

30. Id., ibid., pp. 3-4.

31. Id., ibid., pp. 5-6.

32. Id., ibid., p. 7.

33. Formisano, *Letters from a New World*, p. xxxv.

34. Id., ibid., pp. 164-5.

35. Esses são os argumentos de Magnaghi. Discordando deles, presto um caloroso tributo ao trabalho desse estudioso inspirador, cujas varias outras contribuições para o conhecimento de Vespúcio são de um brilho que não se pode ofuscar.

36. L. Formisano, "Problemi vespucciani", *Studi di filologia italiana* (1983), p. 43.

37. L. Formisano, *Amerigo Vespucci: Cartas de viaje* (Madri, 1986), pp. 40ss.

38. *The First Four Voyages of Amerigo Vespucci [...] from the Rare Original Edition (Florence, 1505-6)* (Londres, 1893), pp. 7-8.

39. Id., ibid., p. 8.

40. Id., ibid., p. 10.

41. *Mundus Novus*, ed. Northrup, p. 45.

42. S. Peloso, "Giovanni Battista Ramusio e as cartas do pseudo-Vespúcio: os descobrimentos portugueses entre mito e realidade", *Revista da Universidade de Coimbra*, 32 (1985), pp. 89-96.

43. *Mundus Novus*, ed. Northup, pp. 2-3.

44. Id., ibid., p. 20.

45. Id., ibid., p. 14-5.

46. Luzzana Caraci, II, p. 87.
47. *Mundus Novus*, ed. Northrup, pp. 24-25.
48. Id., ibid., p. 36.
49. Luzzana Caraci, II, p. 97.
50. *Mundus Novus*, ed. Northrup, p. 34.
51. Pozzi, p. 22.
52. *Mundus Novus*, ed. Northrup, pp. 11-2.
53. Id., ibid., p. 17.
54. Luzzana Caraci, II, pp. 361-3.
55. Luzzana Caraci, II, p. 58, citando R. Hirsch, "Printed Reports on the Early Discoveries and Their Reception", in F. Chiapelli, ed., *First Images of America: The Impact of the New World* (Berkeley, 1976), II, pp. 537-62.

5. A PREFIGURAÇÃO DE PRÓSPERO (pp. 194-235)

1. Luzzana Caraci, I, p. 268.
2. Id., ibid., p. 269.
3. Varela, *Cristóbal Colón*, p. 141.
4. F. Fernández-Armesto, *Columbus on Himself* (Londres, 1992), p. 61.
5. *De Civitate Dei*, II, p. 21.
6. F. Fernández-Armesto, *Columbus on Himself*, pp. 156-63.
7. *Purgatorio*, IV, 61-96.
8. J. F. Moffitt e S. Sebastian, *O Brave New People: The European Invention of the American Indian* (Albuquerque, 1996), pp. 49-51.
9. *Mandeville's Travels*, ed. Moseley, pp. 184-5.
10. Fernández-Armesto, *Columbus on Himself*, pp. 161-2.
11. Luzzana Caraci, I, p. 293.
12. Id., ibid., p. 290.
13. Id., ibid.
14. Id., ibid., p. 293.
15. Id., ibid.
16. Id., ibid., p. 291.
17. J. Kirtland Wright, *The Geographical Lore at the Time of the Crusades* (Nova York, 1925), pp. 156-65.
18. *Mandeville's Travels*, ed. Moseley, pp. 128-9.
19. *Pomponius Mela's Description of the World*, trad. F. E. Romer (Ann Arbor, 1998), p. 28.
20. Pompônio Mela, *Chorographia*, I, p. 4.

21. Macróbio, *Commentary on the Dream of Scipio*, II, cap. 5.

22. W. H. Stahl, *Martianus Capella and the Seven Liberal Arts*, 2 vols. (Nova York, 1971-7), I, p. 55.

23. Fernández-Armesto, *Columbus*, p. 155.

24. Id., ibid., p. 97.

25. *Columbus* (1996), pp. 127-8.

26. Fernández-Armesto, *Columbus on Himself*, p. 159.

27. *Mundus Novus*, ed. Northrup, p. 1.

28. Id., ibid., p. 11.

29. Id., ibid.

30. Luzzana Caraci, I, p. 289.

31. Id., ibid., p. 269.

32. A. Száśzdi, Nagy, *Un mundo que descubrió Colón: Las rutas del comercio prehispánico de los metales* (Valladolid, 1984), pp. 29-99.

33. H. Wolff, ed., *America: Early Maps of the New World* (Munique, 1992), p. 178.

34. C. D. Ley, ed., *Portuguese Voyages, 1498-1663* (Nova York, 1947).

35. *Columbus on Himself*, p. 52.

36. Luzzana Caraci, I, p. 272.

37. Ley, p. 58.

38. Luzzana Caraci, I, p. 296.

39. *Travels*, ed. Moseley, p. 127.

40. H. Staden, *The True History of His Captivity* (Londres, 1928), cap. 20.

41. Moseley, p. 127.

42. Fernández-Armesto, *Columbus on Himself*, p. 53.

43. F. Fernández-Armesto, *The Canary Islands After the Conquest* (Oxford, 1982), pp. 6-12.

44. Luzzana Caraci, I, pp. 297-8.

45. J. Cañizares Esguerra, "New World, New Stars: Patriotic Astrology and the Invention of Indian and Creole Bodies in Colonial Spanish America", *American Historical Review*, 104 (1999), pp. 33-68.

46. F. Fernández-Armesto, *So You Think You're Human* (Oxford, 2005), p. 69.

47. Ley, op. cit., p. 56.

48. Id., ibid., p. 47.

49. M. Wilks, *The Problem of Sovereignty in the Late Middle Ages* (Cambridge, 1964); J. Muldoon, *Popes, Lawyers and Infidels:The Church and the Non-Christian World, 1250-1550* (Filadélfia, 1979).

50. A. Rumeu de Armas, *La política indigenista de Isabel la Católica* (Valladolid, 1969).

51. Fernández-Armesto, *Columbus on Himself*, pp. 52-3.
52. Luzzana Caraci, op. cit., I, p. 273.
53. Ley, pp. 42-3.
54. Id., ibid., p. 45.
55. Id., ibid., p. 52.
56. Luzzana Caraci, op. cit., I, p. 273.
57. Id., ibid., p. 292.
58. Id., ibid., p. 293.
59. *Mandeville's Travels*, ed. Moseley, p. 137.
60. Id., ibid., pp. 174-5.
61. Luzzana Caraci, op. cit., I, p. 299.
62. Id., ibid., p. 300.
63. J. Hemming, *Red Gold: The Conquest of Brazilian Indians* (Londres, 1978), p. 19.
64. Petrarca, *Rerum Vulgarum*, frag. XXVIII, 60.
65. Luzzana Caraci, I, p. 291.
66. *Mandeville's Travels*, ed. Moseley, p. 127.
67. Luzzana Caraci, I, p. 291.
68. Id., ibid.
69. Ley, op. cit., p. 50.
70. Id., ibid., p. 56.
71. Id., ibid., p. 59.
72. Luzzana Caraci, op. cit., I, p. 293.
73. Moffitt e Sebastian, op. cit., p. 118.
74. C. Sanz, *Mapas antiguos* (Madri, 1962), pp. 60-1, fig. 9; S. Colin, "Woodcutters and Cannibals: Brazilian Indians as Seen on Early Maps", in Wolff, op. cit., pp. 174-81, fig. 3 (p. 175).
75. Moffitt e Sebastian, op. cit., pp. 145-58.

6. A FASE DO MAGO (pp. 236-82)

1. G. Tyler Northrup, ed., *Amerigo Vespucci: Letter to Piero Soderini, Gonfaloniere* (Princeton, 1916), p. 41.
2. Id., ibid., p. 44.
3. Luzzana Caraci, op. cit., I, p. 135.
4. Id., ibid., p. 136-7.
5. Id., ibid., p. 142.
6. Id., ibid., p. 141.

7. Varela, *Cristóbal Colón*, pp. 311, 319-20; Laguarda Trías, pp. 140-1.
8. Fernández de Navarrete, op. cit., II, p. 614.
9. Id., ibid., I, p. 358.
10. Varela, *Cristóbal Colón*, pp. 170-6.
11. R. Ezquerra, "Las Juntas de Toro y Burgos", in A. Rumeu de Armas, ed., *El Tratado de Tordesillas y su proyección*, 2 vols. (Valladolid, 1973), I, p. 155: "La idea del antimeridiano", in A. Teixeira da Mota, ed., *A viagem de Fernão de Magalhães e a questão das Molucas: Actas do II Colóquio Luso-espanhol de história ultramarina* (Lisboa, 1975), pp. 12-3; Fernández de Navarrete, II, p. 89; U. Lamb, "The Spanish Cosmographical Juntas of the Sixteenth Century", *Terra Incognita*, 6 (1974), p. 53.
12. Fernández de Navarrete, II, p. 87.
13. J. Cortesão, "João II y el tratado de Tordesillas", in *El tratado de Tordesillas*, I, pp. 93-101.
14. A. Rumeu de Armas, *El tratado de Tordesillas* (Madri, 1992), pp. 207-9.
15. Fernández de Navarrete, pp. 179-81; J. Pulido Rubio, *El piloto mayor de la Casa de Contratación de Sevilla* (Sevilha, 1950), pp. 66-7.
16. F. Fernández-Armesto, "Maps and Exploration", in *History of Cartography*, III, ed. D. Harley (Chicago), no prelo.
17. E. Shafer, *El Consejo Real y Supremo de las Indias*, I (Valladolid, 2003), pp. 31-47.
18. L. Avonti, *Operación nuevo mundo: Amerigo Vespucci y el enigma de América* (Caracas, 1999), pp. 115-6.
19. Pulido Rubio, p. 19.
20. Fernández de Navarrete, III, pp. 193-4.
21. Pérez de Tudela, *Colección documental*, I, p. 178.
22. Pulido Rubio, pp. 461-4.
23. Id., ibid., pp. 133-4.
24. Id., ibid., pp. 255-6.
25. D. Harley, ed., *History of Cartography*, III, no prelo.
26. Pulido Rubio, pp. 259, 467-70.
27. Varela, *Colón y los florentinos*, p. 69.
28. Pulido Rubio, pp. 21-2.
29. Varela, *Colón y los florentinos*, p. 72.
30. Id., ibid., p. 80.
31. Id., ibid., p. 72.
32. Ver também Soares Pereira, pp. 58-9.
33. S. Zweig, *Amerigo: A Comedy of Errors in History* (Nova York, 1942), p. 31.
34. Fernández-Armesto, *Columbus on Himself*, p. 20.

35. C. Sanz, *El nombre América: Libros y mapas que lo impusieron* (Madri, 1959), p. 61.

36. Id., ibid., p. 81.

37. Wolff, p. 121.

38. Sanz, p. 81.

39. *Underweisung und Usslegunge der Carta Marina oder die Mer Carte* (Introdução e explanação da Carta Marina ou Carta Marinha).

40. Wolff, op. cit., p. 122.

41. A maioria desses mapas está ilustrada em Id., ibid., pp. 30-71.

42. Sanz, op. cit., p. 151.

43. Id., ibid., p. 73.

44. *Historia de las Indias*, ed. J. Pérez de Tudela e E. López Oto, 2 vols. (Madri, 1957-61), I, p. 347.

45. Id., ibid., II, p. 42.

46. Raffaela Signori, "Amerigo Vespucci eroe mediceo", in Luzzana Caraci, op. cit., II, pp. 536-9.

47. A. Gerbi, *The Dispute of the New World* (Pittsburgh, 1973); D. Brading, *The First America* (Cambridge, 1991), pp. 428-62; J. Cañizares Esguerra, *How to Write the History of the New World* (Stanford, 2001).

48. A. Pagden, *European Encounters with the New World from Renaissance to Romanticism* (New Haven, 1993), pp. 141-72.

49. T. J. Ellingson, *The Myth of the Noble Savage* (Berkeley, 2001).

50. R. Pasta, "Nascita di un mito: Il concorso vespucciano dell'Accademia Etrusca di Cortona", in Formisano et al., *Amerigo Vespucci: La vita e i viaggi*, pp. 252-75.

51. Id., ibid., pp. 270-1.

52. Id., ibid., p. 273.

53. F. Bartolozzi, *Richerche istorico-critiche circa all scoperte d'Amerigo Vespucci* (Florença, 1789), pp. 3-4.

54. Id., ibid., p. 64.

55. C. P. Claret de Fleurieu, "Observations sur la division hydrographique du globe", in *Voyages d'Étienne Marchand* (Paris, 1799), p. 25, citado pelo Visconde de Santarém, p. 102.

56. Alexander von Humboldt, *Examen critique de l'histoire de la géographie du nouveau continent* (Paris, 1836-9), IV, p. 36; V, p. 223.

57. J. Goodman, *Chivalry and Exploration, 1298-1630* (Woodbridge, 1998).

58. *English Traits*, ed. D. E. Wilson (Cambridge, Massachusetts, 1994), p. 148.

59. *The Letters of Amerigo Vespucci*, ed. C. Markham (Londres, 1894), p. XI.

Índice remissivo

Açores, 78, 125, 195, 240, 280
açúcar, 74-5, 78-9, 198
África, 19, 77-8, 92, 108, 133, 181, 185, 208, 219, 221, 251, 259, 279
África Ocidental, 77-8, 221, 251
Agostinho, Santo, 32, 199, 220
agricultura, 196, 212, 279
Alba, duquesa de, 139
Alberti, Leon Battista, 25
Alberto Magno, 220
Albizzi, Rinaldo, 51
Alemán, Enrique, 71
Alemanha, 16, 71, 74
Alexandre, o Grande, 141
Alexandria, 164
alquimia, 30, 31
amazonas, 141, 146, 156, 219
Amazonas, rio, 113, 165, 196, 212
âmbar, 75
América do Norte, 258, 262
América do Sul, 101, 207, 229, 250, 258, 260, 262, 264
Andaluzia, 74
anil, 75
animais, 173, 203, 208, 211, 220, 225, 228, 232
Antártida, 115
Antiguidade, 10, 20, 24, 26, 30, 68, 106, 117, 145, 146, 190-1, 203, 221, 279
Antilhas, 101, 225, 227
antípodas, 133, 163, 203-7, 259, 264
Antonino, arcebispo de Florença, 53
Antuérpia, 253
Apiano, Pedro, 260
Arábia, 108, 241
Aragão, 17, 254
Aragón, frei Francisco de, 70
Aristófanes, 29
Aristóteles, 29, 161, 217, 218; *Ética*, 29
Arquimedes, 110
arquitetura, 55, 68
artes, 25, 27, 54, 67-8, 71, 73

Ártico, 134, 204, 280
aruaques, 212, 225
árvores, 143, 194, 196-8, 201-2, 213
Ascensão, ilha de, 237
Ásia, 42, 79, 93-4, 105-10, 112, 131, 133, 135, 163, 181, 191, 200, 207-8, 210-1, 239, 247, 250, 259, 264, 279
astrolábios, 31, 115, 121, 130, 134, 166, 172-3, 243, 248, 252
astrologia, 30-2, 39
astronomia, 31, 39, 116, 120
Atenas, 25, 28, 42
Atlântico, oceano, 10, 13, 20, 42, 70, 74, 78, 93-6, 98, 101, 110, 122, 125, 128, 130, 135, 152-3, 155, 165, 177, 201, 208, 240, 246, 263, 267, 278, 280-1; Atlântico Norte, 96, 280, 281; Atlântico Sul, 20, 128, 135, 280
Augsburgo, 235, 253
Auteochi, 205
Ayamonte, 74

Baldovinetti, Alessio, 28
Bandini, Angelo Maria: *Vita di Amerigo Vespucci gentiluomo fiorentino*, 268
Bandini, Francesco, 69
Barcelona, 70, 86, 139, 195
Barclay, Alexander, 7, 282
Bardi, Francesco de, 82
Barlow, Joel, 185
Bartolozzi, Francesco, 271-2
Basileia, 255, 260
Basin de Sandaucourt, Jean, 18-9
Batistério (Florença), 28
Behaim, Martin, 111
Bengala, baía de, 106

Berardi, Gianotto, 79-90, 96, 109, 128, 136, 228, 252, 263
Berenson, Bernard, 202
Berlin, Irving, 185
Berlinghieri, Francesco, 108
bizantinos, 30, 205
Blarru, Pierre de, 17
Boa Esperança, cabo da, 108, 242
Boccanegra, família, 71
Bonaguisi, Francesco, 77
Bonanza, 74
Bonfini, Antonio, 68
Botticelli, Sandro, 25, 29, 32, 35; *Primavera*, 57
Brant, Sebastian, 122, 282; *Nau dos insensatos*, A, 121
Brasil, 104, 128-9, 132, 145, 174, 187, 189, 200, 214, 216, 237, 257-8, 262, 272, 280
Brendan, lenda de, 152-3
Bristol, navegantes de, 153
Brunelleschi, Fillipo, 25, 28
Bruni, Leonardo, 50

cabala, 30, 31
Cabo Verde, ilhas de, 100, 123, 129, 131, 187
Caboto, João, 250, 281
Caboto, Sebastião, 123, 252, 267
Cabral, Pedro Álvares, 99, 127, 129, 131-2, 135, 162, 179, 195, 204, 214, 224, 232, 257, 262
Cádiz, 74, 101, 113, 114, 118-20
Calicute, 127, 237
Caminha, Pero Vaz de, 214, 218, 220, 223-5, 230, 232-3
Campo Gretti, 46
Canadá, 152
Cananor, 132, 135

Canárias, ilhas, 74, 77-8, 82-3, 88, 93, 101, 123, 153, 156, 182, 195, 218, 222, 233, 251, 280
canela, 106, 130
canibalismo, 54, 88, 190, 212, 225, 227, 235
Cantino, mapa de, 132
Capponi, Tomasso, 79-80
Caribe, 95, 212, 218
caribes, 212, 225
Carry On Columbus (comédia), 185
Carta a Soderini (Américo Vespúcio), 174-9, 181-4, 186, 223, 231, 235-8, 253, 255-7, 259, 268, 272
cartas de navegação, 172, 244
Cartaya, 74
Casa de Contratación, 245-7, 249, 252, 282
Casa de Pilatos (Sevilha), 77
cássia, 130
Castela, 10, 70, 73, 80, 87, 89, 109, 124, 127-9, 156-7, 165, 170, 176, 193, 216, 230, 240-2, 261, 264, 267
Cattigara, cabo, 105
Catulo, 40
cavalaria, 55, 59, 87, 92, 142, 145, 153-5, 228, 264
Ceilão, 106-7
César, Júlio, 50, 59
Châtenois, Simonin de, 17
Chatham, ilhas, 280
China, 87, 142, 145, 201, 228, 237, 279
Chrysoloras, Manuel, 41
Churchill, Winston, 159
Cícero, 40, 169, 205
ciência, 27, 217-8, 240
classicismo, 10, 17-8, 27, 29, 31, 68, 147, 206, 216-7, 220, 230
Coelho, Gonçalo, 237, 239

Colombo, Bartolomeo, 48
Colombo, Cristóvão, 9-11, 13, 17, 20, 26, 42, 45, 48, 79-80, 82-96, 98-102, 105-7, 109-12, 120, 122, 126, 128, 137-9, 143, 145-6, 153-9, 161-2, 166, 170-1, 174-8, 181, 184-6, 192-3, 195, 197-203, 206-7, 209-12, 214, 216, 218-20, 222-3, 225-7, 232-4, 236, 238-9, 241, 244-5, 247, 250, 252-4, 258-9, 261-9, 272, 274-7, 281-2; *A carta das ilhas que o rei da Espanha acaba de descobrir*, 174
Colombo, Dia de, 274
Colombo, Hernando, 178
Colônia, 253
colonialismo, 218, 271
comércio, 33, 47, 60, 71-5, 77-8, 91-2, 96, 101, 177, 180, 200-1, 212-3, 217, 223, 227, 237, 246, 249, 277
continentes, 42, 133, 203, 259
Cook, capitão, 156
Coquibacao, península, 120, 126
Cordero, cabo, 126
Córdoba, Gonzalo Fernández de, 84
Cortés, Hernán, 158-9, 184, 267
Cosa, Juan de la, 98, 100, 247
cosmografia, 9, 13, 32, 39, 41, 107, 109-10, 112, 124, 172, 203, 257, 277
cravo, 239
Cruzeiro do Sul, 116
Cuba, 93, 262

Da Mosto, Alvise, 100
Da Vinci, Leonardo, 25
Dante Alighieri, 41, 116, 136, 145-8, 166, 175, 199, 200, 228; *Purgatório*, 116, 146, 200

Day, John, 82
Dee, John, 142
Dias, Bartolomeu, 108
Diderot, Denis, 269, 270; *Encyclopédie*, 269
Dieppe, 189, 213
Diodoro Sículo, 146
doenças, 87
dominicanos, 53
Donatello, 25
Duveen, Joseph, 202

eclipses, 117, 164
Éden, 143, 199, 200, 216, 225
Egito, 30
Emerson, Ralph Waldo, 90, 273
Eneias, 19
epicurismo, 40
epidemias, 35, 75
equador, 41, 104, 105, 111, 113, 116, 120, 126, 132, 147-8, 167, 204-5, 208-9, 252, 259, 264, 275
escravos, 75, 78, 80, 83, 88-9, 91, 137, 221, 227, 230, 251-2, 270, 274
escritos de Vespúcio: *Carta a Soderini*, 174-9, 181-4, 186, 223, 231, 235-8, 253, 255-7, 259, 268, 272; *Mundus Novus*, 133, 167-71, 173, 175, 177-8, 183, 190, 208-11, 220, 236, 238, 253, 255, 259-60, 262, 272, 282
Espanha, 10, 17, 70-1, 74, 76, 79-81, 83, 85-6, 92-3, 102, 127, 136-7, 170, 174, 177, 180, 197, 203-4, 222, 236, 241-2, 252, 263, 268, 274, 278, 280-1
especiarias, 106, 130, 239, 250
Especiarias, ilhas das, 202, 240
Estados Unidos, 270, 271, 276, 277
estoicismo, 40

Estrabão, 42, 110, 203-4, 209; *Geografia*, 41
Estrasburgo, 253, 261
estrelas guardas, 113
Estrela Polar, 113, 115-6, 133, 199, 243-4, 275
Estúñiga, família, 71
Etiópia, 108
Eufrates, rio, 199
Eugênio IV, papa, 233
Eurásia, 109, 112, 204, 279
Europa, 24, 27-8, 36, 70-1, 78, 95, 111, 121, 125, 133, 153, 177, 195, 201, 208, 215, 259, 269, 272, 279-80
Eustáquio, Santo, 153
exploração do Atlântico *ver* transatlântica, exploração, 211

Fabbrioni, Adamo e Giovanni, 271
"família de Platão", 26, 42, 108
Felipe II, rei da Espanha, 268
fenícios, 279
Fernandes, Valentim, 135-6, 146
Fernando V, rei de Castela, 13, 17, 86, 88, 94, 98, 207
Ferrara, 118-9, 132
Ferrer, Jaume, 241
ferro, instrumentos de, 213, 230
Ficino, Marsilio, 26, 30-1, 68-9
Fleurieu, Claret de, 272
Florença, 9, 13-4, 16, 23-6, 28-30, 32-4, 36, 39-42, 46-50, 52-4, 56-9, 64, 66-8, 70, 72-3, 80-2, 84-6, 90-2, 95, 107-8, 111, 117, 124-5, 162, 175, 178, 187, 195, 207, 209, 246, 252-3, 257, 269, 274, 277
Fonseca, Juan de, 89
Formisano, Luciano, 10, 13, 156, 173-4
Fra Angelico, 25, 32, 53

Fragmento de Ridolfi, 160-2, 165-7, 170, 175, 209
França, 16, 47-8, 270
franciscanos, 83
Francisco de Assis, São, 28
Franklin, Benjamin, 271
Franzesi, Napoleone, 59
Friburgo, 255, 260

Galvão, António, 142
Gama, Vasco da, 99, 108, 242
Gâmbia, 100
Ganges, rio, 106, 199
Gênova, 71, 79, 261
geografia, 20, 41-2, 117, 133, 147, 183-4, 200, 203-5, 207, 246, 256, 260, 275-6, 282
geometria, 205, 282
Ghiberti, Lorenzo, 25
Ghirlandaio, Domenico, 25, 36
Gibraleón, 74
Gibraltar, estreito de, 90, 113
gigantes, 141, 145-6, 155, 219, 228-9, 260
Giocondo, Giovanni del, 169-70
Glarean, Heinrich, 260; *De Geographia*, 260
globo terrestre impresso, 258
Globo Vert, 260
Gómara, Francisco López de, 267
Gomera, ilha de, 155
gonfaloniere, 34
Gorricio, Gaspar, 91
Gozzoli, Benozzo, 28, 32, 55
Granada, 75-7, 83
"Grande Golfo", 105, 109
Grécia, 17-9, 30
Grinaeus, Simon, 261

Groenlândia, 142, 152, 280
Guaspare, 106, 237
guayquieris, 212
Guerra, Cristóbal, 182
guerras, 234, 271
Guicciardini, Francesco, 25, 72
Guiné, 77, 157

Hakluyt Society, 273
Havaí, 280
Henrique, o Navegador, príncipe, 155, 221
Hermes Trismegisto, 30, 32
Hispaniola, 87-90, 93, 95, 98, 119-20, 126, 139, 227
Hojeda, Alonso de, 95, 98-105, 119-20, 126, 165, 174, 212, 247, 262-3
Holbein, Hans, 261
Huelva, 74
humanismo, 27
Humboldt, Alexander von, 124, 272
Hungria, 67-9

Ibéria, 281
Idade de Ouro, 216-7, 222, 225, 230
Idade Média, 27, 30, 44, 50, 75, 107, 109, 125, 140, 142, 153, 205, 220, 228, 270, 281
Idrisi, Al-, 146
Iluminismo, 25, 268-70, 279
imperialismo global, 279
imprensa, 9, 17, 122, 131, 157, 168, 183, 259
incesto, 173, 233
Índia, 42, 83, 87, 93, 99, 106, 108, 110, 237, 242, 249-50
Índias, 89, 239, 242-3, 245, 247-8, 260, 267

Índico, oceano, 20, 105-9, 128, 130, 135, 185, 201, 211, 237, 256, 279-80
índios, 86, 182, 211, 213, 215-6, 232
indústria naval, 75
Inglaterra, 74, 281
Inquisição, 75, 76
Irlanda, 152, 280
Isabel I, rainha de Castela, 13, 86, 88, 94, 98, 207
Islã, 279
Islândia, 195, 280
Itália, 48, 69-71, 85, 162, 263, 280

Japão, 87
Jefferson, Thomas, 269, 272
Jerusalém, 16-7, 254
Jesus Cristo, 17, 32, 37, 151, 206, 207
João II, rei de Portugal, 242
judeus, 30, 76-7, 137, 279

Kunstman II, mapa, 235

lã, 24, 33, 47, 70, 74, 78
Lamory, 215-6, 226, 233
Las Casas, Bartolomeu de, 232, 267
Lastri, Marco, 270, 271
latim, 19, 40-3, 162, 169-70, 267
latitude, 41, 105, 112-3, 117, 124, 131, 136, 163, 209, 218, 243, 256
Lenda Dourada, 153
Lepe, 74
Libro del caballero Zifar, 153
Lisboa, 104, 128, 130, 132-3, 135, 163, 209, 237, 238
literatura, 41, 143, 152, 154
literatura de viagens, 140-1, 145, 156, 177
Lívio, Tito, 41

livros, 18, 30, 41, 63, 68-9, 85, 89, 96, 138, 139-40, 157, 166, 177, 184, 216, 252, 263
longitude, 41, 105, 112, 117-21, 123-4, 163-4, 166, 183, 238, 241, 256, 275
Lorena, 16, 254
Lourenço, o Magnífico *ver* Medici, Lorenzo de, 13
Lud, Gauthier, 17, 18, 255
Lud, Jean, 17
Lud, Nicolas, 17
Luís XI, rei da França, 47
Luís XIV, rei da França, 185
lunar, método da distância, 275
Lutero, Martinho, 53
Lyon, 270

Macedônia, 30
macis, 239
Macróbio, 205
madeira, 201, 213, 230, 258, 260
Madeira, ilha da, 78, 280
Magalhães, Fernão de, 110, 134, 250
magia, 23, 29-32, 276
Magos, Reis, 32
Maiorca, 125, 280
Malaca, 237, 239-41
Málaga, 77
malária, 87
Mandeville, Sir John, 107, 134, 146, 166, 200, 204, 206, 215-6, 226, 228, 233; *Viagens de Sir John Mandeville*, 115, 134, 142, 145
mapas, 10, 18-9, 104, 106, 108-9, 124-5, 132-3, 138, 153, 197, 204, 240, 245, 249, 251, 255-9, 261, 267, 277
Maquiavel, Nicolau, 25, 47

Marchionni, Bartolomeo, 128
Marciano Capela: *O casamento de Mercúrio com a filologia*, 205
Margarita, ilha, 105
Markham, Sir Clemens, 273
Martellus, Henricus, 108, 109, 257
Masaccio, 28
Matias Corvinus, rei da Hungria, 67, 68
Maximiliano I, 261
Medici, Cosimo de, 56
Medici, família, 25, 32, 50, 52, 60, 70, 86, 96
Medici, Giovanni di Pierfrancesco de, 57
Medici, Giuliano de, 34, 35, 58-60
Medici, Lorenzo de (Lourenço, o Magnífico), 13, 26, 29, 32, 34, 49, 61, 70, 102, 125
Medici, Lorenzo di Pierfrancesco de, 31, 41, 57, 61-3, 80-1, 84, 86, 91, 102, 112, 114, 128-9, 131, 167-8, 245, 272
Medici, Piero de, 56
Medina Celi, duque de, 92
Medina Sidonia, duque de, 76, 92
Mela, Pompônio, 204
Mercadante, Lorenzo, 71
Mercator, 261
Messina, estreito de, 113
metal, 78, 202, 213, 231
México, 158
Michelangelo, 25, 28
Michelozzo, 25
Milão, 25, 48, 53, 58-9, 69, 253
Miller, Johannes, 110
Moguer, 74
Molucas, 239-42

monstros, 140-1, 152, 155, 190, 219-20, 273
mortalidade infantil, 36
mouros, 71, 76
Mugello, 35
Mundus Novus (Américo Vespúcio), 133, 167-71, 173, 175, 177-8, 183, 190, 208-11, 220, 236, 238, 253, 255, 259-60, 262, 272, 282
Münster, Sebastian, 261
Münzer, Hieronymus, 72

Nanceid, 16
Nápoles, 47-8, 53, 58-9
naval, indústria, 75
Navigatio Brandani, 151
Niccolini, Donato, 91
Nilo, rio, 106, 199
Nino, Peralonso, 98, 182
nórdicas, tradições, 152
Nova Zelândia, 280
Nova, João da, 163
Novo Mundo, 9, 45, 72, 89, 95, 104, 108, 122, 129, 132, 139, 143, 145, 159, 161, 164-5, 167, 176-7, 181, 183, 189, 191-5, 197-8, 200-3, 206-8, 211, 214, 218-22, 226-7, 231, 245-6, 248, 250, 253, 260, 266-70, 272, 274-5
noz-moscada, 239
nudez, 190, 215-7, 260
Nuremberg, 72, 111, 118, 253, 260

Odorico de Pordenone, frei, 107
Ognissanti, 33, 35, 46
oliva, azeite de, 74
Orange, cabo, 21, 101, 104
Orinoco, rio, 199-200, 207

305

ouro, 28, 55, 74, 75-8, 86-7, 93, 150, 164, 202, 212, 216, 224, 229-30, 247, 250

Pacífico, oceano, 120, 185, 243, 279, 280
Paesi Novamente Retrovati, 184, 253
paisagem, 72, 198, 201, 211
Palos, 74
papado, 221
Paraíso Terrestre, 141, 147-8, 199
Pária, golfo de, 102
Paris, 13, 25, 47-8, 60, 253, 260, 269
Páscoa, ilha de, 280
pássaros, 46, 143, 196-8, 202, 225
Patagônia, 229
patrocínio, 17, 25, 59, 102, 127, 158, 174, 178, 200, 252, 254
pau-brasil, 130
Pazzi, família, 50, 54, 57-8, 60, 70
Pazzi, Jacopo de, 29
pedra, instrumentos de, 222, 231
pedras preciosas, 64, 106, 127, 228
Pedro Mártir de Angleria, 123, 177, 182, 207, 216, 252-3
peixes, 74, 197-8
pele, cor da, 218-9
Pequim, 117
Peretola, 33, 39, 45-6
pérolas, 94, 95, 101, 105-6, 126-7, 212, 227, 230, 251, 263
perspectiva, 27-8
Petrarca, 41, 145, 148, 151, 175, 179-80, 232; "O aspettata in ciel", 148
Pico della Mirandola, 26, 31
Pinturicchio, 28
Pinzón, Vicente Yáñez, 239, 247, 249, 257
pirataria, 48, 80, 101, 116, 153

Pisa, 41, 58
plantas, 211
Platão, 26, 31, 42, 108
platonismo, 27
Plínio, o Velho, 40, 106, 140-1
poesia, 39, 52, 54, 143, 145
Polar, Estrela *ver* Estrela Polar
poligamia, 232-3
polinésios, 280
Poliziano, Agnolo, 26, 35, 60
Polo, Marco, 107, 141-2, 145-6, 166
Ponta do Calcanhar, 131
Portal de Jeréz, 74
Portugal, 10, 77, 99, 103, 108, 111, 124, 127-30, 135, 136-7, 157, 159, 175, 234, 236-7, 239-42, 245, 247, 252, 274, 280-1
povos nativos, 221
Praia dos Marcos, 131
prata, 68, 74, 150, 224, 229-30
prostituição, 173
Ptolomeu, Cláudio, 10, 19-20, 41, 105-12, 117, 161, 166, 183, 191, 207, 249, 254-7, 259, 261; *Geografia*, 41, 254
Puerto de Santa María, 74
Pulci, Luigi, 26, 41

quadrantes, 121, 244

Ramusio, Giovanni Battista, 178-9, 184, 253; *Navigationi e viaggi*, 184, 253
Raynal, abade, 270
religião, 44-5, 233
Renascimento, 10, 16, 23, 26-8, 30, 34, 55, 68, 154
Renato II, duque de Lorena, 16, 254
Ribera, Enríquez de, 77

Ridolfi, Fragmento de *ver* Fragmento de Ridolfi
Ringmann, Matthias, 18, 19, 255-9, 261; *Grammatica Figurata*, 18
Rinuccini, Alamanno, 50
Rivarolo, Francesco da, 82, 91, 128
Roma, 17-9, 24, 37, 47, 50, 207, 253, 270
Rondinelli, Piero, 91, 136-7, 236
Rotz, Jean, 213
Rousseau, Jean-Jacques, 270, 276
Rucellai, dinastia, 33

S. Brendan, ilha de, 153
sabão, 74
Saint Dié, 15-9, 191, 254-6, 261
Salamanca, 260
San Felice a Ema, aldeia de, 46
San Miniato, igreja de, 28
San Moro, 46
Sand, George, 125
Sanlúcar de Barrameda, 74
Santa Maria del Carmine, igreja de, 28
Santa Maria Novella (Florença), 33
Santa Sé, 48
Santarém, visconde de, 11, 273
Santo Martino a Brocci, aldeia de, 46
São Domingos, 21, 89
São Jorge da Mina, 78
São Marcos (Florença), 53, 252
São Roque, cabo de, 131
Savonarola, Girolamo, 29, 44, 53
Schöner, Johann, 260; *Descrição do mundo*, 260; *Opusculum Geographicum*, 260
seda, 24, 33
Serra Leoa, 174, 237
Severin, Tim, 152

Sevilha, 9, 13, 67, 70-82, 84-5, 91, 95-6, 124, 128, 136, 147-8, 155, 236, 238-9, 247, 249, 251-2, 263-4
Sicília, 16-7, 146, 254
Smeducci, Girolamo Bartolomei, 185
Sociedade Filosófica Americana da Filadélfia, 271
Soderini, Niccolò, 57
Soderini, Piero, 174
Solís, Juan Diaz de, 247-50
Sri Lanka, 106, 242
Sumatra, 106-7, 215
superstição, 29

Tácito, 150
Taprobana, 106-7, 109, 241, 250
taxionomia, 203
telescópio, 119
Terra Nova, 152, 261, 280
têxteis, 74
Tigre, rio, 199
Toledo, 118
Tordesilhas, linha de, 240-1
Torre del Oro (Sevilha), 72
Toscanelli, Paolo dal Pozzo, 26, 32, 42, 110-2, 117, 209
transatlântica, exploração, 78, 83, 211
Tratado de Tordesilhas, 103, 123, 240-1
troianos, 24
Trópico de Capricórnio, 19, 132
tupis, 189, 191, 212-4, 216, 226-7, 231, 233

Uccello, Paolo, 55
Ulisses, 19, 136, 147-8
Universalis Cosmographia Secundum Ptholoemaei Traditionem et Americi Vespucii Aliorumque Lustrationes (mapa), 257

Ursa Maior/ Ursa Menor, 133
urzela, 82

Vallseca, Gabriel, 125
Vasari, Giorgio, 36, 275
Vasco, Fernão, 234
Vega, Lope de, 185
Vela, cabo de la, 126
Velho Mundo, 95, 159, 203-4, 218, 257, 266, 269
Veneza, 48, 71, 130, 181, 184, 253
Venezuela, 94, 200, 214
ventos, regime de, 96
Veragua, 250
Verrocchio, Andrea del, 25
Vespúcio, Agnoletta, 37
Vespúcio, Antonio, 38
Vespúcio, Bernardo, 38, 47, 64, 67, 69
Vespúcio, família, 33-6, 58-9, 61, 69
Vespúcio, Giorgio Antonio, 25-6, 31-2, 35, 39-43, 49, 61, 108, 179
Vespúcio, Giovanni, 33, 45, 46
Vespúcio, Girolamo, 38, 47, 67, 69, 252
Vespúcio, Lisa, 38, 252
Vespúcio, María Cerezo, 84
Vespúcio, Matteo, 37
Vespúcio, Nastagio, 39, 43, 45-6, 49
Vespúcio, Niccolo, 34
Vespúcio, Piero, 41, 59
Vespúcio, Simone, 49
Vespúcio, Simonetta, 34-5, 60
viagens, literatura de, 140-1, 145, 156, 177, 184, 215
Vicente, Gil, 154
Viena, 25, 39, 260
vinho, 34, 63-4, 74, 89
Vinland, mapa de, 138
Virgílio, 19
Visegrád, 67
visigodos, 73
Voltaire, 268
Von Watt, Joachim, 261
Vosges, 15-6, 18, 254-5

Waldseemüller, Martin, 18-9, 192-3, 254-62, 265-6; *Cosmographiae Introductio*, 257-8, 266
Waller, Fats, 185

Yale, Universidade de, 14, 138

Zweig, Stefan, 253

ESTA OBRA FOI COMPOSTA EM MINION PELO ACQUA ESTÚDIO E IMPRESSA
PELA GEOGRÁFICA EM OFSETE SOBRE PAPEL PÓLEN SOFT DA SUZANO PAPEL
E CELULOSE PARA A EDITORA SCHWARCZ EM JANEIRO DE 2011